RECOMENDAÇÃO PEDAGÓGICA *em* EDUCAÇÃO A DISTÂNCIA

R311 Recomendação pedagógica em educação a distância / Organizadora, Patricia Alejandra Behar. – Porto Alegre : Penso, 2019.
xiv, 194 p. ; 23 cm.

ISBN 978-85-8429-157-1

1. Ensino a distância. 2. Pedagogia. I. Behar, Patricia Alejandra.

CDU 37.018.43

Catalogação na publicação: Karin Lorien Menoncin- CRB-10/2147

RECOMENDAÇÃO PEDAGÓGICA *em* EDUCAÇÃO A DISTÂNCIA

PATRICIA ALEJANDRA **BEHAR**

ORGANIZADORA

penso

2019

Gerente editorial
Letícia Bispo de Lima

Colaboraram nesta edição

Editora
Paola Araújo de Oliveira

Capa
Márcio Monticelli

Preparação de originais
Josiane Santos Tibursky

Leitura final
Grasielly Hanke Angeli

Editoração
Kaéle Finalizando Ideias

Reservados todos os direitos de publicação à
PENSO EDITORA LTDA., uma empresa do GRUPO A EDUCAÇÃO S.A.
Av. Jerônimo de Ornelas, 670 – Santana
90040-340 – Porto Alegre – RS
Fone: (51) 3027-7000 Fax: (51) 3027-7070

SÃO PAULO
Rua Doutor Cesário Mota Jr., 63 – Vila Buarque
01221-020 – São Paulo – SP
Fone: (11) 3221-9033

SAC 0800 703-3444 – www.grupoa.com.br

IMPRESSO NO BRASIL
PRINTED IN BRAZIL

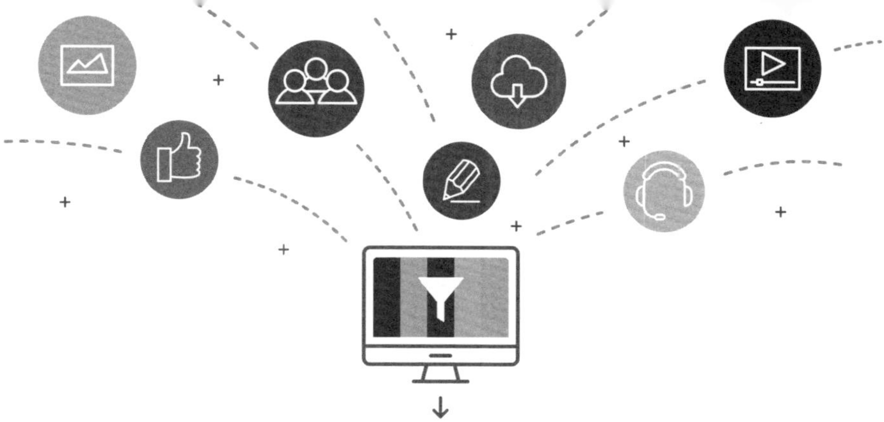

Autores

Patricia Alejandra Behar (Organizadora)
Professora titular da Faculdade de Educação e dos programas de pós-graduação em Educação e Informática na Educação da Universidade Federal do Rio Grande do Sul (UFRGS). Pesquisadora do Conselho Nacional de Desenvolvimento Científico e Tecnológico (CNPq). Coordenadora do Núcleo de Tecnologia Digital Aplicada à Educação (NUTED/UFRGS). Professora visitante do Teachers College, Columbia University, pelo Programa Fullbright. Mestre e Doutora em Ciência da Computação pela UFRGS.

Alexandra Lorandi Macedo
Pedagoga. Coordenadora acadêmica da Secretaria de Educação a Distância (SEAD/UFRGS). Mestre em Educação pela UFRGS. Doutora em Informática na Educação pela UFRGS.

Ana Carolina Ribeiro Ribeiro
Pedagoga. Pesquisadora do NUTED/UFRGS. Especialista em Gestão da Educação pela Pontifícia Universidade Católica do Rio Grande do Sul (PUCRS). Mestre em Educação pela UFRGS. Doutoranda em Educação na UFRGS.

Anna Helena Silveira Sonego
Graduada em Formação de Professores para Educação Profissional pela Universidade Federal de Santa Maria (UFSM). Pesquisadora do NUTED/UFRGS. Especialista em Tecnologias da Informação e da Comunicação Aplicadas à Educação pela UFSM. Mestre em Educação pela UFSM. Doutoranda em Educação na UFRGS.

Caroline Bohrer do Amaral
Pedagoga. Especialista em Tutoria em Educação a Distância pela UFRGS. Mestre e Doutora em Educação pela UFRGS.

Cláudia Zank
Professora. Coordenadora de Desenvolvimento Pedagógico no Núcleo de Educação Profissional (NEP) do Serviço Nacional de Aprendizagem Comercial (Senac-RS). Especialista em Educação a Distância pelo Senac-RS. Mestre e Doutora em Educação pela UFRGS.

Cristina Alba Wildt Torrezzan
Arquiteta e urbanista. Pesquisadora do NUTED/UFRGS. Especialista em Informática na Educação pela UFRGS. Mestre em Educação pela UFRGS. Doutora em Informática na Educação pela UFRGS.

Daisy Schneider
Pedagoga com habilitação em Magistério para Educação Infantil pela UFRGS. Técnica em assuntos educacionais na UFRGS. Pesquisadora do NUTED/UFRGS. Especialista em Tutoria em Educação a Distância pela UFRGS. Mestre e Doutora em Educação pela UFRGS.

Fátima Weber Rosas
Professora. Pesquisadora do NUTED/UFRGS. Especialista em Arte e Educação Física na Educação Básica pela UFRGS. Mestre em Educação pela UFRGS. Doutora em Informática na Educação pela UFRGS.

Gislaine Rossetti Ferreira
Administradora. Especialista em Marketing pela Instituição Educacional São Judas Tadeu. Mestre em Educação pela UFRGS. Doutoranda em Informática na Educação na UFRGS. Membro da Câmara para Assuntos de Ensino do Conselho Regional de Administração do Rio Grande do Sul (CRA/RS).

Ketia Kellen Araújo da Silva
Pedagoga. Mestre em Educação pela UFRGS. Doutora em Informática na Educação pela UFRGS.

Leticia Rocha Machado
Pedagoga. Mestre em Gerontologia Biomédica pela PUCRS. Doutora em Informática na Educação pela UFRGS. Pesquisadora de pós-doutorado no NUTED/UFRGS.

Magalí Teresinha Longhi
Analista da Tecnologia da Informação. Pesquisadora do NUTED/UFRGS. Mestre em Ciência da Computação pela UFRGS. Doutora em Informática na Educação pela UFRGS. Possui pós-doutorado em Ciência da Computação pela Universidade Federal de Sergipe (UFS).

Maira Bernardi
Professora da Escola de Humanidades e assessora pedagógica da Unidade Acadêmica de Graduação/EAD e da Unidade Acadêmica de Pesquisa e Pós-graduação/EAD da Universidade do Vale do Rio dos Sinos (Unisinos). Especialista em Administração Educacional pela Universidade Luterana do Brasil (Ulbra). Mestre e Doutora em Educação pela UFRGS.

Sandra Andrea Assumpção Maria
Professora. Especialista em Educação a Distância pelo Senac-RS. Mestre em Educação pela UFRGS. Doutora em Informática na Educação pela UFRGS.

Sílvio César Cazella
Professor da Universidade Federal de Ciências da Saúde de Porto Alegre (UFCSPA). Doutor em Ciência da Computação pela UFRGS.

Tássia Priscila Fagundes Grande
Pedagoga. Especialista em Psicopedagogia e Tecnologias da Informação e Comunicação pela UFRGS. Mestre em Educação pela UFRGS. Doutoranda em Educação na UFRGS.

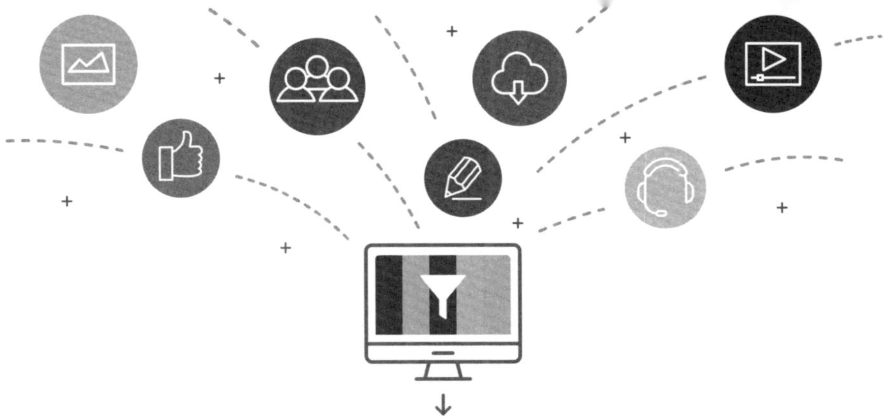

Apresentação

Uma das mais raras características que discerni entre alunos e orientandos de pós-graduação, em mais de 40 anos de magistério em Comunicação e Artes, foi a capacidade de não apenas produzir obras exemplares, mas também de elaborar discursos analítico-científicos sérios sobre sua própria produção. Tive a mesma impressão ao encontrar esta nova contribuição de Patricia Alejandra Behar à literatura brasileira de educação a distância (EAD). Embora longe de ser iniciante na disciplina, a autora demonstra neste livro que suas recomendações para a produção de "obras" educativas em ambientes virtuais são fortemente baseadas em décadas de experiência prática direta e específica.

Professora titular da Faculdade de Educação e dos programas de pós-graduação em Educação e Informática na Educação na Universidade Federal do Rio Grande do Sul (UFRGS), ela também coordena o Núcleo de Tecnologia Digital Aplicada à Educação (NUTED). Tem se dedicado à construção de conhecimento e ao desenvolvimento de ambientes virtuais de aprendizagem, à produção e à avaliação de materiais educacionais digitais e modelos pedagógicos para EAD, bem como à formação de professores nessas novas abordagens. Desenvolveu o ambiente virtual ROODA, utilizado como uma das plataformas de EAD da UFRGS em cursos presenciais e totalmente a distância, envolvendo mais de 52 mil usuários, e foi autora dos importantes livros *Modelos pedagógicos em educação a distância* (2009) e *Competências em educação a distância* (2013).

O conteúdo deste novo livro oferece observações e recomendações para todos aqueles já envolvidos na produção de cursos e materiais independentes para a aquisição de conhecimento com a intermediação de tecnologia, bem como para os que estão iniciando sua familiarização com as metas, os meios, a operacionalização e a avaliação dessa modalidade educacional. O leitor encontrará aqui dicas apropriadas para os três grandes segmentos de aprendizagem que costumam ser designados na literatura científica sobre EAD, assim configurados: *pedagogia* (experiências educativas dirigidas a jovens, com conteúdo e forma de estudar orientados pela escola e pelo professor); *andragogia* (estudos para adolescentes e jovens adultos, com conteúdo determinado pelo professor, mas com forma de estudar controlada pelo estudante); e *heutagogia* (educação continuada de adultos maduros, desejosos de avançar suas competências e saber, com conteúdo e formas de estudar determinados inteiramente pelo aprendiz).

O aumento constante da complexidade na vida das pessoas, tanto nas suas ações e relações domésticas quanto nas suas atividades ocupacionais, está exigindo que, ao encontrar ideias ou formas novas de trabalhar, cada cidadão crie condições para compreendê-las por meio de um processo cognitivo que começa com a "desmontagem" dos seus elementos básicos, para entender bem suas funções, suas características e seu significado especial em uma visão em conjunto. Após isso, é necessária a "remontagem" de todas as partes, para ver o funcionamento em plena operação. A EAD está excepcionalmente bem situada para facilitar esse tipo de aprendizagem porque, diferentemente da sala de aula presencial, tradicionalmente caracterizada apenas pelo discurso do professor, o ambiente vai além das palavras deste, sendo ilustradas, com simulações e animações feitas em computador, a desmontagem ("objetos de aprendizagem") e a subsequente remontagem do fenômeno em estudo. Apresenta também *links* para a obtenção de informações adicionais que enriqueçam a compreensão do aprendiz e ofereçam um "fórum virtual" para a troca de impressões, dúvidas e explicações por parte dos estudantes em relação ao conteúdo, e, com isso, tenham uma compreensão mais sólida e aprofundada.

Em certo sentido, a EAD oferece condições para uma aprendizagem mais eficaz do que a presencial porque, enquanto esta depende inteiramente da sabedoria, da criatividade e do "ânimo na hora certa" do professor, aquela é inteiramente realizada por uma equipe de especialistas. Alguns cuidam do conteúdo, outros do *design* instrucional, da arte envolvendo gráficos estáticos e animados, e da avaliação, além de outros aspectos. Assim, este livro compreende o contexto em que o educador e sua equipe têm de planejar a criação, a operação e a avaliação de ambientes virtuais para facilitar a aprendizagem. É uma obra cujo mérito está em identificar detalhadamente os fatores que determinam o sucesso de um curso a distância, observando a obrigatoriedade de considerar o nível de maturidade dos aprendizes e do seu conhecimento prévio do assunto (normalmente um acurado indicador da eficácia da aprendizagem), explorando e salientando as características especiais do conteúdo em questão. Ao leitor deste livro utilíssimo, desejo um bom mergulho nesse enorme e novo oceano de ricas e variadas possibilidades de ensinar e de aprender.

Fredric M. Litto
Professor Emérito de Comunicações e Artes da Universidade de São Paulo.
Presidente da Associação Brasileira de Educação a Distância.

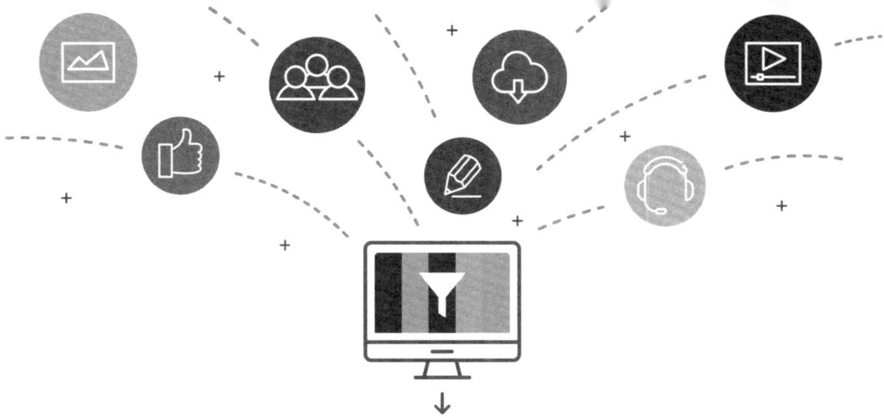

Prefácio

Dando continuidade a uma trilogia iniciada em 2009 com *Modelos pedagógicos em educação a distância* e seguida em 2013 pela publicação de *Competências em educação a distância*, esta nova obra, intitulada *Recomendação pedagógica em educação a distância,* aprofunda os estudos sobre educação a distância (EAD).

Ao publicarmos o primeiro livro, começamos a estudar o tema das competências, sua conceituação e formas de aplicação na educação, o que, somado ao fato de o Núcleo de Tecnologia Digital Aplicada à Educação (NUTED/UFRGS) desenvolver, há quase 20 anos, objetos de aprendizagem, levou-nos a pensar em implementarmos uma ferramenta na qual pudéssemos integrar os dois temas. Assim, em 2010, surgiu a ideia de desenvolvermos um recomendador de objetos de aprendizagem baseado em competências, ao que chamamos RecOAComp.

Mas o que era e para que serviria esse sistema? A ideia era sugerir materiais educacionais digitais de acordo com as competências que poderiam ser construídas e/ou aperfeiçoadas pelos alunos. Para tanto, iniciamos estudos mais aprofundados, buscando respostas para questionamentos como: Os sistemas de recomendação (SR) poderiam contribuir para os processos educacionais – mais precisamente, a distância? Como eles poderiam ser utilizados e/ou integrados nesse tipo de modalidade?

Os caminhos da pesquisa nos levaram a retornar à definição de modelo pedagógico, ressignificar e incluir novos elementos para, a partir deles, propor o que denominamos de *recomendação pedagógica*. Assim, fomos abrindo um leque de questões que orientaram o nosso trabalho para a busca de novas soluções: Quais seriam esses elementos? Que tipo de indicações poderiam ser dadas e a quem estariam destinadas? Qual seria a necessidade de recomendar e/ou receber recomendações na educação?

Em Recomendação pedagógica em educação a distância, nosso desafio foi escrever um livro no qual educadores encontrassem referências para entender a importância dos sistemas de recomendação na personalização do ensino, de acordo com os interesses e as necessidades dos docentes e discentes da EAD. Portanto, por um lado foi necessário construir tecnologias que realizassem recomendações de acordo com o perfil do sujeito e, por outro, investigar se as sugestões indicadas por esses recursos poderiam melhorar e/ou apoiar a atuação dos atores da EAD. Isso tornou necessário, em primeiro lugar, trazer o conceito de sistemas de recomendação do ponto de vista tecnológico, a fim de compreender sua definição, seu funcionamento e seu histórico.

Tendo em vista que, na EAD, os aspectos afetivos e sociais são de suma importância para que o trabalho docente tenha sucesso, sentimos necessidade de construir novas funcionalidades para ambientes virtuais de aprendizagem que capturassem esses dados, apoiando a recomendação de estratégias pedagógicas e, consequentemente, a prática do professor.

Nesta obra também não poderia faltar um tema bastante discutido na atualidade, que é a escrita coletiva digital e a necessidade de desenvolvermos uma tecnologia que pudesse dar suporte a esse processo. Para isso, apresentamos um recomendador de conteúdos que sugere materiais em diferentes formatos, de acordo com a produção textual que está sendo desenvolvida. Como a recomendação não contempla apenas materiais educacionais digitais e estratégias pedagógicas, foi necessário ir além na busca de subsídios que fundamentassem como poderia ocorrer a indicação de pessoas na e para a formação de grupos em ambientes virtuais. Por fim, procuramos descrever as tendências tecnológicas e educacionais da área, mostrando futuros estudos que podem ser realizados.

Iniciamos este Prefácio mencionando que esta obra era parte de uma trilogia. Bem, não esgotamos o tema neste livro – ele é o início de uma longa jornada de importantes discussões vislumbrando novos conflitos e possiblidades no contexto da EAD. Esperamos que você encontre nestas páginas uma inspiração para a busca de outros caminhos a serem trilhados a partir das recomendações.

Patricia Alejandra Behar
Organizadora

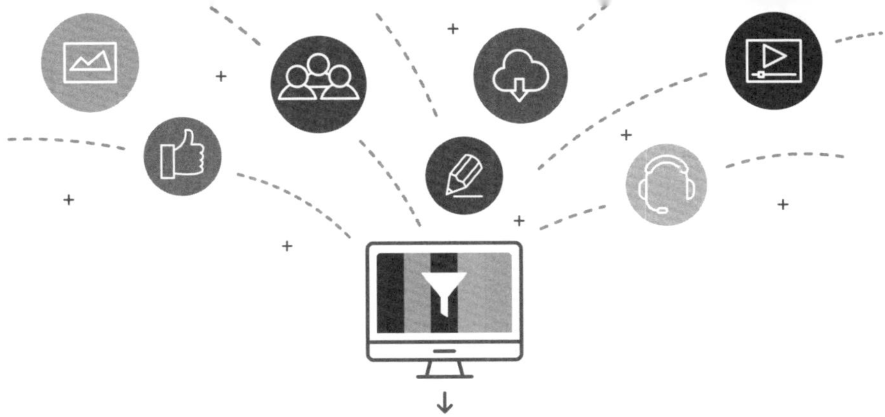

Sumário

1

RECOMENDAÇÃO PEDAGÓGICA EM EDUCAÇÃO A DISTÂNCIA: CONCEITOS E ELEMENTOS

Patricia Alejandra Behar | Leticia Rocha Machado
Cristina Alba Wildt Torrezzan | Magalí Teresinha Longhi

No atual estágio da informatização, ainda se despendem tempo e recursos à procura de informação, produtos e serviços na internet. Essa busca envolve escolhas baseadas em preferências, necessidades e experiências de outros usuários. Nesse sentido, os sistemas de recomendação (SRs) vêm sendo amplamente utilizados, principalmente pelo comércio e serviço eletrônico, a exemplo da Google, Amazon e Netflix, além de redes sociais como o Facebook. Tais sistemas agregam métodos para interpretar os hábitos do usuário da internet, de forma que o SR aprenda sobre os interesses do usuário. As informações derivadas da maneira como o indivíduo age na rede, realiza pesquisas e registra suas opiniões ajudam a delinear o perfil do usuário. Isso garante uma experiência de venda ou indicação de produto mais personalizada e aumenta a possibilidade de efetivação da compra, gerando competitividade. Portanto, um SR envolve ferramentas computacionais, com a finalidade de sugerir itens para o usuário. A definição das sugestões levantadas por um SR requer elementos indicados pelo usuário e/ou inferidos pelo próprio sistema para a tomada de decisão.

No âmbito da educação a distância (EAD), viabilizada pelo uso de recursos digitais nos processos de ensino e de aprendizagem, são preconizadas a personalização e a adequação de práticas pedagógicas de acordo com as necessidades do aluno e do professor. Nesse cenário, observa-se uma preocupação crescente com o desenvolvimento de tecnologias para agilizar a comunicação, permitir mobilidade e oportunizar a colaboração e a cooperação, como também adaptar os ambientes de acordo com os interesses dos participantes. Tais aspirações são possíveis devido ao desenvolvimento da internet da segunda para a terceira geração, também chamadas de *web* 2.0 e *web* 3.0.

A *web* 2.0 ainda tem como principal característica a disponibilização de técnicas para suportar a alta interatividade na internet. Isso garante ao usuário gerar seus próprios conteúdos por meio de ferramentas ou serviços como redes sociais, *blogs*, bate-papo e publicação de fotos e vídeos. Além disso, trouxe a evolução nos mecanismos de organização e busca de informações, dado o imenso volume de conteúdo armazenado nos diversos serviços disponibilizados. Já a *web* 3.0 vai além da interatividade. A terceira geração da internet se caracteriza por organizar as informações do usuário de modo que o serviço na internet (rede social, *blog*, *site* de companhia aérea, de jornal, de revista ou de compras) possa compreender suas preferências e seus interesses. Ou seja, esses serviços tentam "entender" os desejos de cada indivíduo, personalizando e otimizando suas experiências de navegação pela internet.

Nesse sentido, verifica-se que os SRs também podem ser utilizados com fins educacionais. Porém, a questão é: o que diferencia os SRs destinados a interesses comerciais, como, por exemplo, a sugestão de livros, músicas e filmes, de outros, voltados a objetivos educacionais, como conteúdos de aprendizagem, exercícios, jogos e simulações de fenômenos e processos. Essa questão e a diversidade de interesses e perfis dos alunos matriculados em cursos a distância conduzem à investigação de sistemas que tenham a capacidade de entender o contexto educacional do aluno. Portanto, a partir das necessidades, das preferências e/ou dos interesses do usuário, um SR voltado à educação é indicado para sugerir recursos educacionais com o intuito de apoiar os processos de ensino e de aprendizagem.

A educação procura acompanhar as transformações da sociedade, ao integrar as inovações tecnológicas à sala de aula. Diante disso, a utilização de SR também pode vir a contribuir nos processos de ensino e de aprendizagem, já que poderia propiciar uma customização de acordo com o interesse e a necessidade dos atores (professores, aluno, gestor e tutor) da EAD. A partir dessa personalização, entende-se que seria possível sugerir ações e recursos para ensinar e aprender, como, por exemplo, materiais educacionais digitais (MEDs), estratégias pedagógicas (EPs) e modos de formação de grupos.

Portanto, é necessário discutir sobre a possibilidade de integrar os SRs voltados para a EAD e observar os benefícios (ou as inconveniências) dessa tecnologia utilizada por professores, alunos, gestores e tutores. Por isso, o Núcleo de Tecnologia Digital Aplicada à Educação (NUTED) viu a necessidade de definir um novo conceito agregando essas duas áreas, o que resultou no desenvolvimento da recomendação pedagógica em educação a distância (RecPed-EAD).

Esta obra define o conceito de RecPed, propondo a integração de um ou mais elementos do modelo pedagógico (BEHAR et al., 2009), apresentado na próxima seção, aos SRs, além de possíveis caminhos que possam favorecer os processos de ensino e de aprendizagem.

RETOMANDO O CONCEITO DE MODELO PEDAGÓGICO EM EDUCAÇÃO A DISTÂNCIA

Nas últimas décadas, a EAD vem adequando os métodos para apoiar os processos educacionais em função da inclusão de novas tecnologias digitais. Isso se reflete nas práticas educacionais adotadas na sala de aula, apoiadas, em especial, por um ambiente virtual de aprendizagem (AVA). Por isso, destaca-se a necessidade de discutir e refletir sobre o planejamento e a adoção de EPs aplicadas nesses ambientes virtuais e, consequentemente, o desenvolvimento de modelos pedagógicos específicos para a EAD.

Um *modelo pedagógico* é um conjunto de premissas teóricas a partir de uma base paradigmática,[1] que pode explicar e orientar as ações pedagógicas do professor. No âmbito da EAD, ele está diretamente relacionado com as tecnologias digitais utilizadas (BEHAR et al., 2009). Conforme os autores, o modelo pedagógico em EAD é constituído pela arquitetura pedagógica (AP) (organização, conteúdo, metodologia e tecnologia) e pelas EPs a serem empregadas. Esse modelo é voltado para alunos, professores, tutores e, também, gestores, compreendidos nesta obra como *sujeitos da EAD*, individuais ou coletivos.

Portanto, na proposição de um modelo pedagógico, é necessário, além da construção de uma AP que oriente as ações a serem desenvolvidas na modalidade a distância, definir, também, quem serão os sujeitos da EAD participantes. Nessa abordagem, essas ações são traduzidas em EPs, que podem ser adotadas nas práticas em sala de aula virtual.[2] A Figura 1.1 ilustra os elementos do

[1] Existem diferentes paradigmas que podem ser adotados pelo professor. Na corrente interacionista, o sujeito constrói seu conhecimento. Já na instrucionista, todo o conhecimento é transmitido ou transferido do meio exterior ao sujeito. A perspectiva humanista baseia-se na essência de que o sujeito nasce com o saber e, conforme vai necessitando, ele o traz à consciência, organizando-o e, por conseguinte, apreendendo-o (BEHAR et al., 2009).

[2] Uma sala de aula virtual é entendida como um espaço educacional promovido por ambientes virtuais de aprendizagem, que, além de proporcionarem acesso aos materiais de aprendizagem, servem como meio para diminuir a distância física dos participantes em função das tecnologias de comunicação que esses ambientes suportam (Fonte: www.ufrgs.br/ufrgs/noticias/ufrgs-lanca-nova-versao-da-sala-aula-virtual).

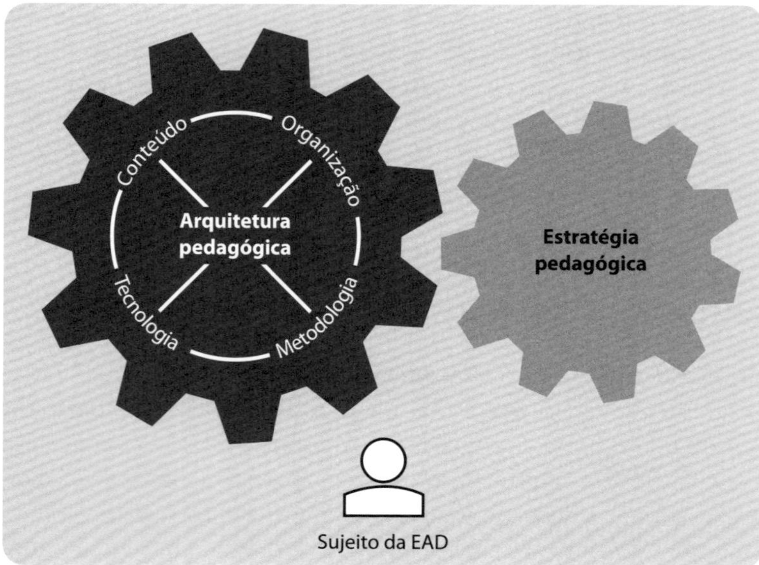

Figura 1.1 Modelo pedagógico em EAD.

modelo pedagógico, entre eles a arquitetura, as estratégias e os sujeitos da EAD, individuais e coletivos. Entende-se que as EPs são as que mobilizam a AP; mas, para isso ocorrer, também devem ser consideradas as características do sujeito da EAD, individual ou coletivo. Assim, o modelo pedagógico pode ser construído e reconstruído conforme as necessidades e os interesses emergentes, com base no perfil dos *sujeitos da EAD*. Nesta obra, o conceito de perfil está limitado a algumas características, entre elas as sociais, afetivas e cognitivas.

A AP é constituída por quatro aspectos interligados (BEHAR et al., 2009):

- **Organização** — refere-se ao planejamento pedagógico. Inclui a definição dos objetivos e do tempo e espaço, além dos direitos e deveres de cada sujeito da EAD (professor, aluno, gestor e tutor).
- **Conteúdo** — diz respeito à temática proposta na AP e aos materiais utilizados (p. ex., textos, animações, jogos e objetos de aprendizagem [OAs]).[3]

[3] OAs são recursos digitais modulares, utilizados para apoiar a aprendizagem presencial e/ou a distância. Qualquer recurso digital que auxilie na aprendizagem e com potencial para ser reutilizável pode ser considerado um OA. Ou seja, textos, hipertextos, vídeos, aplicativos ou materiais com recursos mais complexos como animações com áudio (BEHAR et al., 2009).

- **Metodológico** — reporta-se à maneira como são empregadas as tecnologias e como é desenvolvido o conteúdo ao longo dos processos de ensino e de aprendizagem. Inclui as formas de associar os recursos tecnológicos, os objetivos, as técnicas e os procedimentos de aplicação, bem como as orientações e as propostas de avaliação, de acordo com a organização adotada na AP.
- **Tecnológico** — está relacionado com os recursos e as ferramentas digitais empregados na EAD, podendo ser por meio de um AVA, do uso de SR, jogos ou de quaisquer recursos tecnológicos.

Entende-se que as EPs vão servir de ligação entre a arquitetura definida e a prática desenvolvida na sala de aula virtual. Portanto, podem ser compreendidas como um conjunto de ações educacionais que impulsionam a AP, visando a alcançar os objetivos que levam à construção do conhecimento. As EPs podem ser, entre outros recursos: sugestões para usar novas tecnologias digitais; aplicações de atividades complementares a partir de simulações, etc.; construções coletivas de textos; recomendações de dicas para motivar a realização de tarefas, o compartilhamento de conhecimentos e a participação na discussão com colegas e formadores.

Cabe ressaltar que não existe um padrão de arquitetura, pois ela varia de acordo com o perfil dos sujeitos e com o contexto em que deve ser planejada. Essa premissa também pode ser aplicada nas EPs. Dessa forma, as EPs, bem como a AP, são influenciadas e modificadas pelas necessidades identificadas em um determinado contexto, inclusive as relacionadas com os sujeitos da EAD, individuais ou coletivos.

Conforme apresentado anteriormente, o sujeito da EAD refere-se a todos os indivíduos que atuam na EAD, tais como alunos, professores, tutores e gestores. O sujeito da EAD individual é entendido, a partir dos pressupostos de Piaget, como o sujeito psicológico, caracterizado pelo que é particular e subjetivo (PIAGET, 1983). Desse modo, o indivíduo é caracterizado em três dimensões:[4] a cognitiva,[5] a afetiva e a social. Todas elas são suportadas pelo sistema biofisiológico (DOLLE, 1993). A partir do momento em que as tecnologias digitais passaram a fazer parte da EAD, esse conceito foi adaptado e se fez necessária a construção de uma nova dimensão: a tecnológica, conforme Behar (2013).

---

[4] No contexto desta obra, a dimensão é entendida como parte, característica ou aspecto do sujeito da EAD.

[5] A dimensão cognitiva é representada por estruturas cognitivas nos diferentes estágios de desenvolvimento humano. Elas são modificadas pelos processos de acomodação e assimilação dos conhecimentos (PIAGET, 1983).

O sujeito da EAD coletivo é constituído na interação entre sujeitos individuais. Implica um trabalho cooperativo e colaborativo, em que o sujeito da EAD individual é levado a refletir sobre as ideias dos outros, aceitando as diferenças, observando o respeito mútuo e a ética.

Para definir esses sujeitos, busca-se subsídios em Piaget (1995) e Dolle (1993), a fim de definir a relação entre ele e o meio, ele e o objeto de conhecimento, ele e outros sujeitos da EAD.[6] Piaget caracteriza o ser humano em dois sujeitos complementares: o epistêmico e o psicológico. O *sujeito epistêmico* (ou *sujeito cognitivo*, por Dolle [1993]) é aquele voltado essencialmente para a "compreensão" e "constituição" do real, "sem levar em consideração processos particulares e subjetivos" (SILVA, 2009, p. 231). Já o *sujeito psicológico* é definido por tudo aquilo que é individual ou particular, voltado ao "ter êxito" ou para satisfazer necessidades (BEHAR, 2013).

A construção do conhecimento, de acordo com Piaget, é centrada na ação do *sujeito epistêmico* sobre o objeto da aprendizagem. Contudo, não se deve menosprezar o *sujeito psicológico*, pois ele é responsável pela articulação do interesse pelo conhecimento, alavancando as dimensões afetivas e sociais, notadamente suportadas pelo que é orgânico (físico e biológico).

Nesse contexto, o sujeito da EAD, definido por Behar (2013), é especificado pelos sujeitos epistêmico (ou cognitivo) e psicológico descritos por Piaget (1995) e Dolle (1993), em uma configuração individual ou coletiva.

Portanto, nesta obra, conceitua-se o sujeito da EAD individual como aquele que se encontra (ou está) inserido no contexto da EAD com suas características epistêmicas e psicológicas, representadas na forma de cinco sujeitos, ou dimensões, descritos a seguir:

1. **Sujeito biofisiológico** — fornece a base de constituição e existência dos outros quatro sujeitos. Ele diz respeito a todas as funções biológicas e fisiológicas (genética, neurologia, neurobiologia, bioquímica, etc.).
2. **Sujeito cognitivo** — responsável pela aquisição, conservação e gestão dos conhecimentos. É o que Piaget define como sujeito epistêmico.
3. **Sujeito social** — compreende a interiorização dos hábitos, das regras e dos interditos sociais. As regras abrangem tudo o que organiza as maneiras de fazer, ser e pensar.

[6] Cabe destacar que não será aprofundado o conceito de sujeito psicológico e epistêmico neste capítulo.

4. **Sujeito afetivo** — de onde parte a energética que impele o sujeito da EAD para determinada ação. Este percebe os efeitos dessa ação sob a forma de emoções, sentimentos ou efeitos das relações estabelecidas.
5. **Sujeito tecnológico** — faz "referência ao conhecimento [...] necessário para a comunicação e pertinência nos ambientes virtuais" (BASSANI, 2006, p. 123; BEHAR, 2013).

Cada um dos sujeitos mencionados (biofisiológico, cognitivo, social, afetivo e tecnológico) está inter-relacionado e trata, respectivamente, da cognição, da afetividade, do social, do orgânico e, com o advento da internet, da tecnologia digital. A Figura 1.2 ilustra a estrutura do sujeito da EAD e sua interação no meio de aprendizagem, a sala de aula virtual.

A sala de aula virtual é o espaço tecnológico que sustenta as ações da EAD, onde professores e alunos desenvolvem as atividades de ensino e de aprendizagem. É nela que ocorrem as interações entre os sujeitos da EAD, a gestão da aula, a avaliação e a disponibilização do conteúdo, entre outros. Ou seja, a sala de aula virtual é o meio constituído por um sistema de relações formadas pelos sujeitos da EAD individuais ou coletivos, pelos recursos disponibilizados e pelas regras do ambiente, conforme apresentado na Figura 1.2.

Na EAD, o meio é representado por todos os ambientes virtuais ou sistemas computadorizados que integram a presença dos sujeitos da EAD, as fer-

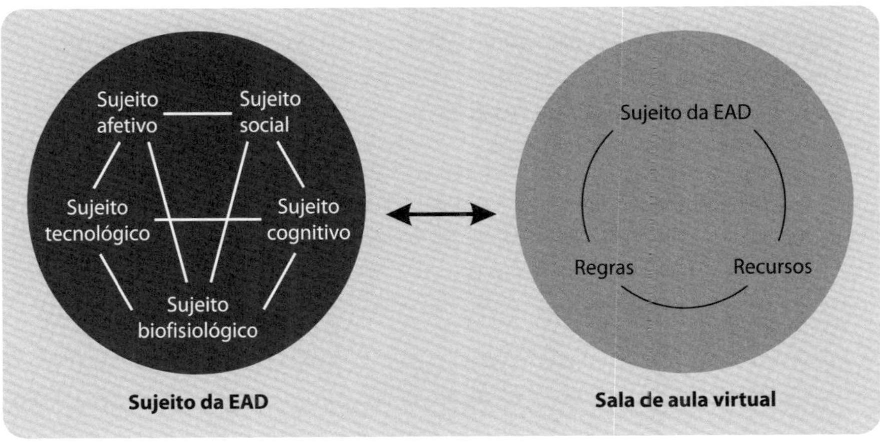

Figura 1.2 Estrutura do sujeito da EAD.
Fonte: adaptada de Behar (2013).

ramentas disponibilizadas e as regras de atuação no ambiente. As ferramentas são os recursos de comunicação e de outras tecnologias que dão suporte à interação. As regras são as normas institucionalizadas para orientar as relações interindividuais e, muitas vezes, o percurso para a construção de conhecimento.

Assim, durante os processos de ensino e de aprendizagem em uma sala de aula virtual, os aspectos que fazem parte do sujeito da EAD[7] não se manifestam de modo homogêneo ou constante, e tampouco há uma hierarquia entre eles. Porém, pode haver uma provisória de um ou de outro, dependendo do tipo de interação, ou da necessidade para recorrer a uma. A duração da prevalência está diretamente relacionada com a necessidade da dimensão para o sujeito da EAD. Por exemplo, o *sujeito afetivo* pode predominar no período de interesse do sujeito da EAD pelo conteúdo de aprendizagem; o *sujeito cognitivo*, enquanto o conteúdo da aprendizagem está sendo assimilado.

Tal como explicado por Piaget (1973), a construção do conhecimento se dá nas trocas, tanto individual como em grupo. Em termos de relações implícitas e explícitas com outros sujeitos, significa que um sujeito da EAD individual pode interagir com outro sujeito da EAD individual ou com um sujeito da EAD coletivo, conforme mostram as Figuras 1.3 e 1.4.

O sujeito da EAD coletivo é um "conjunto de sujeitos que fazem parte de um todo com características próprias construídas ou reconstruídas por meio da participação em grupo, e que se refletem no mesmo" (BEHAR, 1998, p. 56). Portanto, um *sujeito EAD- coletivo* é o encontro de outros *sujeitos da EAD-individuais* e/ou outros *sujeitos da EAD-coletivo*. Segundo Behar (1998, p. 58), os "sujeitos que trabalham em grupo de forma cooperativa, representando informações, são levados a refletir sobre o pensamento dos outros, respeitando-se, ajudando-se, trocando e aceitando ideias".

Assim, Behar (1998, p. 49) ressalta que

> [...] cada relação social constitui uma totalidade de características novas, transformando a estrutura mental do sujeito. A interação entre dois sujeitos não é nem a soma dos seus conhecimentos e nem a realidade deles sobrepostas. É por meio da interação interindividual que é possível ocorrer uma construção coletiva do conhecimento [...].

Portanto, uma das formas de construir o conhecimento em conjunto é a partir da cooperação, ou seja, por meio da "[...] confrontação de visões dife-

[7] Os sujeitos caracterizam as dimensões biofisiológica, cognitiva, social, afetiva e tecnológica do sujeito da EAD.

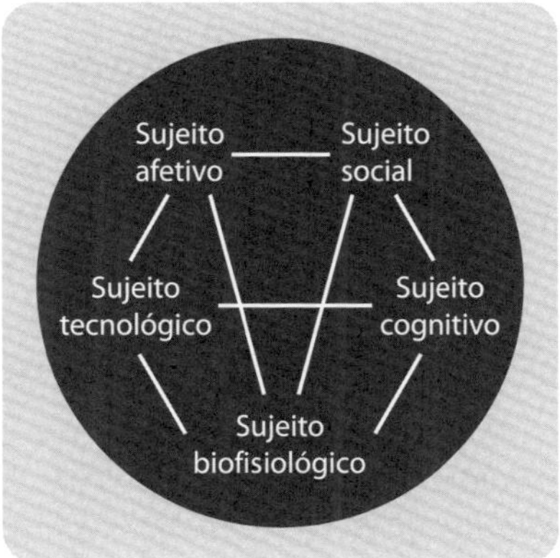

Figura 1.3 Sujeito da EAD individual.
Fonte: adaptada de Behar (1998; 2013).

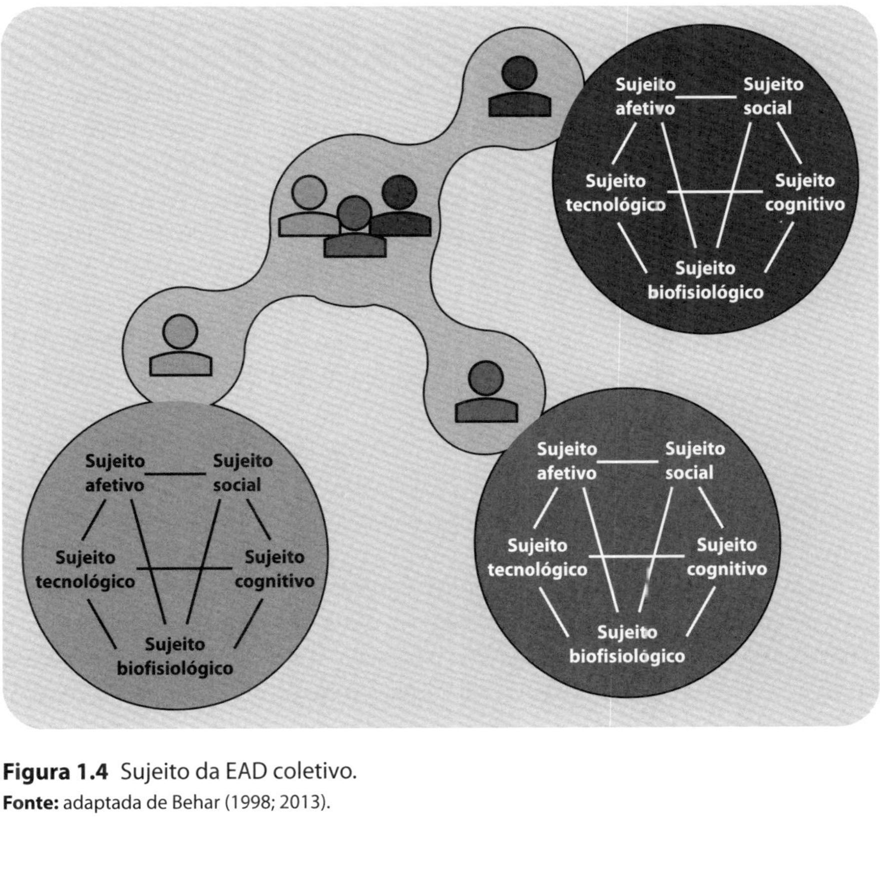

Figura 1.4 Sujeito da EAD coletivo.
Fonte: adaptada de Behar (1998; 2013).

rentes entre os integrantes do grupo" (BEHAR, 1998, p. 47). Então, o *sujeito EAD-coletivo* é constituído na interação entre os *sujeitos EAD-individuais*.

Assim, retomando o conceito de modelo pedagógico em EAD e seus elementos, esta seção permitiu discutir os elementos necessários para embasar a RecPed, conforme será apresentado na próxima seção.

RECOMENDAÇÃO PEDAGÓGICA: DISCUTINDO O CONCEITO

Entende-se que toda e qualquer sugestão de recursos educacionais — livros, atividades extras, jogos educacionais e simuladores, entre outros — ou de ações para apoiar a aprendizagem — como dicas de incentivo ou de EPs — é considerada forma de RecPed.

Portanto, a RecPed é o ato de sugerir materiais educacionais e/ou EPs que possam apoiar o processo de construção do conhecimento. Um exemplo é o chamado "livro didático", que viabiliza recomendações aos próprios educadores, ao sugerir possíveis formas de abordar um conteúdo em sala de aula.

Nos últimos tempos, o uso de recursos digitais oportunizou a construção de MEDs mais inovadores e interativos. Nessa abordagem, consideram-se como MEDs qualquer tipo de material educacional que utilize algum recurso digital em sua elaboração, seja em formato de texto, vídeo, animação, gráfico ou imagens, por exemplo. Também poderá haver a combinação entre eles, podendo ser simples ou complexo. Um exemplo de MED muito utilizado na EAD são os OAs. Esses são incluídos em repositórios públicos ou privados, organizados e acessados por palavras-chave e de fácil acesso via internet. Esses repositórios têm a vantagem de armazenar uma grande variedade de materiais. Desse modo, não se limitam ao acervo físico de um professor ou órgão educacional.

Infelizmente, o uso de repositórios não diminuiu a busca de conteúdo irrelevante. Isso ocorre porque são levadas em conta na busca apenas palavras-chave, desconsiderando informações sobre o perfil (necessidades e interesses) do usuário.

Diante desse cenário e do avanço tecnológico, os SRs[8] se tornaram um forte aliado educacional. Segundo Cazella et al. (2010), esses sistemas utilizam dados como a preferência das pessoas para direcionar a seleção dos conteúdos de interesse. Surgem, portanto, como uma ferramenta capaz de

[8] A definição, bem como os atributos dos SRs do ponto de vista técnico, será abordada no Capítulo 2.

relacionar, de forma mais eficiente, recursos educacionais às necessidades formativas dos sujeitos, especialmente na EAD.

Na literatura, são encontrados alguns trabalhos relacionados aos sistemas de recomendação educacionais (SREs) (DASCALU et al., 2016). A busca de MED por meio desse tipo de sistema é feita a partir de palavras-chave sobre o conteúdo da pesquisa e informações sobre o perfil do sujeito. Podem-se citar como exemplos as ações realizadas no sistema (locais, formas de comunicação, etc.). Dos trabalhos nacionais, os SREs RecOAComp,[9] DICA[10] e PERSONNA[11] podem ser citados como exemplos de sistemas que filtram e recomendam MEDs mais adequados ao perfil do aluno.

A maioria dos SR é desenvolvida de forma autônoma, ou seja, não é vinculada a AVAs. Há, porém, alguns desses ambientes que suportam recursos de recomendação, para sugerir materiais didáticos, tais como documentos de texto, apostilas e arquivos de áudio e vídeo.

Ferro et al. (2011) e Sousa e Barbosa (2013), por exemplo, desenvolveram SRs de materiais didáticos para serem acoplados aos AVAs. Isso possibilita que o sujeito receba sugestões mais personalizadas à sua necessidade educacional.[12] Especificamente para o AVA MOODLE, foi construído o *plugin Recommender*, que indica atividades ou cursos mais populares (BARCELLOS et al., 2007; JÁCOME JÚNIOR et al., 2012).

O projeto Primeiro Herói[13] é uma iniciativa de SR que recomenda atividades para integrar pais e filhos fora do ambiente escolar (STAMATO et al., 2015). Outro exemplo é a recomendação de pessoas para a formação de grupos para o desenvolvimento de atividades de forma colaborativa.

Observa-se, contudo, que essas iniciativas, quando divulgadas em pesquisas e artigos, tratam de apresentar o desenvolvimento computacional desses sistemas e muito pouco sobre os resultados pedagógicos quando da aplicação prática em sala de aula.

Por isso, com base nas pesquisas do NUTED, da Universidade Federal do Rio Grande do Sul (UFRGS), houve a necessidade de conceituar o termo RecPed a partir dos estudos realizados nas áreas de educação e computação.

---

[9] O RecoaComp (www.nuted.ufrgs.br/?page_id=1971) é um sistema de recomendação desenvolvido pelo NUTED que tem por objetivo recomendar OAs com base nas competências. O detalhamento desse sistema será realizado no Capítulo 5.

[10] DICA — SR de OAs (VIEIRA; NUNES, 2012).

[11] PERSONNA é uma ontologia de modelagem do perfil para a recomendação de OAs (REZENDE et al., 2015).

[12] Esse tema será apresentado e discutido nos Capítulos 3 e 4.

[13] O projeto é uma parceria de diferentes empresas e do Instituto Federal de São Paulo.

O conceito de RecPed, defendido por Paiva, Bittencourt e Silva (2013), valoriza a resolução de problemas. Segundo os autores,

> As recomendações pedagógicas são entidades externas ou próprias do ambiente de aprendizagem, cujo objetivo é oferecer orientações para superar dificuldades pedagógicas já detectadas (i.e., latentes), ou previstas (i.e., em potencial). Uma recomendação pedagógica útil é aquela capaz de aprimorar a experiência de aprendizagem dos alunos para os quais ela foi direcionada. (PAIVA; BITTENCOURT; SILVA, 2013, p. 113).

Contudo, tal definição não contempla o modelo pedagógico delineado para os processos de ensino e de aprendizagem na EAD, já que não considera os aspectos tecnológicos pertinentes a essa modalidade. Nesse sentido, verificou-se a necessidade da integração do modelo pedagógico em EAD com os SRs.

Portanto, entende-se por RecPed a indicação de um ou mais elementos do modelo pedagógico (composto por uma AP e suas EPs) de acordo com o perfil do sujeito da EAD (individual e/ou coletivo) para apoiar os processos de ensino e de aprendizagem.

Dessa forma, no momento em que um docente planeja um modelo pedagógico para a EAD, ele precisa definir a AP, as EPs e conhecer os sujeitos, conforme mencionado na seção anterior. Esses elementos, por sua vez, podem ser sugeridos, dependendo do contexto, a professores, tutores, gestores e/ou alunos por meio da utilização de algum tipo de SR, o que, nesta obra, é denominado de RecPed. Esse processo encontra-se ilustrado na Figura 1.5.

O Quadro 1.1 apresenta exemplos práticos de recomendações pedagógicas de acordo com cada aspecto da AP.

Cabe destacar que os aspectos da AP envolvidos na RecPed são voltados para alunos, professores e tutores, enquanto sujeitos da EAD individuais ou coletivos. Nesse sentido, é importante definir previamente o perfil do sujeito da EAD que compõe a RecPed.

Alguns autores rotulam o termo perfil como identidade social, perfil do usuário ou modelo de usuário. O termo *perfil do usuário* é mais comum nos estudos sobre SRs e, do ponto de vista da computação, é criado para a "[...] classificação dos usuários em estereótipos que representam as características de uma classe de usuários" (REATEGUI; CAZELLA, 2005).

Como definido, a RecPed está apoiada no modelo pedagógico. Nesse contexto, será utilizado o termo "perfil do sujeito da EAD" baseado em seus interesses e necessidades. Portanto, esta obra tem como referência Piaget,

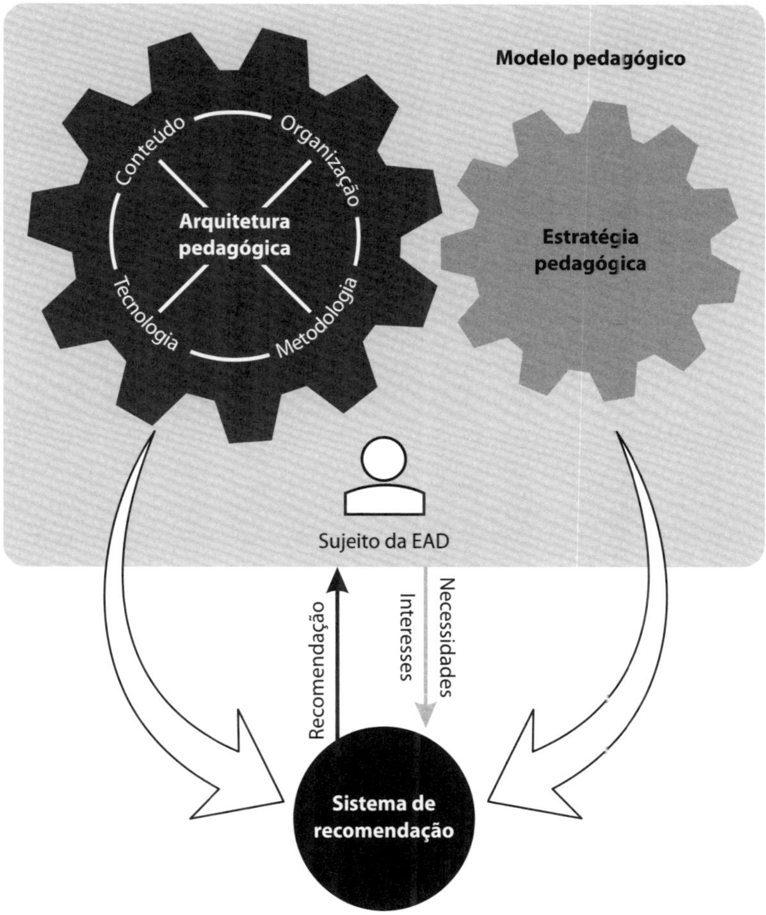

Figura 1.5 RecPed.

que trata desses dois conceitos para explicar o que motiva a ação do sujeito no processo de equilíbrio/desequilíbrio na construção do conhecimento. Cabe ressaltar que outras características podem ser incluídas, porém, nesse caso, outros autores devem ser explorados.

Assim, salienta-se que o perfil do sujeito da EAD, individual ou coletivo, é composto por um conjunto de informações requeridas ou identificadas ao longo da sua ação em um sistema computacional educacional. É esse conjunto de informações que revelará/delimitará os interesses e as necessidades do sujeito da EAD. A partir dessas informações, implícitas ou explícitas, o sistema infere as atuais preferências, necessidades e interesses do usuário,

QUADRO 1.1 Exemplos de recomendações pedagógicas

Aspectos da arquitetura pedagógica	Recomendação pedagógica
Aspecto organizacional	• Recomendação de estratégias para auxiliar a organização/reorganização da AP ou de seus elementos • Recomendação de grupos de trabalho
Aspecto metodológico	• Recomendação de EPs para apoiar a forma de abordagem de um conteúdo em sala de aula • Recomendação de EPs baseadas no perfil afetivo e/ou social dos alunos • Recomendação de possíveis formações de grupos • Recomendação de EPs para que OAs sejam utilizados • Recomendação de EPs para o uso dos recursos do AVA
Aspecto de conteúdo	• Recomendação de OAs específicos para a necessidade do aluno • Recomendação de diversos formatos de materiais educacionais conforme a necessidade do aluno
Aspecto tecnológico	• Recomendação de recursos do AVA mais adequados para tratar os conteúdos de aprendizagem • Recomendação de aspectos de usabilidade para a construção de OAs • Recomendação de aplicativos para dispositivos móveis

delineando o perfil do sujeito da EAD que servirá de base para o processo de RecPed.

O reconhecimento das necessidades e dos interesses pode envolver a extração de dados por diferentes meios, tais como: preenchimento de formulários sobre interesses, aplicação de inventários sobre traços de personalidade[14] e de estilos de aprendizagem, mineração automática de dados textuais, inferência dos estados de ânimo, análise das interações sociais, verificação de competências e avaliação dos materiais e EPs.

Para Piaget (2014, p. 97),

> [...] o interesse seria, por um lado, um tipo de mecanismo de ligação entre as forças de que dispõe o indivíduo e a regulagem interna que resulta delas, e, por outro lado, os valores, quer dizer, a finalidade das ações em função do meio exterior e das configurações que a caracterizam.

Logo, para compreender o interesse, é importante conhecer a necessidade do sujeito. "A necessidade, do ponto de vista funcional, é essencial-

[14] Esse assunto será abordado no Capítulo 4.

mente a tomada de consciência de um desequilíbrio momentâneo, e a satisfação da necessidade é a tomada de consciência da volta ao equilíbrio" (PIAGET, 2014, p. 105).

A partir dos estudos de Piaget, entende-se que a necessidade e o interesse devem fazer parte da construção do perfil do sujeito da EAD e servirá de base para a indicação de materiais e/ou EPs a partir da RecPed.

ORGANIZAÇÃO DA OBRA

A RecPed passa a ser um novo desafio para a educação, principalmente na modalidade a distância. Traz como vantagem a integração das áreas da computação e educação, com o objetivo de propiciar a professores, tutores e alunos o acesso fácil e pontual a recursos que possam apoiar os processos de ensino e de aprendizagem na EAD. Contudo, o maior desafio está na utilização dessa abordagem por parte de professores e tutores em suas práticas pedagógicas. Por isso, o NUTED/UFRGS realiza investigações sobre a RecPed a partir das tecnologias digitais aplicadas na educação. Os capítulos que seguem tratam da viabilidade da prática da RecPed em sala de aula virtual.

O Capítulo 2 introduz os SRs em seu aspecto histórico, trazendo o significado e sua importância em ambientes com sobrecarga de informação. São também apresentados conceitos fundamentais que estão relacionados com a área de SR e que possibilitam um melhor entendimento de como esses sistemas funcionam, abordando as principais técnicas de filtragem de informação, suas características e limitações. Compreender os conceitos técnicos da área de SR auxiliará futuros usuários em suas aplicações no âmbito pedagógico, possibilitando obter um melhor resultado do processo de recomendação. Por fim, é apresentado um panorama geral do uso de SR na educação, com a descrição de projetos e pesquisas que estão relacionados com o contexto educacional.

O Capítulo 3 trata da RecPed a partir do *sujeito afetivo*, um dos sujeitos estruturantes do sujeito da EAD individual, mais precisamente sobre os estados de ânimo e traços de personalidade. É apresentado um recurso utilizado em sala de aula virtual denominado mapa afetivo, que reconhece os estados afetivos e sugere EPs aos professores e tutores.

No Capítulo 4, é apresentada uma ferramenta de mapeamento e análise das interações sociais em um AVA chamado mapa social. A rede social resultante pode ser um indicativo do sujeito social que compõe o sujeito da EAD individual e/ou coletivo. Desse modo, o sujeito social serve de base para a recomendação de EPs, que tem o intuito de maximizar as interações ou apontar dificuldades sociais dos alunos no AVA.

No Capítulo 5, é apresentado um SR denominado RecOAComp. Esse sistema indica OAs ao sujeito da EAD individual a partir das competências que ele necessita construir e/ou aperfeiçoar. Desse modo, o processo de RecPed no sistema RecOAComp envolve o sujeito cognitivo e os aspectos de conteúdo da AP, já que o objetivo é fornecer MEDs que apoiem a construção do conhecimento.

O Capítulo 6 aborda o recomendador do editor de texto coletivo (RecETC), uma funcionalidade pautada na recomendação de conteúdo — textos, imagens e vídeos, a partir da escrita elaborada por meio do editor. Ao longo desse capítulo, é discutido o conceito de escrita coletiva digital (ECD), assim como são apresentados o ETC e o RecETC. Também são explicados como ocorre o processo de recomendação no RecETC e suas possíveis implicações para alunos e professores.

O Capítulo 7 apresenta a definição de grupos e sua importância para a educação a partir da perspectiva do sujeito coletivo. Ao longo do capítulo, são abordadas as características dos SRs voltados tanto para a formação de grupos quanto para grupos já formados, além de sistemas existentes que podem colaborar de maneira significativa para o desenvolvimento de atividades e dos próprios grupos em questão.

No Capítulo 8 é apresentada a avaliação, que é um elemento de extrema pertinência e que deve ser levado em conta quando se realiza um planejamento na EAD. Assim, é importante refletir e discutir sobre esse tema, como é apresentado nesse capítulo, tratando da avaliação da RecPed com foco na EAD, a partir do estabelecimento de critérios para a análise dos elementos do modelo pedagógico.

Para finalizar, o Capítulo 9 apresenta considerações, baseadas na experiência e no estudo dos autores, sobre o uso de SRs diante das tendências educacionais. Também é abordado o surgimento de novas tecnologias aplicáveis no contexto educacional.

REFERÊNCIAS

BARCELLOS, C. D. et al. Sistema de recomendação acadêmico para apoio a aprendizagem. *RENOTE. Revista Novas Tecnologias na Educação*, Porto Alegre, v. 5, n. 2, p.1-10, 2007.

BASSANI, P. B. S. *Mapeamento das interações em ambiente virtual de aprendizagem:* uma possibilidade para avaliação em educação a distância. 2006. Tese (Doutorado em Informática na Educação) - Centro Interdisciplinar de Novas Tecnologias na Educação, Universidade Federal do Rio Grande do Sul, Porto Alegre, 2006.

BEHAR, P. A. *Análise operatória de ferramentas computacionais de uso individual e cooperativo*. 1998. Tese (Doutorado em Ciência da Computação) - Instituto de Informática, Universidade Federal do Rio Grande do Sul, Porto Alegre, 1998.

BEHAR, P. A. et al. *Modelos pedagógicos em educação a distância*. Porto Alegre: Artmed, 2009.

BEHAR, P. A. (Org.). *Competências em educação a distância*. Porto Alegre: Penso, 2013.

CAZELLA, S. C. et al. Ciência da opinião: estado da arte em sistemas de recomendação. In: CONGRESSO DA SOCIEDADE BRASILEIRA DE COMPUTAÇÃO, 30., 2010, Belo Horizonte. *Anais*... Porto Alegre: SBC, 2010.

DASCALU, M. I. et al. Educational recommender systems and their application in lifelong learning. *Behaviour & information technology*, Abingdon, v. 35, n. 4, p. 290-297, 2016. Disponível em: <http://www.tandfonline.com/doi/abs/10.1080/0144929X.2015.1128977>. Acesso em: 23 fev. 2017.

DOLLE, J. M. *Para além de Freud a Piaget:* referenciais para novas perspectivas em psicologia. Petrópolis, RJ: Vozes. 1993.

FERRO, M. R. C. et al. Um modelo de sistema de recomendação de materiais didáticos para ambientes virtuais de aprendizagem. In: SIMPÓSIO BRASILEIRO DE INFORMÁTICA NA EDUCAÇÃO, 22., 2011, Aracaju. *Anais*... Porto Alegre: SBC, 2011. Disponível em: <http://www.lbd.dcc.ufmg.br/colecoes/sbie/2011/00105.pdf>. Acesso em: 28 nov. 2016.

JÁCOME JÚNIOR, L. et al. Uma extensão do Moodle para recomendação ubíqua de objetos de aprendizagem. *RENOTE. Revista Novas Tecnologias na Educação*, Porto Alegre, v. 10, n. 3, 2012. Disponível em: <http://www.seer.ufrgs.br/renote/article/view/36392/0>. Acesso em: 28 nov. 2016.

PAIVA, R.; BITTENCOURT, I. I; SILVA, A. P. Uma ferramenta para recomendação pedagógica baseada em mineração de dados educacionais. In: CONGRESSO BRASILEIRO DE INFORMÁTICA NA EDUCAÇÃO, 2. 2013, Campinas. *Anais*... Porto Alegre: SBC, 2013. Disponível em: <http://www.br-ie.org/pub/index.php/wcbie/article/view/2660/2314>. Acesso em: 31 dez. 2017.

PIAGET, J. *Abstração reflexionante:* relações lógico-aritméticas e ordem das relações espaciais. Porto Alegre: Artes Médicas, 1995.

PIAGET, J. *A epistemologia genética; sabedoria e ilusões da filosofia; problemas de psicologia genética*. 2. ed. São Paulo: Abril Cultural, 1983.

PIAGET, J. *Estudos sociológicos*. Rio de Janeiro: Forense, 1973.

PIAGET, J. *Relações entre a afetividade e a inteligência no desenvolvimento mental da criança*. Rio de Janeiro: Wak, 2014.

REATEGUI, E. B.; CAZELLA, S. C. Sistemas de recomendação. In: CONGRESSO DA SOCIEDADE BRASILEIRA DE COMPUTAÇÃO, 25., 2005, São Leopoldo. *Anais*... Porto Alegre: SBC, 2005.

REZENDE, P. A. A. et al. PERSONNA: proposta de ontologia de contexto e perfil de aluno para recomendação de objetos de aprendizagem. *Revista Brasileira de Informática na Educação*, Porto Alegre, v. 23, n. 1, p. 70-84, 2015.

SILVA, J. A. O sujeito psicológico e o tempo da aprendizagem. *Cadernos de Educação*, Pelotas, n. 32, p. 229-250, 2009.

SOUSA, T. A. F.; BARBOSA, S. D. Sistema de recomendação para apoiar a construção de gráficos com dados estatísticos. In: SIMPÓSIO BRASILEIRO SOBRE FATORES HUMANOS EM SISTEMAS COMPUTACIONAIS, 13., 2013, Manaus. *Anais*... Porto Alegre: SBC, 2013. p. 168-177.

STAMATO, E. et al. Primeiro herói: plataforma de game-based learning e sistema de recomendação de atividades integradoras para engajamento dos pais na educação dos filhos. In: CONGRESSO BRASILEIRO DE INFORMÁTICA NA EDUCAÇÃO, 4., 2015, Maceió. *Anais*... Porto Alegre: SBC, 2015. Disponível em: <http://www.br-ie.org/pub/index.php/wcbie/article/view/5970/4181>. Acesso em: 31 dez. 2017.

VIEIRA, F. J. R.; NUNES, M. A. S. N. DICA: sistema de recomendação de objetos de aprendizagem baseado em conteúdo. *Scientia Plena*, Aracaju, v. 8, n. 5, 2012.

LEITURAS COMPLEMENTARES

BURKE, R.; ABDOLLAHPOURI, H. Educational recommendation with multiple stakeholders. In: IEEE/WIC/ACM INTERNATIONAL CONFERENCE ON WEB INTELLIGENCE WORKSHOPS, 2016, Omaha, NE. *Proceedings*... New York: IEEE, 2016. Disponível em: <http://ieeexplore.ieee.org/document/7814478/>. Acesso em: 23 fev. 2017.

MACHADO, G. M. et al. Revisão sistemática sobre as abordagens ubíquas para recomendação educacional: estariam elas se tornando adaptativas? In: SIMPÓSICO BRASILEIRO DE INFORMÁTICA NA EDUCAÇÃO, 26., Maceió, 2015. *Anais*... Porto Alegre: SBC, 2015.

PALETTA, F. C.; MUCHERONI, M. L. Web semântica, agentes inteligentes e a produção de conhecimento na web 3.0. In: INTERNATIONAL CONFERENCEON INFORMATION SYSTEMS & TECHNOLOGY MANAGEMENT, 12., 2015, São Paulo. *Anais*... São Paulo: USP, 2015. Disponível em: <http://www.contecsi.fea.usp.br/envio/index.php/contecsi/12CONTECSI/paper/view/2918>. Acesso em: 31 dez. 2017.

PEREIRA, C. K. et al. Explorando dados ligados através de um sistema de recomendação educacional. In: SIMPÓSICO BRASILEIRO DE INFORMÁTICA NA EDUCAÇÃO, 26., Maceió, 2015. *Anais*... Porto Alegre: SBC, 2015.

RESNICK, P.; VARIAN, H. R. Recommender systems. *Communications of the ACM*, New York, v. 40, n. 3, p. 56-58, 1997.

2

SISTEMAS DE RECOMENDAÇÃO: CONCEITOS E TÉCNICAS DE APLICAÇÃO

Sandra Andrea Assumpção Maria | Sílvio César Cazella
Patricia Alejandra Behar

Com o passar dos anos, a publicação de conteúdo está cada vez mais frequente e intensa, consequência da *web* 2.0, que facilita a autoria, a criação e o compartilhamento por qualquer internauta. A temática sistemas de recomendação (SRs), diante da constante produção de conteúdo, tem sido muito discutida em decorrência dos possíveis benefícios proporcionados pela aplicação de técnicas de filtragem de informações. A possibilidade de utilizar os interesses dos próprios usuários, combinada com o potencial de indicação de conteúdo interessante, faz dos SRs uma possível solução para a aproximação do usuário à informação de interesse no ambiente da internet.

No entanto, a grande quantidade de informações apresentadas ao usuário causa uma sensação bem comum à maioria dos usuários que faz uso da *web*: a de estar sobrecarregado ou mesmo de se sentir perdido com a variedade de alternativas que se apresentam entre conteúdos e *sites*.

Os SRs surgem como uma alternativa para corresponder à expectativa do usuário em encontrar o que lhe é relevante em um universo com diversos caminhos e oportunidades de escolhas. De um lado, encontram-se usuários em busca da informação que melhor atenda às suas necessidades e, do outro, estão os serviços, que, muitas vezes, concorrem pela sua atenção. Entretanto, nem sempre se dispõe de tempo para realizar buscas com tanta dedicação por conteúdo; dessa forma, se faz necessária a busca por soluções tecnológicas que possam auxiliar na filtragem de informações visando a aproximar o usuário do conteúdo mais interessante e recomendado a seu perfil. Nesse contexto, surgiram os SRs, originalmente como uma solução tecnológica focada em comércio eletrônico (*e-commerce*) e, na atualidade, em diversas possibilidades de aplicação, abrangendo diferentes áreas de conhecimento, inclusive a educação.

A demanda por tecnologias de filtragem de informação não é algo novo, como afirmavam Loeb e Terry (1992 apud CAZELLA, 2006). Peter Denning já apresentava, no volume 25 da *Communications of ACM* (DENNING, 1982 apud CAZELLA, 2006), sua preocupação no que se refere à quantidade de informação que estava sendo gerada pelos diversos tipos de sistemas e recebida pelos usuários (o que o autor denominou na época de *eletronic junk*). Esse pesquisador destacava que toda a atenção estava concentrada na geração da informação para suprir as necessidades do usuário. Além disso, também salientava que já era tempo de começar a se preocupar com o recebimento, ou seja, o processo de controle, recuperação e filtragem, para que a informação chegasse ao usuário.

Este capítulo tem por objetivo apresentar, em um contexto histórico, baseado em literatura clássica da área, os conceitos fundamentais envolvidos na área de SRs. Além disso, são expostos exemplos atuais de estudos relacionados e sua relevância quando contemplados na área educacional. São abordadas as principais técnicas aplicadas na implementação de SRs, bem como as utilizadas nos sistemas citados nos demais capítulos desta obra. Este capítulo está organizado em seis seções. A seção "Recuperação ou filtragem de informação?" permite uma reflexão sobre a diferença entre conceitos fundamentais da área de SRs. Na seção "Uma visão macro dos sistemas de recomendação", encontram-se uma contextualização sobre o funcionamento dos SRs e a apresentação de técnicas de filtragem de informação frequentemente utilizadas. Em "Limitações no uso de sistemas de recomendação", são abordadas algumas limitações dos SRs, e, após, em "Sistemas de recomendação na educação: do tecnológico ao educacional", discute-se sobre o uso de SRs na educação. Por fim, são descritas algumas possibilidades no que tange ao uso de SRs.

RECUPERAÇÃO OU FILTRAGEM DE INFORMAÇÃO?

Antes de abordar o tema SRs propriamente dito, é necessário entender dois conceitos fundamentais para a área: recuperação de informação e filtragem de informação. Ambas as expressões descrevem abordagens que procuram auxiliar os problemas relacionados à busca por informações.

A expressão "recuperação de informação", tradicionalmente, envolve persistência, criação de índices e tecnologia apropriada para recuperar documentos textuais (conteúdo semiestruturado ou não estruturado). Para que essa recuperação realmente ocorra, o usuário deve descrever sua necessidade de informação para que uma consulta seja realizada, definindo os principais termos de busca. Dessa forma, o sistema busca relacionar a necessidade explicitada pelo usuário com os documentos armazenados e indexados na base de dados. Esse tipo de abordagem tende a manter uma base com característica mais estática no armazenamento das informações, sendo que a interação com o sistema acontece unicamente por iniciativa do usuário.

Diferentemente da recuperação de informação (FOLTZ; DUMAIS, 1992 apud CAZELLA, 2006), a filtragem de informação propõe uma abordagem distinta. Esta geralmente mantém um perfil dos interesses do usuário. Nos sistemas que utilizam filtragem de informação, o grande diferencial está na existência da especificação de um perfil. Sua principal finalidade é manter registrado o que tange aos interesses do usuário. Logo, a filtragem de informação não se refere ao momento, mas, sim, às preferências, enquanto a recuperação de informação se baseia na percepção de uma necessidade explicitada pelo usuário em um dado momento.

Recuperação de informação

De acordo com Belvin e Croft (1992 apud CAZELLA, 2006), existem muitas semelhanças entre as expressões filtragem de informação e recuperação de informação, mas, mesmo assim, é possível realizar uma separação entre elas. Uma definição apresentada por Robertson (apud CAZELLA, 2006, p. 26) afirma que:

> [...] um sistema de recuperação é assim considerado se o mesmo tiver a funcionalidade de conduzir o usuário para aqueles documentos que melhor irão habilitá-lo a satisfazer as suas necessidades de informação.

Herlocker (2000 apud CAZELLA, 2006) entende que as aplicações de recuperação de informação envolvem tecnologias de consulta e indexação baseadas na análise automática do conteúdo do item, essencialmente para documentos textuais. Indexar pode ser entendido como o processo de examinar coleções de conteúdos e criar uma estrutura de dados que contenha descrições dos itens considerados. Uma das questões-chave nesse processo é a identificação do que é realmente importante e do que é irrelevante, visando a descartar o que não é fundamental. A identificação de termos relacionados com a necessidade do usuário é fundamental para que não ocorra perda de conteúdo dito relevante. Por exemplo, caso seja solicitada a recuperação de informações relacionadas com o assunto "sistemas de recomendação", também seria importante recuperar conteúdos referentes a "sistemas de recomendação educacionais".

Os motores de busca de informações disponíveis na *web* são os principais exemplos de ferramentas para a recuperação de informações. Esses são muito úteis na aplicação de técnicas que procuram reportar toda informação que se relacionar com uma consulta realizada pelo usuário. Um problema desse tipo de aplicação é o de que o usuário é obrigado a explicitar seu interesse, ou seja, ele deve saber apresentar exatamente os termos que são relevantes para a busca (palavras-chave). Nesse tipo de ferramenta, o usuário deve estar disposto a despender um tempo significativo nas buscas por meio da aplicação de esforço próprio (HERLOCKER, 2000 apud CAZELLA, 2006). Até certo ponto, esses motores de busca se apresentam como excelentes soluções no processo de recuperação, retornando uma grande quantidade de *links*, porém, a maioria deles pode não apresentar a qualidade esperada.

FILTRAGEM DE INFORMAÇÃO

A questão que pode ser colocada aqui é: como deve ser entendida a expressão "filtragem de informação", uma vez que esse conceito é fundamental para compreender os SRs? Para Belvin e Croft (1992 apud CAZELLA, 2006), a filtragem de informação é o nome utilizado para descrever uma variedade de processos que envolvem a entrega de informações para as pessoas que realmente necessitam delas.

Segundo os autores, essa expressão tornou-se muito popular, e artigos técnicos descrevem aplicações focadas em filtragem aplicada a conteúdos de *e-mail*, documentos eletrônicos em escritórios e documentos em geral, entre outros. Porém, não fica clara a distinção entre filtragem e processos relacionados com recuperação de informações somente. Ainda para Belvin e Croft (1992 apud CAZELLA, 2006), um sistema de filtragem de informação geralmente apresenta as seguintes características:

- Constitui-se em um sistema projetado para suportar e trabalhar com dados não estruturados (p. ex., textos livres, como postagens em comunidades virtuais) ou semiestruturados (p. ex., artigos acadêmicos). Isso contrasta com as aplicações típicas de banco de dados, as quais envolvem dados altamente estruturados.

- Lida basicamente com informação textual, incluindo também dados de imagem, voz e vídeo.
- Envolve grande quantidade de dados. Aplicações típicas devem lidar com um *big data* de textos ou com dados de outras mídias digitais.
- Baseia-se na descrição das preferências (perfis) de indivíduos ou grupos. Segundo os autores, os perfis representam os interesses de longa ou média duração.

UMA VISÃO MACRO DOS SISTEMAS DE RECOMENDAÇÃO

Mediante a quantidade de informações disponibilizadas e a facilidade de sua criação e seu compartilhamento em decorrência do uso da *web*, os usuários se deparam com uma variedade de alternativas. Não são raras as vezes em que um usuário tem nenhuma ou pouca experiência pessoal para realizar escolhas entre as várias alternativas que lhe são apresentadas durante uma busca por informações nos motores de busca.

A questão relevante refere-se a como proceder nesses casos. Para minimizar as dúvidas e as necessidades que se têm adiante da escolha entre alternativas, geralmente confia-se nas recomendações que são passadas por outras pessoas. Essas recomendações podem chegar de forma direta (*word of mouth* – boca a boca) (SHARDANAND; MAES, 1995 apud CAZELLA et al., 2010), cartas de recomendação, opiniões de revisores de filmes e livros e impressos de jornais, entre outras formas.

Há muito os SRs não são novidade em empresas e na internet (AGGARWAL; GATES; MAGLIO, 1999; SLYKE et al., 2002 apud CAZELLA, 2006). Tradicionalmente, os SRs lidam com aplicações que juntam dois tipos de entidades: usuários e itens. Resnick e Varian (1997, p. 56) já definiam SRs:

> [...] sistemas que utilizam as opiniões de uma comunidade de usuários para auxiliar indivíduos a identificarem conteúdos de interesse em um conjunto de opções que poderiam caracterizar uma sobrecarga.

Segundo precursores dessa área, como Schafer, Konstan e Riedl (1999, 2001), os SRs são usados pelos *sites* de comércio eletrônico para sugerir produtos para seus clientes e fornecer informações que procuram auxiliá-los sobre qual produto deve ser adquirido. Com o passar dos anos, a teoria da recomendação foi trazida para o domínio educacional, dando origem ao que se cunhou como sistemas de recomendação educacionais (SREs, ou *Educational Recommender Systems*). Na realidade, os SRs são extremamente dependentes de domínio de aplicação (SANTOS; BOTICÁRIO, 2010), sendo fundamental levar em consideração em um SRE a participação de educadores na sua modelagem. Estes auxiliam no aumento da capacidade e da eficácia desse processo de recomendação já bastante conhecido na relação social entre seres humanos (RESNIK; VARIAN, 1997 apud CAZELLA, 2006). Em um sistema típico, as pessoas fornecem avaliações de itens como entrada, e o SR agrega e direciona essas recomendações para os indivíduos considerados potenciais interessados nesse tipo de recomendação. Um dos grandes desafios é realizar o correto casamento entre os itens que estão sendo avaliados e os usuários que estão recebendo a referida recomendação, ou seja, definir e descobrir esse relacionamento de interesses.

O processo clássico de recomendação focado em colaboração inicia com a especificação de um conjunto inicial de pontuações, que são explicitamente fornecidas pelos usuários ou inferidas pelo SR de forma implícita. Uma vez que essa pontuação é fornecida, o sistema procura estimar a pontuação pela função *R* para o par (usuário, item) nos itens ainda não pontuados pelo usuário-alvo conforme ilustra a função (1) (ADOMAVICIUS et al., 2005 apud CAZELLA, 2006).

$$R: Usuários \times Itens \Rightarrow Pontuações \qquad (1)$$

Conceitualmente, conforme a função (1), uma vez que a função *R* é estimada para todo domínio de Usuários × Itens, um SR pode selecionar o item i'_u com a maior pontuação (ou um conjunto dos *K* itens com as maiores pontuações) para o usuário *u* e recomendar esses itens para o usuário-alvo, conforme função (2) (ADOMAVICIUS et al., 2005 apud CAZELLA, 2006).

$$\forall u \in Usuários,\ i'_u = \underset{i \in Itens}{arg\ Max}\ R(u,i) \qquad (2)$$

Os proponentes do primeiro SR que se tem conhecimento, denominado Tapestry (GOLDBERG et al.,1992 apud REATEGUI; CAZELLA, 2005), criaram a expressão "filtragem colaborativa", visando a designar um tipo de sistema específico no qual a filtragem de informação era realizada com o auxílio humano, ou seja, pela colaboração entre os grupos de interessados. Resnick e Varian (1997 apud CAZELLA, 2006) preferem utilizar a expressão SRs por ser um termo genérico e defendem esse posicionamento por dois motivos:

1. Porque os recomendadores podem não explicitar colaboração com os que as recebem, pois um pode não conhecer o outro.
2. Porque os recomendadores podem sugerir itens de interesse particular, incluindo aqueles que poderiam ser desconsiderados.

Como verificar o real interesse em colaborar? Na realidade, as recomendações esboçadas por esses sistemas estão concentradas em seus interesses próprios. O grupo a ser formado para receber as recomendações deveria pelo menos apresentar indivíduos com interesses comuns (explícitos) ou comportamento comum (implícito).

A Figura 2.1 representa, de forma ilustrativa, o esquema de funcionamento básico de um SR. Logo, compreende-se que ele parte de uma necessidade que é expressada pelo usuário de forma implícita ou explícita. Assim, persiste essas informações em uma base de dados e as relaciona com os demais itens (potenciais itens a serem recomendados) também armazenados. Analisa as possibilidades de recomendação tendo por base as avaliações fornecidas aos itens por outros usuários e/ou mesmo usuário com a descrição textual dos itens. A partir disso, ele aplica técnicas de filtragem para selecionar os itens mais relevantes e os apresenta aos usuários-alvo ou grupo-alvo.

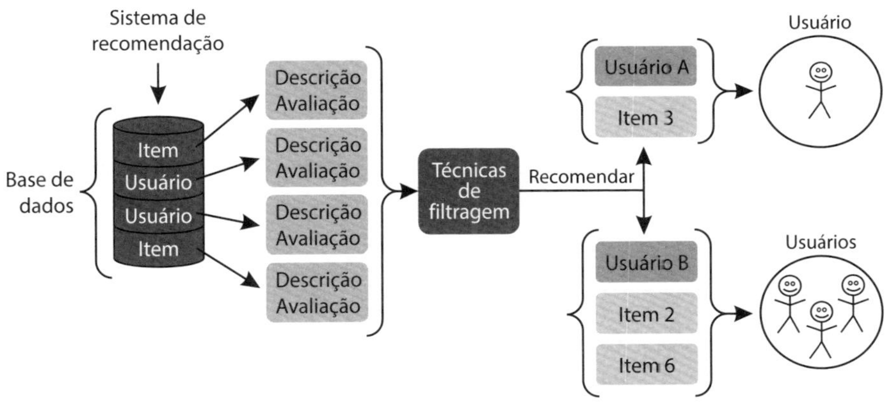

Figura 2.1 Funcionamento básico de um SR.
Fonte: Maria (2017).

Técnicas de filtragem de informação aplicadas a sistemas de recomendação

A seguir, são descritas três técnicas de filtragem básicas aplicadas a SRs, segundo os autores clássicos da área, Herlocker (2000 apud CAZELLA, 2006) e Ansari, Esseghaier e Kohli (2000 apud CAZELLA, 2006): filtragem baseada em conteúdo (FBC), filtragem colaborativa (FC) e filtragem híbrida (FH).

Existem muitas outras técnicas de FHs que decorrem das de filtragem básicas, conforme descrito por Burke (2002):

1. Demográfica, a qual propicia categorizar o usuário com base em atributos pessoais e fazer recomendações com base em classes demográficas.
2. Baseada na utilidade, que busca fazer recomendações com base em um cálculo da utilidade de cada conteúdo a ser recomendado para o usuário, tendo como desafio a definição de uma função de utilidade para cada usuário.
3. Baseada em conhecimento, a qual tenta sugerir conteúdo com base em inferências sobre necessidades e preferências de um usuário.

Nesta seção, serão abordadas técnicas de filtragem de informação e, nas seções seguintes, serão apresentadas aplicações dessas técnicas em SRs voltados para o campo educacional.

FILTRAGEM BASEADA EM CONTEÚDO

Segundo Herlocker (2000 apud CAZELLA, 2006), por muitos anos os cientistas têm direcionado seus esforços para aliviar o problema ocasionado pela sobrecarga de informações por meio de projetos que integram tecnologias que automaticamente reconhecem e categorizam as informações. Os SRs que se baseiam em conteúdo têm como objetivo gerar, de forma automática, descrições dos conteúdos dos itens e comparar essa descrição com os interesses dos usuários (BALABANOVIĆ; SHOHAM, 1997; HUSSEN et al., 2013 apud CAZELLA, 2006), visando a verificar se o item é ou não interessante para o usuário em questão.

A descrição de interesses do usuário é obtida por meio de informações fornecidas pelo próprio usuário, por meio de uma consulta, ou aprendendo com os itens que o usuário consome (aqueles que o usuário gostou/visualizou). Essa técnica é denominada de FBC (HERLOCKER, 2000 apud CAZELLA, 2006), porque o SR realiza filtragem baseada na análise de conteúdo do item e no perfil do usuário.

Os SRs que utilizam essa forma de filtragem aplicam a técnica de indexação de frequência de termos (HERLOCKER, 2000 apud CAZELLA, 2006). Nesse tipo de indexação, informações dos documentos e das necessidades dos usuários são descritas por vetores com uma dimensão para cada palavra que ocorre na base de dados. Cada componente do vetor corresponde à frequência em que uma respectiva palavra ocorre em um documento ou na consulta do usuário. Os vetores dos documentos que estão próximos aos vetores da consulta do usuário são considerados os mais relevantes para ele.

Outros exemplos de tecnologias que são aplicadas para a FBC são índices de busca booleana, nos quais a consulta constitui-se em um conjunto de palavras-chave unidas por operadores booleanos (HERLOCKER, 2000 apud CAZELLA, 2006). Outra possibilidade está no uso de sistemas de filtragem de informação, nos quais o raciocínio probabilístico é aplicado para determinar a probabilidade que um documento tem de atender às necessidades de informação de um usuário (HERLOCKER, 2000 apud CAZELLA, 2006).

Uma maneira de trabalhar com a FBC é por meio de uma solicitação de análise de itens feita ao próprio usuário, em que este deve avaliar alguns itens indicando se são de interesse ou não. Uma vez realizada a avaliação, o sistema busca itens que estão casando em conteúdo com o que foi classificado como de interesse e desconsidera os que estão casando em conteúdo com o que foi classificado como de não interesse.

Em recomendação baseada em conteúdo, a pontuação *R(u,i)* do item *i* pelo usuário *u* é estimada baseando-se nas pontuações *R(u,i')* fornecidas pelo mesmo usuário *u* para outros itens *i'*∈ *Itens* que são similares ao conteúdo do item *i*. Por exemplo, em uma aplicação clássica de recomendação de filmes, para que recomende algum filme ao usuário *u*, o sistema procura entender as preferências do usuário. Esse entendimento baseia-se na análise do conteúdo de um item pontuado, pelo usuário, com valor alto no passado e que case com o conteúdo (similar) de um filme ainda não assistido por ele. Dessa forma, somente itens que apresentem um alto nível de similaridade com esse filme já pontuado deverão ser recomendados (ADOMAVICIUS et al., 2005 apud CAZELLA, 2006).

Esse tipo de filtragem pode ser mais formalmente definido como *Conteúdo(i)*, um conjunto de atributos que caracterizam o item *i*. Esse conteúdo é computado, em geral, pela extração de um conjunto de características do item *i* (conteúdo). Vários SRs baseados em conteúdo são aplicados na recomendação de itens de texto (p. ex., artigos científicos). Normalmente, o conteúdo desses itens é descrito por palavras-chave ou metadados. A importância desses termos em relação ao texto pode ser medida pela frequência com que o termo ocorre ao longo do texto.

Filtragem colaborativa

A abordagem da FC foi proposta para atender aos pontos que estavam em aberto na FBC (HERLOCKER, 2000 apud CAZELLA, 2006). A FC não se constitui em algo novo e apresenta uma proposta diferenciada dos sistemas de filtragem baseada em conteúdo, uma vez que não requerem compreensão ou conhecimento do conteúdo dos itens.

Nos sistemas colaborativos, a essência está na troca de experiências entre as pessoas que têm interesses comuns. Nesses sistemas, os itens são filtrados com base na avaliação feita pelos usuários, em vez de no conteúdo dos itens. O primeiro sistema criado que utilizou essa abordagem foi o Tapestry (GOLDBERG et al., 1992 apud REATEGUI; CAZELLA, 2005), que permitia ao usuário especificar uma consulta como: "mostre-me todos os memorandos que uma determinada pessoa considera como importante". A ideia nesse tipo de abordagem é a de que membros de uma dada comunidade podem ser beneficiados pela experiência de outros antes de decidir por consumir uma dada informação.

Os sistemas de recomendação colaborativos procuram predizer a pontuação de um item para um consumidor em particular com base em como outros usuários com gostos semelhantes ao usuário-alvo previamente pontuaram o mesmo item. Mais formalmente, a pontuação *R(u,i)* do item *i* para o usuário *u* é estimada baseada na pontuação *R(u',i)* atribuída ao mesmo item *i* pelos usuários *u'* que são similares ao usuário em questão. O valor de uma pontuação desconhecida $r_{u,i}$ para o usuário *u* e item *i* é normalmente computado como uma agregação de pontuações de outros usuários (p. ex., os *N* mais similares) para o mesmo item *i* (ADOMAVICIUS et al., 2005 apud CAZELLA, 2006), conforme apresenta a função 3:

$$r_{u,i} = \underset{u' \in \hat{U}\ Itens}{aggr}\ r_{u',i} \qquad (3)$$

Onde $\hat{U}$ denota o conjunto de *N* usuários *u'* que são mais similares ao usuário *u* e que pontuaram o item *i*.

Uma questão importante em sistemas colaborativos refere-se a como coletar as preferências dos usuários, como definir no que ele se encontra interessado (GLOVER, 2001). Basicamente, existem duas abordagens propostas:

1. Obtenção dessas preferências de forma explícita, em que o usuário apresenta explicitamente o que lhe é importante.
2. Obtenção dessas preferências de forma implícita sobre o usuário — a ideia fundamental é aprender sobre o usuário com base no comportamento que ele apresenta (ações que realiza).

A FC reforça o conceito de comunidade, na qual cada usuário contribui com suas avaliações para o desempenho geral do sistema. A entrada tradicional para o processamento de um algoritmo de FC é uma matriz na qual as linhas representam usuários, e as colunas, os itens. Cada dado na matriz corresponde à avaliação (*rating*) dada por um indivíduo para determinado item. A Tabela 2.1 exemplifica tal matriz, na qual os itens referem-se a artigos científicos que poderiam estar em um processo de recomendação.

Na Tabela 2.1, pode-se observar uma interrogação em que se pretende especificar (predizer) qual a avaliação que o usuário Aluno 3 atribuiria para o artigo A4 caso tivesse acesso a ele. Por análise, verifica-se que o usuário Aluno 1 é o melhor vizinho de Aluno 3, pois ambos têm avaliações semelhantes em relação aos artigos que leram no passado e, dessa forma, ambos podem ser considerados com gostos similares (*like-minded*). A opinião de Aluno 1 para o artigo A4 influenciará fortemente na predição para o Aluno 3. Por outro lado, o Aluno 2 e o Aluno 4 não concordam com o Aluno 3 em certos artigos, logo, não são considerados bons vizinhos e influenciarão menos que Aluno 1 no cálculo da predição.

A técnica de FC pode ser descrita em três fases (ADOMAVICIUS et al., 2005 apud CAZELLA, 2006), explicadas do ponto de vista das recomendações realizadas para um usuário, também chamado de usuário-alvo (*target*):

1. Calcular o peso de cada usuário do sistema em relação à similaridade com o usuário-alvo (métrica de similaridade).
2. Selecionar um subconjunto de usuários com maiores similaridades (vizinhos) para considerar na predição.
3. Normalizar as avaliações e computar as predições ponderando as avaliações dos vizinhos com seus pesos.

TABELA 2.1 Matriz de avaliações Usuário x Item

Usuários	**Itens**			
	(A1)	**(A2)**	**(A3)**	**(A4)**
Aluno 1	4	4	5	2
Aluno 2	-	3	-	5
Aluno 3	4	5	5	**?**
Aluno 4	-	2	3	5

Essa técnica também é chamada de "*k-nearest-neighbor*" (K vizinhos mais próximos) ou "*user-based*" (baseada no usuário) (HERLOCKER, 2000 apud CAZELLA, 2006). No primeiro passo, a definição da similaridade pode ser realizada por meio de diversos coeficientes, sendo mais comumente aplicado o coeficiente de correlação de Pearson (HERLOCKER, 2000; TORRES, 2004 apud CAZELLA, 2006).

$$w_{a,u} = \frac{\sum_{i=1}^{m} [(r_{a,i} - \bar{r}_a) * (r_{u,i} - \bar{r}_u)]}{\sqrt{\sum_{i=1}^{m} (r_{a,i} - \bar{r}_a)^2 * \sum_{i=1}^{m} (r_{u,i} - \bar{r}_u)^2}} \quad (4)$$

Na equação (4), $w_{a,u}$ é a correlação do usuário ativo a com um determinado usuário u, $r_{a,i}$ é a avaliação que o usuário ativo deu para o item i, e $\bar{r}_a$ é a média de todas as avaliações do usuário ativo a, e $r_{u,i}$ é o conjunto de avaliações do vizinho. Observa-se a necessidade de mais de uma avaliação em comum para que a correlação seja viável, e os resultados variam entre 1, para similaridade total, e -1, para total dissimilaridade. O cálculo da predição pode ser efetuado por meio da equação (5).

$$p_{a,i} = \bar{r}_a + \frac{\sum_{u=1}^{n} (r_{u,i} - \bar{r}_u) * w_{a,u}}{\sum_{u=1}^{n} |w_{a,u}|} \quad (5)$$

O valor da predição $p_{a,i}$ do item i para o usuário ativo a é a média ponderada das avaliações dadas ao item i pelos n vizinhos u do usuário ativo a. A quantidade n de melhores vizinhos (com maiores correlações) é uma escolha de cada sistema que utiliza a FC (TORRES, 2004 apud CAZELLA, 2006).

Por exemplo, de acordo com a Tabela 2.2, o Aluno 2 avaliou os itens de artigos A1 até A10 com as seguintes pontuações (5; 1; 2; 2; 1; 7; 1; -; 6; 5) (em uma escala *Likert* de avaliação de [1–7] referindo-se a itens menos interessantes [1] a itens mais interessantes [7], conforme sua avaliação). Como se pode verificar, o item A8 não foi pontuado (avaliado) por esse usuário.

De acordo com a matriz apresentada, o Aluno 2 não gostou do item A2, avaliando-o com valor 1. Por outro lado, esse usuário gostou do item A9, avaliando-o com valor 6. Pode-se observar também que o Aluno 2 tende a concordar com o Aluno 7 e discordar do Aluno 3 de acordo com o valor de pontuação apresentado.

Portanto, a FC recomenda itens de acordo com a similaridade de avaliações fornecidas pelos usuários para os mesmos itens. Para medir essa similaridade, pode-se utilizar o coeficiente de Pearson (TORRES, 2004 apud CAZELLA, 2006).

Tendo novamente como exemplo o Aluno 2 e o Aluno 7 da Tabela 2.2, as avaliações dos itens em comum seriam as pontuações (5; 1; 2; 7; 1; 5) e (4; 2; 2; 6; 1; 6), respectivamente, gerando uma média de 3,5 para ambos. Aplicando a equação (4), obtém-se o valor de 0,94.

Como se pode observar, o Aluno 2 e o Aluno 7 são bastante similares, tendo em vista que concordam em suas avaliações. Tendo como usuário-alvo o Aluno 2 e aplicando o algoritmo do coeficiente de Pearson em todos os usuários, têm-se os seguintes resultados, apresentados na Tabela 2.3.

De acordo com os resultados da Tabela 2.3, observa-se que o Aluno 2 é bastante similar ao Aluno 7, relativamente similar ao Aluno 4 e não similar aos Aluno 3, Aluno 6 e Aluno 9 em gostos. Uma vez descobertos quais são os usuários similares ao usuário-alvo, pode-se então gerar a predição de novos itens para ele.

Aplicando-se a equação (5) para predizer a nota que o Aluno 2 atribuiria ao item A8, levando em consideração todos os itens que os usuários vizinhos, com limiar superior a 0,7 (limite assumido), pontuaram em comum

TABELA 2.2 Itens x Usuários

Usuários	Itens									
	A1	A2	A3	A4	A5	A6	A7	A8	A9	A10
Aluno 1	1	–	–	2	1	7	–	–	2	3
Aluno 2	5	1	2	2	1	7	1	–	6	5
Aluno 3	1	5	6	4	3	1	2	–	–	2
Aluno 4	6	5	4	1	2	–	–	5	–	3
Aluno 5	1	–	2	5	6	7	–	1	–	4
Aluno 6	–	2	–	3	–	1	–	2	–	–
Aluno 7	4	2	2	–	–	6	1	6	–	6
Aluno 8	–	1	–	3	7	6	–	3	–	1
Aluno 9	6	–	–	6	6	2	–	–	5	6

TABELA 2.3 Similaridade por meio do coeficiente de Pearson

Usuário	Pearson (Aluno 2)
Aluno 1	0,63
Aluno 3	-0,66
Aluno 4	0,34
Aluno 5	0,09
Aluno 6	-0,78
Aluno 7	0,94
Aluno 8	0,11
Aluno 9	-0,66

com o usuário-alvo, tem-se o resultado de 5,22. Esse resultado significa que, caso o Aluno 2 consumisse o item A8, este daria como *feedback* uma nota igual a 5,22 (predição) para esse item (tendo como base a avaliação dos vizinhos mais próximos).

Filtragem híbrida

A abordagem da FH procura combinar a FC e a FBC, visando a criar um sistema que possa melhor atender às necessidades do usuário (HERLOCKER, 2000 apud CAZELLA, 2006).

Essa abordagem, em seu modelo clássico, é constituída de vantagens proporcionadas pela FBC e pela FC, unindo o melhor das duas técnicas e eliminando as fraquezas de cada uma. É oportuno destacar que autores como Burke (BURKE, 2002), em seus artigos, apresentam possíveis variações na FH clássica, como, por exemplo, a combinação de outras técnicas de filtragem.

Atualmente, verifica-se a tendência da utilização de técnicas da área da inteligência artificial na proposta de algoritmos híbridos. Artigos relatam a utilização de raciocínio baseado em casos (*case based reasoning*) e aprendizagem de máquina (*machine learning*). Com a grande concentração de dados que acaba sendo gerada pelos SRs, técnicas relacionadas com a mineração de dados (*data mining*) e a mineração de opinião (*opinion mining*) acabam por ser utilizadas em algoritmos de FH. O artigo de Kardan e Ebrahimi (2013) apresenta em detalhes uma abordagem de recomendação híbrida, por meio do uso da tarefa de regras de associação (tarefa descritiva proveniente da mineração de dados).

Filtragem baseada em conhecimento

A filtragem baseada em conhecimento recomenda itens com base em inferências sobre necessidades e preferências do usuário (BURKE, 2000). Ela tem a capacidade de inferir como um determinado item casa ou não com as necessidades do usuário com base em conhecimento básico sobre o perfil do usuário e características dos itens. A filtragem baseada em conhecimento consegue inferir as recomendações mais apropriadas.

A técnica de filtragem baseada em conhecimento é geralmente aplicada em SR quando a técnica de FBC ou de FC não são viáveis ou são de difícil implementação, seja pela falta de conteúdo a ser analisado ou de avaliações disponíveis.

Filtragem baseada em contexto

A filtragem baseada em contexto, também referida na literatura como *context-aware*, além de recomendar um item a um usuário baseando-se em sua necessidade e perfil, busca recomendar o item que melhor case com o contexto em que o usuário se encontra. Por exemplo, se há um limite referente à língua falada pelo usuário, pode-se buscar recomendar itens que estejam dentro do contexto do usuário, ou seja, itens que atendam a essa limitação. A proposta da recomendação por contexto está em recomendar itens que tenham maior utilidade para o usuário avaliando os contextos em que este se encontra.

Adomavicius e colaboradores (2011) apresentam em detalhes a proposta e a concepção desse tipo de filtragem em SR e reforçam que o conceito de "contexto" tem sido pesquisado por diferentes áreas da computação e que ainda não existe uma conceituação unificadora.

LIMITAÇÕES NO USO DE SISTEMAS DE RECOMENDAÇÃO

As técnicas de filtragem de informação clássicas e suas variações são aplicáveis conforme os dados dispostos nos SRs para promover a indicação de itens. Na literatura, são destacadas limitações, principalmente no que se refere à FC (HERLOCKER et al., 2004 apud CAZELLA 2006), detalhadas a seguir.

Problema do primeiro avaliador

Não existe outra forma de um determinado item ser elencado para um usuário por FC até que mais informações sobre o item sejam obtidas por meio de outro usuário. Assim, é necessário realizar a avaliação inicial do item. A questão está em como obtê-la, quem deveria informá-la e qual estratégia deveria ser aplicada.

Similaridade

O funcionamento de um algoritmo de FC (clássico) está baseado em encontrar pessoas com gostos similares (*like-minded*) e, a partir daí, proceder com a busca de uma recomendação, baseando-se nas avaliações de pessoas com gostos similares. Assim, caso um usuário tenha gostos destoantes dos demais, o SR terá dificuldades para encontrar outros usuários com gostos similares. Assim, as recomendações podem tornar-se pobres ou inviáveis.

Novo item

Na FC, as recomendações são feitas com base no perfil do usuário e de seus vizinhos mais próximos. Itens bem avaliados pelos vizinhos são recomendados ao usuário. Entretanto, quando um novo item aparece no sistema e não faz parte do perfil de nenhum usuário, não é possível realizar recomendações ou predições sobre ele.

Devido ao cálculo da similaridade de Pearson, um item deve ser avaliado por pelo menos dois usuários, caso contrário, ele não entrará no cálculo da similaridade e será desconsiderado do perfil do usuário. A esse problema é dado o nome de “problema do novo item”.

Uma estratégia para minimizar essa limitação poderia ser a adoção da técnica de FBC, em vez da FC, recomendando o novo item com base em seu conteúdo. Outra possibilidade também seria criar uma área denominada “novidades”, na qual são apresentados para o usuário itens recentemente cadastrados, visando a estimular o usuário a avaliar esses itens.

Novo usuário

Quando um usuário é cadastrado no sistema, ainda não existem avaliações realizadas por ele, portanto, seu perfil de avaliações está vazio. Como já visto, para as recomendações serem realizadas, é necessário encontrar os vizinhos mais próximos do usuário, e, como ele ainda não realizou avaliações, não existirão vizinhos. A esse problema é dado o nome de “problema do novo usuário”. Também é referenciado na literatura como “*cold start user*”.

Uma estratégia para minimizar esse problema poderia ser solicitar ao usuário que avalie uma certa quantidade de itens durante a etapa de cadastramento no sistema. Dessa forma, quando iniciar o uso do sistema, provavelmente será possível identificar usuários com gostos similares, e então o sistema terá condições de gerar recomendações.

Escalabilidade

Um dos problemas mais críticos da FC é a escalabilidade. Quando o volume de usuários, itens e avaliações é muito grande, os sistemas que fazem o cálculo da vizinhança (“*k-nearest-neighbor*”) de forma *on-demand* (a cada cálculo de predição) podem chegar a um tempo de resposta inaceitável. Esse fato acaba por criar um *delay* indesejado ao sistema, no qual sua demora acarreta em tempo de espera para o usuário por recomendação, podendo ocasionar o desinteresse do usuário pelo sistema.

Esparsialidade

A esparsialidade é outra importante limitação de sistemas baseados em FC que ocorre à medida que o número de itens na base de dados vai aumentando. Isso reduz as chances de os usuários terem itens em comum (informação necessária para o funcionamento dos SRs de FC), resultando na redução do tamanho médio da vizinhança dos usuários (ADOMAVICIUS, 2005 apud CAZELLA, 2006).

O objetivo dos sistemas de FC é ajudar pessoas, focando em documentos lidos ou itens adquiridos. Caso o número de usuários seja pequeno em relação ao volume de informações no sistema, existe um risco de as pontuações tornarem-se muito esparsas (separadas). Por conseguinte, o sistema terá menos vizinhos para realizar as predições, causando um impacto negativo na confiabilidade das recomendações.

Superespecialização

A superespecialização refere-se ao fato de o sistema só conseguir recomendar itens muito semelhantes àqueles que o usuário já avaliou. Por exemplo, um usuário do MovieLens[1] que tem o perfil formado basicamente de filmes de guerra, receberá recomendações, em grande parte, de outros filmes de guerra. Isso pode tornar-se um problema, uma vez que os interesses dos usuários tendem a apresentar mudanças com o passar do tempo (ADOMAVICIUS, 2005 apud CAZELLA, 2006).

[1] MovieLens foi desenvolvido por pesquisadores da Universidade de Minnesota, constituindo-se em um projeto que visa a realizar recomendações de filmes. Disponível em: <https://movielens.org/>.

A superespecialização está presente de maneira mais comum em SRs baseados em conteúdo, porém, sua presença indesejada também é percebida em SRs de FC. Para que um SR apresente o sucesso pretendido, necessita "cativar" o usuário. A busca de conteúdo inesperado, que venha a surpreender o usuário, pode ser uma estratégia que venha a fidelizá-lo.

A compreensão da existência de limitações específicas para a área de SR possibilita identificar possíveis situações que podem ser solucionadas quando do planejamento e do desenvolvimento de aplicações. No contexto educacional, o impacto das limitações é minimizado quando:

- Há o entendimento do objetivo da aplicação: a delimitação no processo de recomendação precisa apresentar clareza em relação ao que se pretende recomendar e como essa será visualizada pelo usuário. É importante que a percepção seja imediata e útil à atividade educacional a que ele está sendo exposto.
- É favorecida a motivação: em algumas situações, a recomendação pode não representar relevância para o usuário. Nesses casos, é importante criar mecanismos que possibilitam ao usuário expressar sua insatisfação em relação ao conteúdo recomendado, bem como fornecer *feedback* em relação a suas impressões acerca da referida recomendação. Além disso, o SR pode tentar suprir essas situações sugerindo outras recomendações, na tentativa de se aproximar do real interesse expressado de forma implícita ou explícita pelo usuário.
- A constituição do perfil do usuário busca ser objetiva: um SR precisa identificar de alguma forma os interesses do usuário. Em alguns sistemas, esses dados são informados por meio do preenchimento de formulários visando a coletar informações que possam caracterizar o perfil do usuário. No entanto, na tentativa de obter o maior número possível de dados, o usuário acaba sobrecarregado, com muitos campos para serem informados, ocasionando desmotivação nesse processo. Logo, é importante analisar a presumida necessidade quantitativa de campos e, principalmente, se esses podem auxiliar verdadeiramente na identificação de interesses e na qualificação das recomendações. Desse modo, construir formulários objetivos e que expressem com clareza o significado de cada espaço pode facilitar o preenchimento pelo usuário e despertar a motivação para respondê-lo.

Nesse sentido, as limitações dos SRs, com base nas técnicas de filtragem, podem ser amenizadas de maneira antecipada, ou seja, quando do planejamento da aplicação. No âmbito educacional, em especial para os especialistas e professores que irão planejar os SRs, conhecer as limitações pode muni-los de informações necessárias para viabilizar futuras implementações. Nessa direção, a seção seguinte visa a apresentar um panorama geral sobre o uso de SRs na educação, destacando aspectos específicos para a área, bem como estudos relacionados.

SISTEMAS DE RECOMENDAÇÃO NA EDUCAÇÃO: DO TECNOLÓGICO AO EDUCACIONAL

O processo de recomendação muitas vezes tem origem na relação social. Quando se recomenda algo para alguém, geralmente são conhecidas as necessidades e as preferências da pessoa que receberá determinada recomendação. Não é uma prática comum receber recomendações sem, em algum momento, explicitar algum interesse. Por exemplo, dificilmente alguém receberá a indicação de um produto sem ter expressado algum interesse sobre ele. SRs que têm a capacidade de fornecer recomendações a partir do conhecimento de necessidades individuais ou coletivas são conhecidos como SRs personalizados.

No entanto, quando se utilizam SRs para fins comerciais, o foco pode ser diferente, ou seja, um *site* pode recomendar um determinado produto porque identificou nele uma oportunidade de negócio. Por exemplo, um determinado modelo de teclado está sendo sugerido para muitas pessoas, pois o sistema identificou um número expressivo de vendas, categorizando o dispositivo nos itens mais vendidos. Esse produto, por ser muito popular, é recomendado. Nesse caso, o sistema não está partindo da necessidade de um usuário, mas, sim, dos objetivos comerciais de uma empresa. Logo, os SRs que não consideram as especificidades de um usuário e apresentam diferentes recomendações baseadas em fins próprios e em seu contexto particular são denominados de SRs não personalizados.

A Tabela 2.4 apresenta de forma resumida alguns exemplos de situações nas quais um SR pode atuar, seja de forma personalizada ou não personalizada.

Por ser tratar de um processo derivado das relações sociais, o ser humano recebe e fornece muitas recomendações ao longo da vida. Suas experiências cotidianas são repletas de recomendações, como, por exemplo, recomendar alguém para uma vaga de emprego, receber/recomendar caminhos, trajetos, produtos, serviços, estilos de vida e alimentações saudáveis, entre outros.

TABELA 2.4 Sistemas de recomendação personalizados ou não personalizados

Recomendação personalizada		**Exemplo**
Interesses individuais	Registro (implícito ou explícito) de interesse por determinado produto, serviço ou item	Visualização ou registro de interesse por algum produto, serviço ou item
Pessoas com aspectos em comum	Registro do relacionamento com outras pessoas e/ou grupos, suas interações e preferências	Recomendação de um curso de inglês com base na relação estabelecida com outra pessoa e/ou grupo e na preferência pelo mesmo tipo de produto, serviço ou item
Para tratar grandes volumes de informações	Procura explícita por um determinado produto, serviço ou item	Busca no Google por um curso de inglês
Recomendação não personalizada		**Exemplo**
Ofertas casadas	Clientes que compraram item X também compraram item Y	Recomendação de um livro X sempre que o livro Y for visualizado/comprado, ou vice-versa
Empresa identifica produto com potencial para venda	Itens mais vendidos e/ou em promoção	Recomendação de determinados produtos, serviços ou itens com base na sua popularidade e/ou com vistas a acelerar/estimular o processo de venda
Empresa identifica produto com pouco potencial de venda	Itens no estoque há muito tempo	Recomendação de determinados produtos, serviços ou itens destacando suas principais características visando a retomar a lucratividade

Os conceitos fundamentais sobre SRs e as técnicas de filtragem apresentadas anteriormente oferecem suporte tecnológico para o planejamento, desenvolvimento e funcionamento dos SRs. Por meio deles, é possível analisar as possibilidades para mesclar e agregar outros algoritmos, refletir sobre recomendações iniciais (*cold start*), métodos de aprimoramentos, flexibilidade e autonomia do usuário, entre outros.

Entre as diferentes possibilidades de recomendações apresentadas no decorrer da vida e, há algum tempo, já implementadas em formato de sistemas, os SRs também se encontram conquistando espaço no campo da educação.

Com base em seu funcionamento em outras áreas, como sua aplicação no *e-commerce*, por exemplo, identificou-se que suas características também poderiam favorecer seu uso nos processos de ensino e de aprendizagem.

Diante disso, o uso de SRs no âmbito educacional tem possibilitado a identificação de possíveis necessidades dos usuários — nesse caso, de alunos e professores. De modo geral, buscam considerar que cada sujeito é diferente, que, por sua vez, tem necessidades também diferenciadas e de acordo com o contexto no qual está inserido. Não obstante, pode contemplar situações e ações coletivas de trocas e interações. Atualmente, percebe-se um crescimento no interesse em investigar e abordar essa temática na educação. O Quadro 2.1 apresenta o resultado de um mapeamento de pesquisas que contemplam o uso de SRs para a educação.

QUADRO 2.1 Sistemas de recomendação para a educação

Pesquisa	Tipo	Coleta de informação	Técnica(s)	Produto da recomendação
Zaiane (2002). *Building a recommender agent for e-learning systems*	Agente de recomendação	Implícita	• Mineração de dados • Regras de associação • Agrupamento de dados • FC	Atividades e *links* baseados na realização e no perfil de outros alunos
Barcellos et al. (2007). *Sistema de recomendação acadêmica para apoio à aprendizagem*	Sistema *web*	Implícita	• Mineração de dados • FBC	Artigos acadêmicos
García et al. (2009). *An architecture for making recommendations to courseware authors using association rule mining and collaborative filtering*	Sistema *web*	Implícita	• Mineração de dados • Regras de associação • FC	Alternativas didáticas para melhorar a eficácia do curso
Abel et al. (2010). *Recommendations in online discussion forums for e-learning systems*	Sistema *web*	Explícita e implícita	• *Web services* • Regras de personalização • FC	Postagens mais relevantes em um fórum de discussão

(*Continua*)

QUADRO 2.1 Sistemas de recomendação para a educação (*Continuação*)

Pesquisa	Tipo	Coleta de informação	Técnica(s)	Produto da recomendação
Ferreira e Raabe (2010). *LORSys – Um sistema de recomendação de objetos de aprendizagem (SCORM)*	Extensão (*plugin*) *Moodle*	Implícita	• FH	OAs
Cazella et al. (2011). *Recomendando objetos de aprendizagem com base em competências em EAD*	Sistema *web*	Implícita	• FC	OAs
Morais e Franco (2011). *Estudo de caso de alertas e recomendações para educação a distância aplicadas em turmas heterogêneas*	Extensão (*Moodle* e TelEduc)	Implícita	• Árvore de decisão • FC	Sistema de alerta e recomendações
Ferro et al. (2011). *Um modelo de sistema de recomendação de materiais didáticos para ambientes virtuais de aprendizagem*	Extensão (*plugin*) *Moodle*	Explícita e implícita	• Recomendação não personalizada • FH	Materiais didáticos
Jácome Júnior et al. (2012). *Uma extensão do Moodle para recomendação ubíqua de objetos de aprendizagem*	Extensão (*plugin*) *Moodle*	Explícita e implícita	• Agentes inteligentes • Algoritmo genérico • FH	OAs
Vieira e; Nunes (2012). *DICA: sistemas de recomendação de objetos de aprendizagem com base em conteúdo*	Sistema *web*	Implícita	• Agrupamento • Vizinho mais próximo • FBC	OAs
Cruz et al. (2012). *Abordagem conceitual de um sistema multiagente de recomendação de objetos de aprendizagem aos alunos no ambiente Moodle*	Sistema multiagente	Implícita	• Agentes inteligentes	OAs

(*Continua*)

QUADRO 2.1 Sistemas de recomendação para a educação *(Continuação)*

Pesquisa	Tipo	Coleta de informação	Técnica(s)	Produto da recomendação
Acosta e Reategui (2012). *Recomendação de conteúdo em ambientes de aprendizagem baseados em questionamento*	SR integrado a ferramenta *Junction Quiz*	Implícita	• Mineração de texto • FBC	Materiais em diferentes formatos
Ribeiro (2013). *Recomendação de documentos para os usuários do ambiente virtual de aprendizagem Moodle a partir das hashtags postadas nos fóruns*	Extensão (*plugin*) *Moodle*	Implícita	• FBC	Materiais didáticos disponíveis no repositório do *Moodle*
Meurer (2014). *Ferramenta de gerenciamento e recomendação como recurso na aprendizagem baseada em projeto em design*	Sistema *web*	Implícita	• FBC	Materiais em diferentes formatos
Costa et al. (2014). *Recomendação personalizada de conteúdo para suporte à aprendizagem informal no contexto da saúde*	Sistema *web* MobiLEHealth	Explícita e implícita	• FBC • FC • Algoritmo genérico	Conteúdos de saúde
Fonseca, Farias e Silva (2014). *Sistema de recomendação de links para o fomento de discussões em fóruns de um ambiente virtual de aprendizagem*	Sistema *web*	Explícita	• Mineração de texto • FBC • FC	Recomendação de *links*

Com o avanço tecnológico, os algoritmos puderam ser aprimorados tanto em relação à técnica de implementação quanto à sua forma de utilização, por meio de diferentes tecnologias digitais. Tal fato pode apresentar inúmeros benefícios para o desenvolvimento de SREs. Com eles, busca-se contemplar novas possibilidades para personalizar as recomendações de itens de acordo com a identificação das necessidades educacionais do usuário. Nessa direção, podem-se contemplar tanto as prováveis lacunas de aprendizagem por parte do aluno quanto os objetivos pedagógicos definidos pelo professor.

Além disso, o SRE pode ser aplicado em um contexto específico, isto é, por meio de um sistema já implementado, como os ambientes virtuais de aprendizagem (AVAs), uma ferramenta de escrita coletiva ou qualquer outro espaço que visa a desenvolver ou gerenciar os processos de ensino e de aprendizagem. Outra possibilidade é planejar os SREs que têm como foco a recomendação propriamente dita. Ambos os cenários podem ser visualizados nos Capítulos 5 e 6.

Ao projetar um SRE, é preciso analisar o objetivo educacional que se pretende alcançar, assim como o contexto no qual será inserido/utilizado e suas possíveis limitações. Quando o propósito estiver vinculado ao processo de aprendizagem, é importante considerar as diversas particularidades que envolvem esse contexto, o perfil do aluno aprendente e suas interações com o conteúdo abordado. Para o caso de a recomendação ter como intuito auxiliar o professor em sua prática pedagógica, o profissional pode se beneficiar de vários mecanismos que são capazes de mapear as interações, a trajetória de aprendizagem[2] dos alunos e as relações sociais estabelecidas, entre outros. De acordo com esses dados, coletados de forma implícita e/ou explícita, o SRE pode indicar ao professor possibilidades para que acompanhe seus alunos e realize a mediação pedagógica. Do mesmo modo, pode aproveitar as recomendações para aprimorar seu planejamento, suas estratégias pedagógicas e auxiliá-lo na seleção de materiais educacionais digitais que possam ser utilizados em sua prática docente.

Dessa forma, percebe-se que vários recursos podem ser recomendados com o propósito de apoiar os processos de ensino e de aprendizagem. Nos próximos capítulos deste livro, será possível visualizar outros exemplos de SRs que foram desenvolvidos com fins educacionais e que estão sendo testados e aplicados no meio acadêmico e escolar. Entende-se que estes podem oferecer possibilidades para um novo caminho, no qual alunos e professores são capazes de encontrar meios personalizados e diferenciados para ajudá-los a prover suas atuações no contexto educacional.

---

[2] Neste capítulo, o conceito de trajetória de aprendizagem se apoia nos estudos de Lima et al. (2016), os quais ressaltam que as informações registradas "...constituem-se em indicativos substanciais, permitindo identificar trajetórias de aprendizagem que possibilitam acompanhar o processo de estudo dos alunos do curso. As trajetórias de aprendizagem dos alunos são indicativos fatuais para as tomadas de decisões que os professores fazem durante a formação".

UM CAMINHO ABERTO A NOVAS POSSIBILIDADES

Este capítulo teve como objetivo apresentar alguns conceitos fundamentais para a compreensão do funcionamento dos SRs, bem como de possibilidades para planejá-los e desenvolvê-los em diferentes contextos. As principais técnicas de filtragem proporcionam olhares distintos em relação à dinâmica da ampla possibilidade de uso desse tipo de sistema. Elas abrem grandes oportunidades para planejar e avaliar sua aplicação, independentemente da intencionalidade, seja ela com viés comercial, acadêmico ou outro.

Os SRs têm ampla aplicação nos mais diversos domínios, entre eles a educação. Os SREs apresentados neste capítulo confirmam o quanto têm sido abordados por meio de pesquisas, seja em forma de estudos/propostas, seja em contextos de utilização prática. Os tipos de recomendação, as técnicas de filtragem aplicadas, as técnicas de coleta apresentadas e os produtos da recomendação fornecem uma ampla visão das variadas possibilidades do uso dos SRs.

Desse modo, refletir sobre o planejamento, a utilização e o modo como os SRs podem ser aplicados no contexto da educação é também uma forma de oportunizar aos alunos e professores novas experiências. Entre elas, está a possibilidade de potencializar a mediação e seus vínculos, assim como avaliar um novo recurso que pode servir de apoio aos processos de ensino e de aprendizagem.

Analisando algumas publicações na área de SRs, como, por exemplo, Bansal, Belanger e McCallum et al. (2016), Imran et al. (2016), Abel et al. (2010) e Santos e Boticário (2010), bem como acompanhando a evolução das pesquisas publicadas na maior conferência internacional da área de SRs (ACM Recommender Systems conference [RecSys][3]), são observados vários caminhos de pesquisa com a incorporação de tecnologias visando ao aprimoramento da qualidade da recomendação. Entre os estudos analisados, observa-se o uso de técnicas relacionadas com a mineração de dados, mineração de textos, traços do perfil do usuário, emoções ou sentimentos dos usuários, análise de discurso do usuário, entre outras técnicas. Essas diferentes técnicas estão sendo aplicadas junto aos SRs buscando evitar a sobrecarga de informação (como acontecia com os sistemas de recuperação de informação), bem como com o intuito de obter indicação do conteúdo que realmente possa satisfazer as necessidades dos usuários. Os demais capítulos deste livro auxiliam o leitor a vislumbrar novas possibilidades de uso dos SRs voltados, especificamente, para a educação.

[3] RecSys. Disponível em: <https://recsys.acm.org/recsys17/>. Acesso em: 29 dez. 2017.

REFERÊNCIAS

ABEL, F. et al. Recommendations in online discussion forums for e-learning systems. *IEEE Transactions on Learning Technologies*, Washington, DC, v. 3, n. 2, p. 165-176, 2010.

ACOSTA, O. C.; REATEGUI, E. B. Recomendação de conteúdo em ambientes de aprendizagem baseados em questionamento. *RENOTE. Revista Novas Tecnologias na Educação*, Porto Alegre, v. 10, n. 1, p. 1–9, 2012. Disponível em: <http://seer.ufrgs.br/renote/article/view/30936>. Acesso em: 15 ago. 2015.

ADOMAVICIUS, G. et al. Context-aware recommender systems. *AI Magazine*, Palo Alto, v. 32, n. 3, p. 67-80, 2011.

BANSAL, T.; BELANGER, D.; MCCALLUM, A. Ask the GRU: multi-task learning for deep text recommendations. In ACM CONFERENCE ON RECOMMENDER SYSTEMS, 10., 2016, Boston. *Proceedings*... New York: ACM, 2016. p. 107-114.

BARCELLOS, C. et al. Sistema de recomendação acadêmico para apoio a aprendizagem. *RENOTE. Revista Novas Tecnologias na Educação*, Porto Alegre, v. 5, n. 2, 2007.

BURKE, R. Hybrid Recommender systems: survey and experiments. *User Modeling and User-Adapted Interaction*, Dordrecht, v. 12, n. 4, p. 331-370, 2002.

BURKE, R. Knowledge-based recommender systems. In: Kent, A. (Ed.). *Encyclopedia of library and information science*. Boca Raton: CRC, 2000. v. 69, suppl. 32, p. 180-200.

CAZELLA, S. C. *Aplicando a relevância da opinião de usuários em sistemas de recomendação para pesquisadores*. 2006. 180 f. Tese (Doutorado em Ciência da Computação) - Instituto de Informática, Universidade Federal do Rio Grande do Sul, Porto Alegre, 2006.

CAZELLA, S. C. et al. R. Recomendando objetos de aprendizagem baseado em competências em EAD. *RENOTE. Revista Novas Tecnologias na Educação*, Porto Alegre, v. 9, n. 2, 2011. Disponível em: <http://seer.ufrgs.br/renote/article/view/25123>. Acesso em: 15 ago. 2015.

CAZELLA, S. C.; REATEGUI, E. B.; NUNES, M. A. A Ciência da opinião: estado da arte em sistemas de recomendação. In: MEIRA JR, W.; CARVALHO, A. C. P. L. F. (Org.) *Atualizações em informática*. Rio de Janeiro: Puc-Rio; Porto Alegre: Sociedade Brasileira de Computação, 2010. 410 p.

COSTA, A. A. L. et al. Recomendação personalizada de conteúdo para suporte à aprendizagem informal no contexto da saúde. *RENOTE. Revista Novas Tecnologias na Educação*, Porto Alegre, v. 12, n.1, 2014. Disponível em: <http://seer.ufrgs.br/index.php/renote/article/view/49840>. Acesso em: 02 jan. 2018.

CRUZ, R. M. et al. Abordagem conceitual de um sistema multiagente de recomendação de objetos de aprendizagem aos alunos no ambiente Moodle. In: CONGRESSO INTERNACIONAL DE EDUCAÇÃO À DISTÂNCIA, 18., 2012, São Luis, MA. *Anais*... São Paulo: ABED, 2012. Disponível em: <http://www.abed.org.br/congresso2012/anais/404d.pdf>. Acesso em: 08 jun. 2015.

FERREIRA, V. H.; RAABE, A. L. A. LORSys: um sistema de recomendação de objetos de aprendizagem SCORM. *RENOTE. Revista Novas Tecnologias na Educação*, Porto Alegre, v. 8, n. 2, 2010. Disponível em: <http://seer.ufrgs.br/renote/article/view/15223>. Acesso em: 15 ago. 2015.

FERRO, M. R. C. et al. Um modelo de sistema de recomendação de materiais didáticos para ambientes virtuais de aprendizagem. In: SIMPÓSIO BRASILEIRO DE INFORMÁTICA NA EDUCAÇÃO, 22., 2011, Aracaju. *Anais*... Porto Alegre: SBC, 2011. p. 810–819.

FONSECA, L. C. C.; FARIAS, M. P.; SILVA, R. J. Sistema de recomendação de links para o fomento de discussões em fóruns de um ambiente virtual de aprendizagem. *RENOTE. Revista Novas Tecnologias na Educação*, Porto Alegre, v. 12, n. 2, p. 1-10, 2014. Disponível em: <http://seer.ufrgs.br/index.php/renote/article/view/53547>. Acesso em: 26 ago. 2016.

GARCÍA, E. et al. An architecture for making recommendations to courseware authors using association rule mining and collaborative filtering. *User Modeling and User-Adapted Interaction*, Amsterdam, v. 19, n. 1-2, p. 99-132, 2009.

GLOVER, E. J. et al. Web search - your way: improving web searching with user preferences. *Communications of the ACM*, New York, v. 44, n. 12, p. 97-102, 2001.

IMRAN, H. et al. PLORS: a personalized learning object recommender system. *Vietnam Journal of Computer Science*, Berlin, v. 3, n. 1, p. 3-13, 2016. Disponível em: <http://link.springer.com/article/10.1007/s40595-015-0049-6#enumeration>. Acesso em: 02 jan. 2018.

JÁCOME JÚNIOR, L. et al. Uma extensão do Moodle para recomendação ubíqua de objetos de aprendizagem. *RENOTE. Revista Novas Tecnologias na Educação*, Porto Alegre, v. 10, n. 3, 2012. Disponível em: <http://seer.ufrgs.br/index.php/renote/article/view/36392/23501>. Acesso em: 08 jun. 2015.

KARDAN, A. A.; EBRAHIMI, M. A novel approach to hybrid recommendation systems based on association rules mining for content recommendation in asynchronous discussion groups. *Information Sciences*, Amsterdamj, v. 219, p. 93–110, 2013.

LIMA, J. V. et al. (Org.). *Trajetórias de aprendizagem:* teoria e prática. Porto Alegre: Create Space, 2016.

MARIA, S. A. A. *RecETC*: uma funcionalidade baseada na recomendação de conteúdo para auxiliar no processo de escrita coletiva digital. 2017. Tese (Doutorado em Informática na Educação) - Centro Interdisciplinar de Novas Tecnologias na Educação, Universidade Federal do Rio Grande do Sul, 2017.

MEURER, H. *Ferramenta de gerenciamento e recomendação como recurso na aprendizagem baseada em projeto em design*. 2014. Tese (Doutorado em Informática na Educação) - Centro Interdisciplinar de Novas Tecnologias na Educação, Universidade Federal do Rio Grande do Sul, Porto Alegre, 2014.

MORAIS, C. T. Q.; FRANCO, S. R. K. Estudo de caso de alertas e recomendações para educação a distância aplicado em turmas heterogêneas. *Informática na Educação:* teoria & prática, Porto Alegre, v. 14, n. 2, p. 129-149, 2011.

REATEGUI, E. B.; CAZELLA, S. C. Recommender Systems. In: ENCONTRO NACIONAL DE INTELIGÊNCIA ARTIFICIAL, 5.; CONGRESSO DA SOCIEDADE BRASILEIRA DA COMPUTAÇÃO, 15., Porto Alegre, 2005. p. 306-348.

RESNICK, P.; VARIAN, H. R. Recommender systems. *Communications of the ACM*, New York, v. 40, n. 3, p. 55-58, 1997.

RIBEIRO, F. A. A. *Recomendação de documentos para os usuários do AVA Moodle a partir das hashtags postadas nos fóruns*. 2013. Dissertação (Mestrado em Engenharia da Computação e Sistemas) – Centro Tecnológico, Universidade Estadual do Maranhão, São Luís, 2013.

SANTOS, O. C., BOTICÁRIO, J. G. Modeling recommendations for the educational domain. *Procedia Computer Science*, Amsterdam, v.1, n. 2, p. 2793–2800, 2010.

SCHAFER, J. B.; KONSTAN, J.; RIEDL, J. E-Commerce recommendation applications. *Data Mining and Knowledge Discovery*, Dordrecht, v. 5, n. 1-2, p. 115-153, 2001.

SCHAFER, J. B.; KONSTAN, J.; RIEDL, J. Recommender systems in e-commerce. In: ACM CONFERENCE ON ELETRONIC COMMERCE, 1., 1999, Minneapolis. *Proceedings*... New York: ACM, 1999. p. 158-166.

VIEIRA, F. J. R.; NUNES, M. A. S. N. DICA: sistema de recomendação de objetos de aprendizagem baseado em conteúdo. *Scientia Plena*, Aracaju, v. 8, n. 5, 2012. Disponível em: <http://www.scientiaplena.org.br/sp/article/view/464/567>. Acesso em: 08 jun. 2015.

ZAIANE, O. R. Building a recommender agent for e-learning systems. In: INTERNATIONAL CONFERENCE ON COMPUTERS IN EDUCATION, 2002, Auckland. *Proceedings*... New York: IEEE, 2002. p 55-59.

LEITURAS COMPLEMENTARES

BEHAR, P. A. et al. Development and system assessment of learning object recommendation based on competency: RecOAComp. In: INTERNATIONAL CONFERENCE ON KNOWLEDGE MANAGEMENT AND INFORMATION SHARING, 7., 2015, Lisbon. *Proceedings*... Setúbal: Scitepress, 2015. v. 1, p. 274-280.

CAZELLA, S. C. et al. Developing a learning objects recommender system based on competences to education: experience report. In: Rocha, A. et al. (Ed.). *New perspectives in information systems and technologies*. New York: Springer International Publishing, 2014, v. 2, p. 217-226. (Advances in Intelligent Systems and Computing).

CAZELLA, S. C. et al. Recommending academic papers for learning based on information filtering applied to mobile environments. In: MENDES NETO, F. M. (Org.). *Technology platform innovations and forthcoming trends in ubiquitous learning*. Hershey: IGI, 2013. cap. 7, p. 120-140.

MASSA, P.; AVESANI, P. Trust-aware Collaborative Filtering for Recommender System. In: INTERNATIONAL CONFERENCE ON COOPERATIVE INFORMATION SYSTEM, 2004, Larnaca. *Proceedings*... Berlin: Springer-Verlag, 2004. p. 492-508.

SARWAR, B. M. et al. Analysis of recommendation algorithms for e-commerce. In: ACM CONFERENCE ON E-COMMERCE, 2., 2000, Minneapolis. *Proceedings*... New York: ACM, 2000. p. 158-167.

SARWAR, B. M. et al. Using filtering agents to improve prediction quality in the GroupLens research collaborative filtering system. In: ACM CONFERENCE ON COMPUTER SUPPORTED COOPERATIVE WORK, 1998, Seatle. *Proceedings...* New York: ACM Press, 1998. p. 345 – 354.

SILVA, D. G. *Análise sobre o uso dos relatórios de atividades do Moodle no acompanhamento do processo de aprendizagem de alunos em curso de graduação.* 2011. 130 f. Dissertação (Mestrado em Educação) – Instituto de Educação, Universidade Federal de Mato Grosso, Cuiabá, 2011.

3

RECOMENDAÇÃO PEDAGÓGICA A PARTIR DOS ASPECTOS AFETIVOS

Magalí Teresinha Longhi | Patricia Alejandra Behar
Ana Carolina Ribeiro Ribeiro | Caroline Bohrer do Amaral
Fátima Weber Rosas | Leticia Rocha Machado

Este capítulo tem por objetivo abordar a recomendação pedagógica (RecPed) a partir de aspectos afetivos, mais precisamente os relacionados com os traços de personalidade e estados de ânimo que podem ser reconhecidos em um ambiente virtual de aprendizagem (AVA). A inferência desses aspectos NOS processos de ensino e de aprendizagem gera possibilidades para representar o perfil afetivo do *sujeito da educação a distância* (EAD).[1]

As ferramentas de comunicação disseminadas na internet podem promover novas linguagens e formas de convivência social. Na educação, tanto na modalidade presencial quanto a distância, os AVAs integram recursos de comunicação síncrona e assíncrona que propiciam as interações sociais. Nesse processo, vários aspectos pessoais estão implicados, entre eles o afetivo.[2]

Conforme discutido por Piaget (2014), os aspectos afetivos interferem direta e indiretamente nos processos de ensino e de aprendizagem, seja na

---

[1] A expressão *sujeito da EAD* foi definida no Capítulo 1.

[2] Conforme apresentado no Capítulo 1, as dimensões humanas estão completamente interligadas e são definidas nesta obra como o sujeito social, o sujeito afetivo, o sujeito cognitivo, o sujeito biofisiológico e o sujeito tecnológico.

modalidade presencial, seja na EAD. Na EAD, o afastamento físico entre os atores do processo educacional torna suas relações singulares. Diante disso, as formas de conhecer o outro, comunicar e atuar em um ambiente virtual são elementos de análise para uma contínua qualificação dessa modalidade de ensino.

Esse cenário motiva a construção e a adoção de estratégias pedagógicas (EPs) que considerem os aspectos afetivos. O intuito é o de potencializar as relações que ocorrem nos processos de ensino e de aprendizagem, bem como aproximar os atores envolvidos (professor, tutor e aluno) na EAD.

Por outro lado, a quantidade (e a qualidade) de dados a serem extraídos de um AVA aponta caminhos para a investigação do uso de sistemas de recomendação (SRs) voltados para fins educacionais. Tais sistemas envolvem, basicamente, a indicação de materiais de apoio e EPs relacionadas com o trabalho docente.

Para Picard (1997), cientista norte-americana defensora da ideia de que máquinas podem simular e interpretar emoções, é possível investigar padrões de sinais afetivos ao considerar os traços de personalidade, o gênero, o contexto, as experiências e as expectativas sociais e culturais dos indivíduos participantes de um ambiente virtual. Nesse sentido, o entendimento das necessidades e dos interesses dos usuários de um AVA pode servir para delinear seus perfis afetivos. Outro aspecto importante é a existência de uma escala comum de valores entre os sujeitos em interação. Estudos de Reeder (2000) e Piaget (1973) apontam que a escala de valores influencia as atitudes e o comportamento dos sujeitos. Portanto, nesse contexto, a personalização da RecPed[3] é relevante para atender às necessidades individuais dos alunos. Isso decorre da compreensão do *sujeito afetivo* e de como seus aspectos podem servir para a definição do perfil afetivo.

Assim, este capítulo apresenta a visão piagetiana do sujeito individual afetivo; os estudos sobre SRs que utilizam os aspectos afetivos para a personalização da busca de conteúdos ou estratégias pedagógicas; e a RecPed e os estados de ânimo, trazendo como exemplo a ferramenta mapa afetivo desenvolvida para o AVA ROODA – rede cooperativa de aprendizagem.[4]

---

[3] Entende-se por personalização da recomendação pedagógica a adequação da sugestão de materiais e/ou EPs segundo aspectos do sujeito da EAD.

[4] Disponível em: http://ead.ufrgs.br/rooda.

OS ASPECTOS AFETIVOS E OS SISTEMAS DE RECOMENDAÇÃO

A relação entre os aspectos afetivos e o desenvolvimento cognitivo passou a ser examinada com maior profundidade pela neurociência somente a partir dos anos de 1980. A neurociência tenta explicar, em termos fisiológicos e de organização neural do cérebro, a ocorrência de determinados processos cognitivos e emocionais (DAVIDSON, 1994; DAMÁSIO, 2012; LE DOUX, 2001). Descobertas recentes indicam que esses processos não são dicotômicos, confirmando os pressupostos de Piaget (2014) quanto à importância da afetividade nos processos cognitivos.

Neste estudo, a fundamentação teórica tem como base a psicogenética de Piaget, a qual compreende o desenvolvimento progressivo do sujeito a partir de estádios,[5] considerando a evolução sucessiva tanto da cognição quanto da afetividade (PIAGET, 2014). Para o autor, os processos cognitivos e afetivos são indissociáveis, sendo a afetividade o *agente energético* (ou motivador) da atividade cognitiva. Piaget (2014, p. 43) explica também que, se a afetividade influencia ou desperta comportamentos e "pode causar acelerações ou atrasos no desenvolvimento intelectual, ela mesma não engendra estruturas cognitivas e nem modifica o funcionamento das estruturas em que intervém".

O desenvolvimento cognitivo e afetivo incorpora os aspectos sociais por meio das trocas estabelecidas entre os sujeitos e os sentimentos construídos por meio de suas relações. Ao aproximar entendimentos psicológicos (PIAGET, 1973; 2014) e os avanços da neurociência (DAMÁSIO, 2012) aos processos de ensino e de aprendizagem na EAD, cabe indagar como conhecer, interpretar e trabalhar pedagogicamente os aspectos afetivos a partir de recursos tecnológicos.

As inovações tecnológicas trazem novos desafios para a educação, mas também delas podem surgir novos procedimentos e soluções. Entende-se que as possibilidades criadas pelas tecnologias aplicadas aos AVAs podem contribuir para aproximar sujeitos distantes geograficamente com o objetivo de qualificar a EAD. Algumas ferramentas desses ambientes que permitem o debate por meio de fóruns, mensagens ou comentários potencializam a comunicação entre os participantes de uma turma.

As práticas pedagógicas em EAD, quando fundamentadas na teoria interacionista de Jean Piaget, exploram o potencial dessas ferramentas

[5] De modo geral, estádio é um marco de uma evolução na direção do equilíbrio das ações e operações mentais. A duração de cada estádio depende de fatores individuais e do meio (MONTANGERO; MAURICE-NAVILLE, 1998).

comunicacionais, pois essa perspectiva teórica considera a interação entre os sujeitos fundamental para a construção do conhecimento. No processo de interação social, as ações mútuas provocam desequilíbrios cognitivos e/ou afetivos nos sujeitos, possibilitando novas aprendizagens. A troca de pontos de vista entre os participantes em um fórum, por exemplo, pode gerar reflexões pelos sujeitos, fazendo-os fortalecer seus próprios argumentos ou modificá-los, desenvolvendo uma nova compreensão sobre um tema. Ressalta-se que, ao interagir e aprender, além de aspectos cognitivos, estão presentes os aspectos afetivos, como a personalidade e o estado de ânimo dos sujeitos. Nesta obra, serão abordados apenas os traços de personalidade, os estados de ânimo e as emoções – entendidos como uma classe de fenômenos afetivos, os quais influenciam significativamente a aprendizagem. Os traços de personalidade informam as especificidades psicológicas do indivíduo, e podem ser identificados por testes psicométricos, os quais examinam como o sujeito percebe a realidade e conduz suas relações intra e interpessoais. O estado de ânimo (ou a emoção de segundo plano) é um episódio difuso, sem causa aparente, que pode emergir de processos de escasso conteúdo cognitivo e ser reflexo de outras emoções. Entretanto, esse fenômeno afetivo repercute na cognição ao dirigir nossas reflexões e metarreflexões (FRIJDA, 1994; SCHERER, 2005). Já a emoção pode ser classificada como primária (básica ou utilitária) ou secundária (ou social). Uma emoção primária (p. ex., medo, raiva, tristeza, alegria, aversão e surpresa) serve para garantir a sobrevivência e pode ser encontrada em qualquer cultura. A emoção secundária é adquirida ou construída a partir das primárias à medida que se vivencia uma série de situações cotidianas (DAMASIO, 2012; EKMAN, 1999).

Segundo Rosenberg (1998), existe uma relação de composição entre as três classes de fenômenos afetivos que definem a afetividade: traços de personalidade, estados de ânimo e emoções. Os traços de personalidade influenciam o tipo de estado de ânimo e de emoção que um indivíduo tende a manifestar em situações similares. O estado de ânimo pode influenciar diretamente a emoção a ser externalizada. De outro modo, a intensidade, a duração e o nível de relevância em que uma emoção repercute na consciência do indivíduo servem como indicadores para a alteração do estado de ânimo. O mesmo acontece em relação ao estado de ânimo e traços de personalidade. Tal estrutura hierárquica é representada na Figura 3.1.

Estudos empíricos desenvolvidos por Fiedler e Bless (2000) sinalizam as relações dos estados de ânimo aos conceitos de Piaget, especialmente no

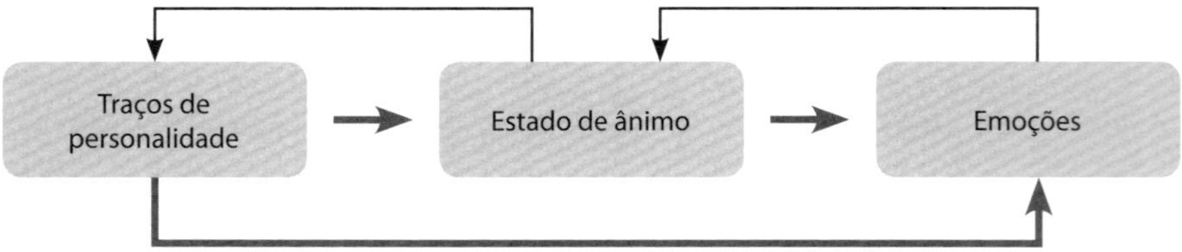

Figura 3.1 Diagrama dos níveis de afetividade.
Fonte: Rosenberg (1998, p. 254).

que se refere à assimilação e acomodação[6] do conhecimento. O estado de ânimo está associado, por exemplo, a um maior interesse em obter informações para atingir os objetivos, apoiando, assim, os processos de assimilação. Quando em estado positivo, a energética envolvida gera ou modifica crenças, induzindo a um processamento cognitivo mais criativo. Nesse processo, vincula-se ainda, a capacidade de o sujeito distinguir quais informações são ou não relevantes para a aprendizagem. Por outro lado, quando o estado de ânimo é negativo, pode sugerir ausência de ambição, de estímulo ou falta de motivação. Nesses exemplos sobre a influência de estados de ânimo para a aprendizagem, é possível observar relações entre aspectos afetivos e cognitivos. Desse modo, considera-se que os aspectos afetivos podem fornecer dados para delinear o perfil dos sujeitos da EAD a partir de suas ações em um ambiente virtual e, de outra forma, ser útil para os SRs, foco desta obra.

Para compreender como questões afetivas passam a ser alvo de aplicações tecnológicas voltadas à recomendação de conteúdo, é interessante apresentar estudos afins. As tecnologias digitais aplicadas à afetividade vêm sendo desenvolvidas desde o final do século XX. Como ponto de partida, referem-se os estudos de Nass et al. (1995) sobre aspectos afetivos como a similaridade entre traços de personalidade, as informações de atração[7] entre indivíduos ou as afinidades entre eles. A partir desse conjunto de dados, os autores propunham um mapeamento do perfil do usuário. Assim,

[6] Piaget defende que a construção do conhecimento é um processo de adaptação, que consiste em um equilíbrio entre dois polos: assimilação e acomodação. Quando o sujeito incorpora elementos do meio à sua estrutura prévia, diz-se que ocorreu assimilação; e quando as estruturas não dão conta de novos dados do meio, há necessidade de modificações nessas organizações, o que caracteriza a acomodação (PIAGET, 2014).

[7] A atração, na área da psicologia, é entendida como uma identificação com as características de uma pessoa que seja do agrado de alguém, podendo estar ligada não apenas aos aspectos físicos, mas também aos traços da personalidade. A atração interpessoal pode ser definida como uma experiência que leva os indivíduos a relatarem uma conexão especial com os outros e é essencial para o desenvolvimento de vínculos (REEDER, 2000). Entende-se que a afinidade ou atração entre os indivíduos pode indicar que as interações sociais se baseiam em uma mesma escala de valores.

muitos SRs partiram do pioneirismo dessas descobertas (ou propostas) para levar em consideração os interesses e as necessidades dos usuários.

Em termos educacionais, o *elearning-finder*,[8] de acordo com Sommer et al. (2014), é um SR, como mostra a Figura 3.2, com base na *web*, que tem a função de recomendar ferramentas e plataformas de *e-learning* para professores que atuam na área da engenharia. A partir do perfil do sujeito individual, construído com base nas respostas em questionário (Fig. 3.3), são recomendadas plataformas ou ferramentas para auxiliar alunos e professores em cursos e palestras, por exemplo.

As respostas do questionário dão subsídios ao sistema para aprender sobre as preferências, as necessidades e os interesses do professor a respeito do formato de *e-learning* que ele deseja aplicar em seus alunos ou para organização própria.

Outro exemplo é o SR apresentado por Nunes et al. (2010). O *Group Recommender* organiza os participantes de uma equipe segundo os traços de personalidade, obtidos por meio do modelo dos cinco grandes fatores. Os usuários devem responder a questões do teste de personali-

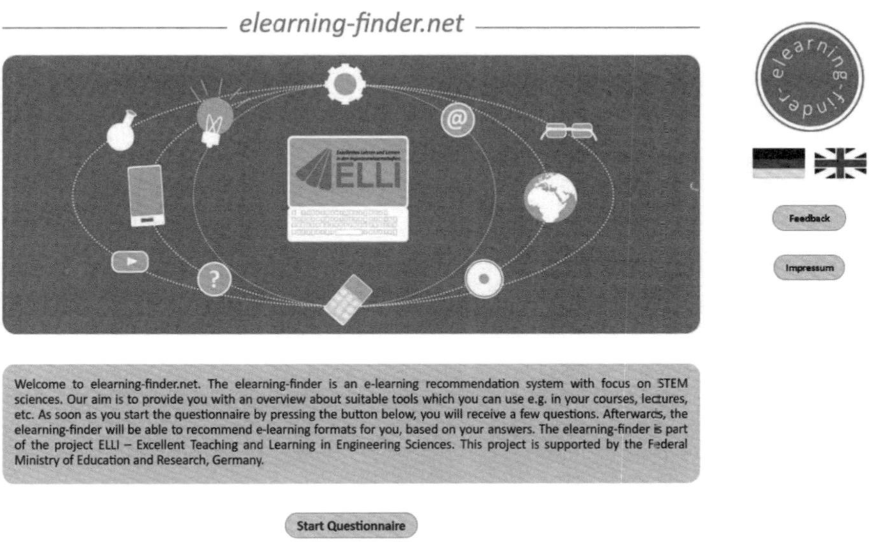

Figura 3.2 Tela inicial do SR *elearning-finder*.
Fonte: Sommer et al. (2016, p. 207).

[8] O SR *elearning-finder* faz parte do projeto Excellent Teaching and Learning in Engineering Sciences (ELLI), mantido pelo Ministério Federal de Educação e Pesquisa da Alemanha.

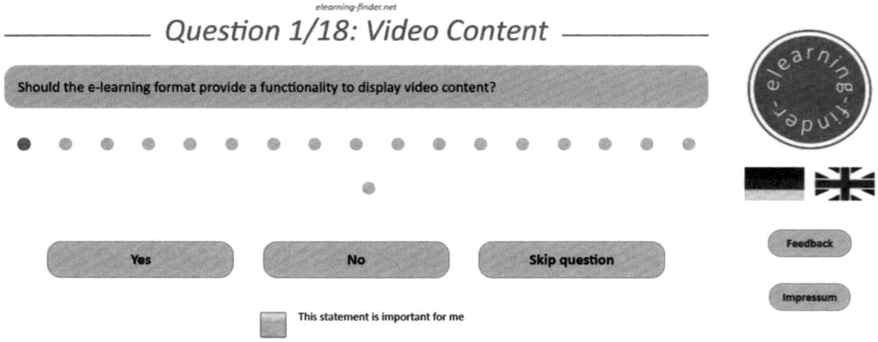

Figura 3.3 Tela inicial do questionário *elearning-finder.*
Fonte: Sommer et al. (2016, p. 210).

dade NEO-IPIP,[9] para a definição dos traços de personalidade. Os traços servem de base para determinar o perfil do sujeito, como é visto na Figura 3.4.

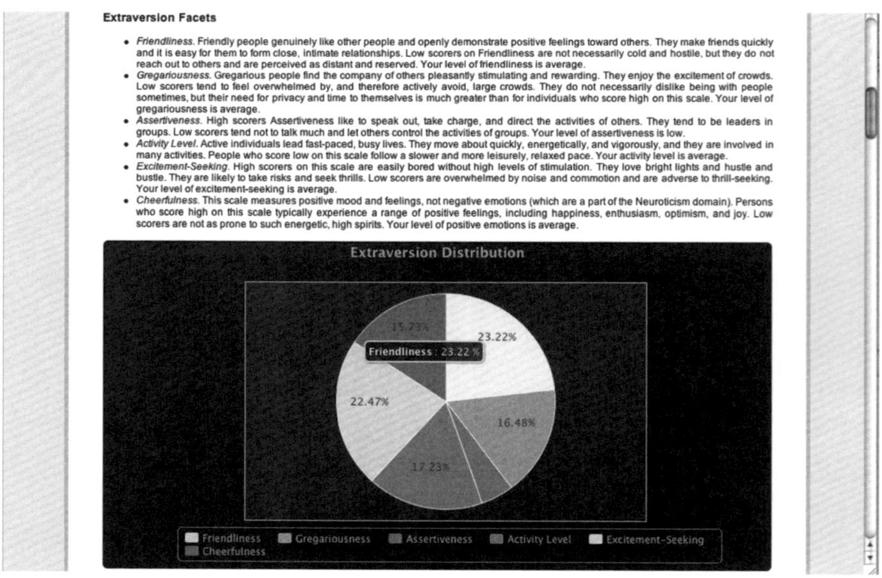

Figura 3.4 Relatório descritivo parcial do NEO-IPIP.[10]
Fonte: Nunes et al. (2010).

---

[9] NEO-IPIP é um teste de personalidade bastante desenvolvido em conjunto com o International Personality Item Pool (GOLDBERG et al., 2006; JOHNSON, 2000, 2005).

[10] Em loja.grupoa.com.br, acesse a página do livro por meio do campo de busca e clique em Material Complementar para ver esta imagem colorida.

Já Iepsen, Bercht e Reategui (2010) desenvolveram um agente afetivo que realiza recomendações de exercícios ou ações pedagógicas para a resolução de problemas de algoritmos utilizando dados referentes ao desânimo dos alunos durante o processo de aprendizagem (Fig. 3.5). O desânimo é calculado a partir da satisfação e do grau de dificuldade indicado pelo aluno.

Santos, Boticário e Manjarrés-Riesco (2014) desenvolveram o *Semantic Affective Educational Recommendation System* (SAERS). Esse SR tem por objetivo recomendar serviços de *e-learning*, como conteúdo de aprendizagem, mensagem em fóruns, postagens em *blogs*, eventos, etc. Para tanto, o sistema utiliza os metadados como necessidades, interesses, preferências, progresso, competências e estados afetivos, para definir o perfil do aluno, conforme apresentado na Figura 3.6.

Outras investigações tratam, por exemplo, do contágio emocional (LONGHI et al., 2016) e SRs para grupos[11] (MASTHOFF, 2011) e da inteligência emocional para a recomendação de cursos em um *site* de *e-training* (GONZALEZ et al., 2007).

Verifica-se, assim, que os pesquisadores, principalmente da educação, estão reconhecendo a importância das questões da afetividade a partir das

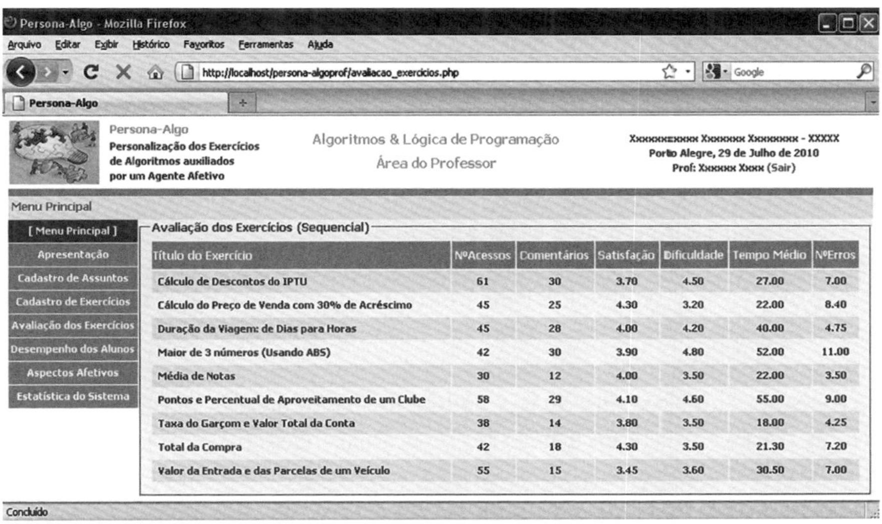

Figura 3.5 Tela do Persona-Algo.
Fonte: Iepsen, Bercht e Reategui (2010).

[11] Esse tema será tratado no Capítulo 7.

Table 2
Description of one of the recommendations elicited

ID	Rec-1
TITLE	Advise a presentation in the forum "Getting started."
DESCRIPTION	Foster the learner to send a message to the forum "Getting started" when is new to the platform, has a nervous personality and is anxious.
WHEN and WHO	The learner is getting used to the e-learning platform. She has had just a few sessions in it and has not contributed to any of the platform services. Seems to be a nervous person and appears anxious.
WHAT	Post a message in the forum "Getting started" to present yourself (a link to the forum e-learning service is provided).
HOW and WHERE	In a calm voice from an avatar integrated in the e-learning platform.
WHY	The learner is getting used to the platform, and appears to have much trouble with it. She has not yet used the available services. She seems to be a nervous person and is experiencing quite a lot anxiety. For all these reasons, she should calm down and carry an easy non-educational task (e.g. speak about herself) to practice with a simple task and get confidence with the platform usage before going to the course tasks.

Figura 3.6 Metadados do SAERS.
Fonte: Santos, Boticário e Manjarrés-Riesco (2014).

possibilidades tecnológicas, transformando-se em um campo favorável para novas investigações. Nesse sentido, entende-se que, ao estabelecer uma associação entre os aspectos afetivos e a recomendação realizada por meio das tecnologias, é possível definir um recurso para auxiliar o professor na análise e reavaliação de suas EPs com base no perfil afetivo dos alunos no contexto da EAD.

A seguir, são apresentados os dados do *sujeito afetivo*, que podem contribuir para a construção e sugestão de práticas pedagógicas a partir da ferramenta mapa afetivo disponibilizada no AVA ROODA. Esse AVA é uma das plataformas de EAD institucionalizadas na Universidade Federal do Rio Grande do Sul e conta com mais de 20 funcionalidades, entre elas as de comunicação, tais como fórum e bate-papo.[12]

---

[12] Disponível em: http://ead.ufrgs.br/rooda.

O MAPA AFETIVO E A RECOMENDAÇÃO PEDAGÓGICA

As características que definem o *sujeito afetivo* em AVA podem contribuir para a filtragem de dados educacionais necessários para as análises efetuadas no SR. Para o reconhecimento dos estados de ânimo do aluno, por exemplo, o ambiente ROODA conta com uma funcionalidade que delineia o perfil afetivo do aluno.

O mapa afetivo (LONGHI, 2011) é uma ferramenta que apresenta graficamente os estados de ânimo *animação* e *satisfação* (e seus polos opostos: *desânimo* e *insatisfação*) dos alunos de uma disciplina. A inferência dos estados de ânimo é efetuada a partir de uma rede bayesiana,[13] cujos dados de evidência são: a subjetividade em texto, extraída por meio da mineração de palavras afetivas, da observação dos modos de interação entre os alunos de uma disciplina e dos traços de personalidade identificados por meio da aplicação de instrumentos credenciados por psicólogos.[14]

A subjetividade em texto é inferida a partir do *framework Affective Word Mining* (AWM), aplicativo construído para extrair as palavras de conotação afetiva dos textos de mensagens postadas por meio das ferramentas de comunicação assíncrona do AVA, como Contatos, Fórum e Diário de Bordo. Cada palavra de conotação afetiva é classificada em um quadrante da roda de estados afetivos (REA),[15] ilustrada na Figura 3.7, que retrata os estados de ânimo *satisfação* e *animação*.

Cada quadrante é representado por quatro famílias de palavras afetivas, rotuladas por uma emoção principal. O lado direito do gráfico apresenta os estados de ânimo positivos, e o lado oposto, as manifestações negativas. Os cinco níveis, representados pelo *dégradé* na Figura 3.7, retratam a importância ou o significado afetivo da palavra no texto (de *muito significativo* a *pouco significativo* ou *sem nenhum significado*).

Assim, o *framework* AWM define, para cada semana de aula, as ocorrências dos estados de ânimo analisadas a partir dos textos postados. Quanto mais ao centro do gráfico estiver marcado o estado de ânimo do sujeito, menor é sua representatividade.

---

[13] Uma rede bayesiana (PEARL, 1993) é um formalismo que representa relacionamentos entre variáveis na forma de uma rede semântica. Ela é representada por um grafo orientado acíclico, em que os nodos representam as variáveis e suas probabilidades de ocorrência, e as arestas, os vínculos ou a precedência lógica entre as variáveis.

[14] Na primeira versão da ferramenta, foi utilizado o instrumento Inventário Fatorial da Personalidade (IFP), aplicado por psicólogo credenciado. Na atual versão, está em teste o modelo dos cinco grandes fatores.

[15] A REA é uma versão em português da Geneva Emotion Wheel (GEW), desenvolvida por Scherer (2005) na Universidade de Genebra.

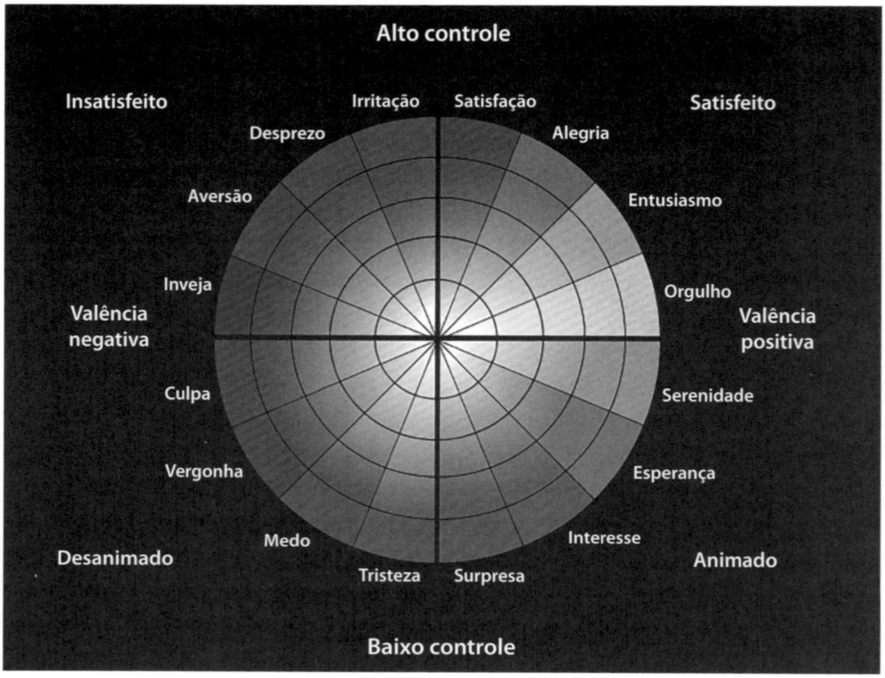

Figura 3.7 Quadrantes do gráfico de subjetividade em texto.[16]
Fonte: UFRGS ([2018]).

A segunda forma de observar aspectos afetivos relacionados com um sujeito em questão é inferida pelas ações do usuário no ambiente. As ações podem sinalizar a motivação do usuário por meio das informações sobre a confiança no uso das ferramentas do ambiente, esforço despendido para realização das tarefas e independência em relação aos outros participantes. Os fatores motivacionais são inferidos por meio do *framework Behavioral Factor Calculation* (BFC). De acordo com os estudos realizados para o desenvolvimento do mapa afetivo em sua primeira versão, o mapa explora as seguintes informações para determinar os fatores motivacionais do aluno:

- **Número de acesso (NA)** — definido pelo ato de abrir ou entrar na funcionalidade tendo a turma como parâmetro.
- **Frequência de participação (FP)** — obtida pelo número de vezes que o aluno participa da funcionalidade em relação à turma.

[16] Em loja.grupoa.com.br, acesse a página do livro por meio do campo de busca e clique em Material Complementar para ver esta imagem colorida, com o *dégradé* citado.

- **Modo de participação (MP)** — verificado a partir da forma como o aluno participa na funcionalidade, isto é, o modo como ocorre a participação.
- **Pedido ou prestação de ajuda (PA)** — indica se, e com que intensidade, o aluno solicita dicas e ajuda (entrando em contato com formadores/colegas ou sistema) ou se a oferece aos colegas.
- **Geração de mensagens ou tópicos (TO)** — informa a criação de novas mensagens em um tópico ou novos tópicos, para a funcionalidade Fórum.
- **Número de visitas ao Fórum (NV)** — definido pela frequência, em relação à turma, com que um usuário visita um tópico do Fórum.
- **Tempo de permanência na sessão (TP)** — representa a média de tempo despendido em uma sessão (conexão no AVA).

Os dados referentes ao item *confiança* são captados pela forma como o aluno desenvolve uma atividade e como ele navega pelas ferramentas do AVA. O fator *esforço* é medido pela quantidade de vezes que ele recorre aos colegas ou ao professor para dirimir dúvidas e se ele apresenta situações de colaboração e cooperação nas diferentes ferramentas do AVA. Por fim, o fator *independência* apresenta a autonomia que o aluno tem ao utilizar o AVA. A inferência é feita pelo modo como interage nas ferramentas (se solicita ou não auxílio de outras pessoas em relação ao seu funcionamento) e pela maneira em que são utilizadas na realização de tarefas (número de vezes que são acessadas para desenvolver uma tarefa).

Uma vez identificados os estados de ânimo dos alunos de uma disciplina, são recomendadas EPs que podem auxiliar nas práticas do professor no AVA. Dessa forma, a RecPed é realizada a partir do levantamento do perfil do aluno com seus dados explícitos (teste de personalidade) e implícitos (fatores motivacionais e subjetividade afetiva em textos) coletados para inferir os estados de ânimo, os quais são apresentados no fluxograma da Figura 3.8. O mapa afetivo, além de apresentar visualmente o possível estado de ânimo do aluno no período selecionado (exibido semanalmente), também recomenda EPs que podem ser adotadas pelo professor.

Em sua primeira versão, o mapa afetivo apresenta uma estratégia pedagógica ao professor relacionada com o estado de ânimo do aluno inferido, conforme ilustrado na Figura 3.9. A cada nova consulta, uma nova estratégia poderá ser recomendada no período de análise.

No exemplo da Figura 3.9, percebe-se, na semana 12, que o aluno mostrou desânimo com as atividades da disciplina ou por estar pessoalmente desani-

Figura 3.8 Fluxograma da RecPed a partir do mapa afetivo.

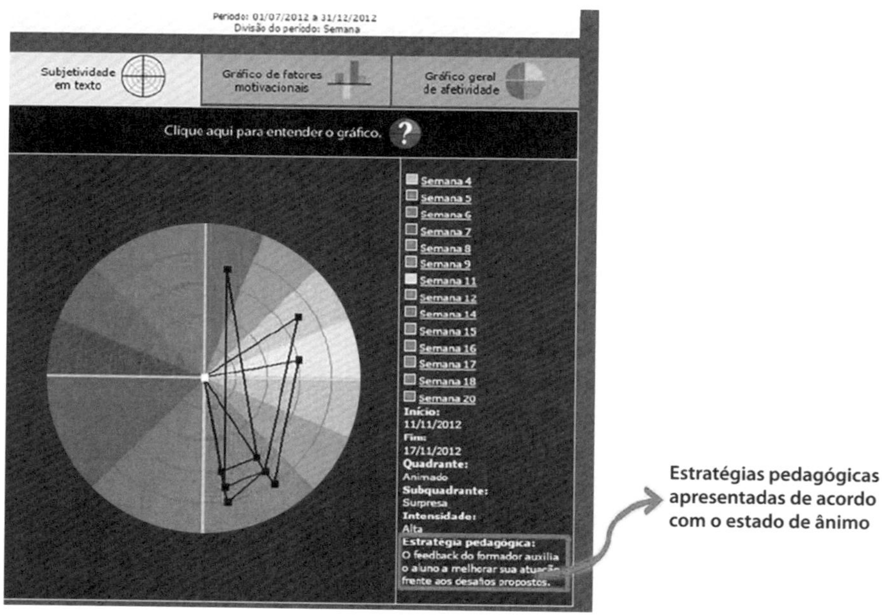

Figura 3.9 RecPed no mapa afetivo.[17]
Fonte: UFRGS ([2018]).

---

[17] Em loja.grupoa.com.br, acesse a página do livro por meio do campo de busca e clique em Material Complementar para ver esta imagem colorida.

mado (visualizado no gráfico pela plotagem de ponto preto no quadrante 3 (ser/estar desanimado). O sistema de recomendação de EPs sugeriu ao professor utilizar de forma mais efetiva a ferramenta Diário de Bordo. Tal ferramenta permite ao aluno expressar de modo privativo suas reais dificuldades com o conteúdo, disciplina ou relações com outros. Assim, o professor pode compreender ou intervir na manifestação do estado afetivo demonstrado.

No Quadro 3.1 são destacadas algumas EPs que visam a auxiliar o trabalho docente.

A recomendação de EPs baseada nos aspectos afetivos visa a contribuir para as práticas pedagógicas relacionadas com a manifestação da afetividade pelos sujeitos da EAD. A apresentação do estado de ânimo e as EPs relacionadas fornecem subsídios para que o professor conheça seu aluno e receba informações da melhor forma de atuar para atender às suas necessidades. Cabe destacar que a recomendação não é construída para direcionar a ação pedagógica do professor, mas serve para auxiliá-lo a compreender a diversidade de formas de aprender e de interagir dos alunos presentes em suas disciplinas. Também instiga de que forma essas particularidades podem ser atendidas por meio das ferramentas disponibilizadas na EAD.

Na EAD, os AVAs têm sido amplamente utilizados devido às suas diversas funções, como a facilitação das interações síncronas e assíncronas entre os atores; a possibilidade do acompanhamento da presença do aluno pelo professor/tutor; e a facilidade de acesso aos materiais educacionais digitais. Esses ambientes vêm constantemente passando por processos de aperfeiçoamento. Um exemplo disso são as mais recentes funcionalidades do ROODA, tais como o mapa afetivo e o mapa social.[18] Devido aos benefícios que o uso desse tipo de ambiente oferece à EAD, acredita-se que, por meio dessas funcionalidades, seja possível construir um perfil de aluno mais condizente com os interesses e as necessidades pessoais.

RESULTADOS DA APLICAÇÃO DO MAPA AFETIVO

A recomendação pedagógica em educação a distância (RecPed-EAD), apresentado no Capítulo 1, serviu de base para a construção da *recomendação de EPs baseada nos aspectos afetivos*. Então, com o intuito de validar os estados de ânimo e a sugestão de EPs relacionadas com eles, foi realizada uma oficina a partir de conteúdos sobre música. A oficina contou com a participação de 25 alunos, com faixa etária entre 14 e 17 anos, cujo objetivo foi fornecer

[18] Ver Capítulo 4.

QUADRO 3.1 Exemplos de estratégias pedagógicas a partir do perfil afetivo do sujeito

Estado de ânimo	Estratégias pedagógicas
Animado	• Fazer-se presente no AVA ajuda o aluno a enfrentar os desafios. • Compreender os conhecimentos prévios do aluno propicia uma personalização na elaboração das atividades. • Utilizar variadas ferramentas ou recursos multimídia, tais como vídeos, músicas, textos, hipertextos e *websites*, estimula os "sentidos" dos alunos. • Estabelecer uma relação interpessoal com o aluno motiva-o a continuar na disciplina. • Compreender os estados de ânimo manifestados pelo aluno auxilia na (re)criação das EPs do curso.
Desanimado	• A interação proporciona trocas, construções colaborativas e cooperativas entre os sujeitos da EAD. • As ferramentas de registro pessoal auxiliam você a compreender os fenômenos afetivos que os alunos manifestam — esse entendimento ilustra se o aluno encontra-se feliz ou triste, por exemplo, com o andamento da disciplina. • Acompanhar o processo de aprendizagem e fornecer *feedback* ao discente proporciona um ambiente seguro para ser trilhado e construir novas aprendizagens. • Recursos multimídia, tais como vídeos, músicas, textos, hipertextos e *websites*, podem ser utilizados para motivar os alunos e instigá-los a buscar mais informações sobre os assuntos que estão sendo tratados na disciplina.
Satisfeito	• Proporcionar ao aluno a oportunidade de construir, junto com o docente, o processo de aprendizagem alegra, estimula e enriquece cognitiva, social e afetivamente ambas as partes. • Valorizando as ações/tarefas, você ajuda o aluno a sentir-se satisfeito com o trabalho desenvolvido. • A interação entre aluno e professor pode fortificar laços sociais e afetivos. • Ao compreender os objetivos macro e micro da disciplina, o aluno se sentirá confiante na realização das tarefas.
Insatisfeito	• Interagir constantemente com o aluno ajuda a construir e a manter os laços afetivos. • As funcionalidades síncronas (*Chat* e Bate-papo) e assíncronas (Fórum e Diário de Bordo) de comunicação são importantes para instigar a participação do aluno nas atividades. • A indagação, os comentários e o *feedback* fortificam as relações que são estabelecidas entre o professor e o tutor com o aluno. • As escritas dos alunos demonstram se eles estão conseguindo ou não aprender com sucesso os conteúdos que estão sendo apresentados na disciplina.

Fonte: UFRGS ([2018]).

subsídios para a construção de instrumentos musicais digitais considerando a construção do conhecimento nas áreas da informática, música e robótica. O professor aplicou um questionário autoavaliativo *on-line*, conforme exposto na Figura 3.10, para obter informações sobre os possíveis estados de ânimo e confrontá-los com o apresentado pelo mapa afetivo do aluno.

AVALIAÇÃO DA OFICINA DE MÚSICA

Você gostou de participar da Oficina de Música "Construção de instrumentos musicais digitais para a educação"?

( ) Sim ( ) Não

O que você mais gostou nesta oficina? Por quê?

O que você menos gostou ou acha que deveria melhorar? Por quê?

Você aprendeu algo novo nesta oficina? Sim? Não? Se sim, o que você aprendeu?

Observe os *emotions* abaixo. Como você se sentiu ao participar desta oficina? Marque o *emoticon* que exprime como você se sentiu por mais tempo ao participar desta oficina de música.

(__)  Animado

(__)  Desanimado

(__) 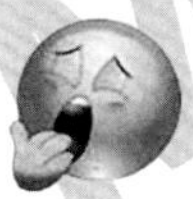 Indiferente

(__)  Satisfeito

(__)  Insatisfeito

De acordo com o sentimento marcado, explique por que você acha que se sentiu assim.

Figura 3.10 Avaliação da oficina de música e mapeamento dos estados de ânimo.[19]
Fonte: Rosas (2018).

O resultado da autoavaliação é apresentado na Figura 3.11, em que a maioria se declarou satisfeito e animado. Observa-se, na Figura 3.12, que o gráfico da subjetividade em texto da aluna NE apresentado pelo mapa afetivo indicou, nas semanas 6 e 11 do curso, estar em estado de ânimo *satisfeito*. A aluna declarou o mesmo em questionário.

Verifica-se que, na semana 6, a aluna esteve satisfeita com média intensidade. Já na semana 11, demonstrou grande satisfação. Além da visualização de tais estados, o gráfico da subjetividade em texto também anuncia em cada semana as EPs mais adequadas. No caso da aluna NE, é sugerido ao professor valorizar seu *feedback*, a fim de auxiliar a aluna a sempre melhorar sua atuação diante dos desafios propostos. Essa sugestão foi avaliada e aplicada pela professora ministrante do curso de forma verbal e por meio

[19] Fonte dos emoticons: <http://www.iconshut.com/download-free-smileys-and-emoticons-icons/>. Licença do Creative Commons para a utilização das imagens: <http://creativecommons.org/licenses/by-nc-sa/3.0/>.

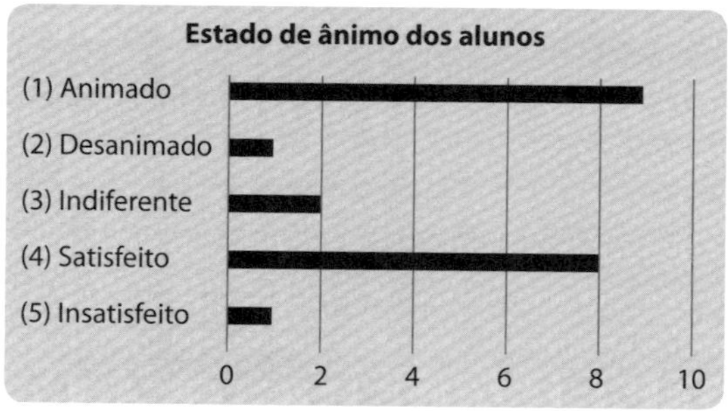

Figura 3.11 Estados de ânimo obtidos por meio de questionário *on-line*.
Fonte: Questionário de Música (2018).

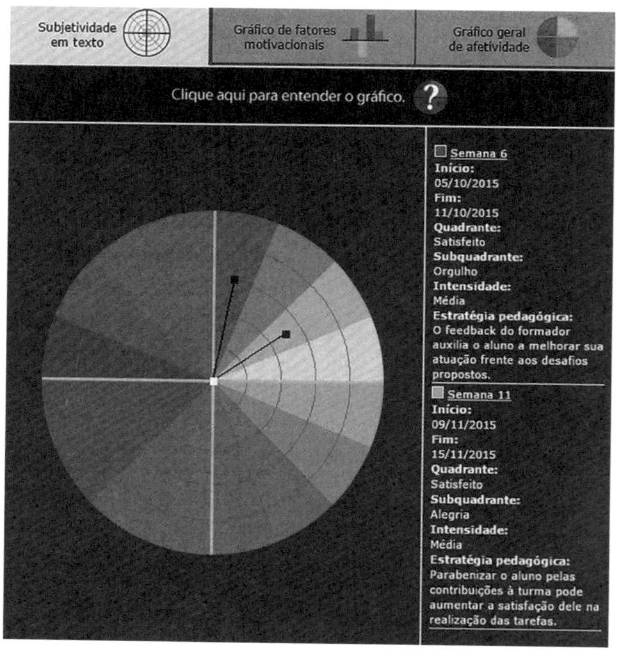

Figura 3.12 Gráfico da subjetividade em texto do mapa afetivo da aluna NE.[20]
Fonte: UFRGS ([2018]).

de comentários registrados na funcionalidade Webfólio. Isso porque se entende que, em cursos a distância, o *feedback* constante também tem a finalidade de evitar a evasão.

[20] Em loja.grupoa.com.br, acesse a página do livro por meio do campo de busca e clique em Material Complementar para ver esta imagem colorida.

Quanto aos estados de ânimo negativos informados no questionário, um exemplo é o da aluna JB, que afirmou estar desanimada. Esse estado afetivo é confirmado no gráfico da subjetividade em texto do mapa afetivo, conforme ilustra a Figura 3.13.

Na sexta semana, a aluna JB demonstrou estar desanimada. A partir do conhecimento de tal estado afetivo e da estratégia pedagógica informada pela ferramenta, a professora tentou incentivar a aluna a partir de *feedback* constante, para que interagisse mais frequentemente com os colegas. A partir disso, na semana 9, essa mesma aluna passou a apresentar satisfação.

Com base na oficina realizada e a partir dos exemplos mencionados, entende-se que as EPs sugeridas pela RecPed no mapa afetivo foram válidas,

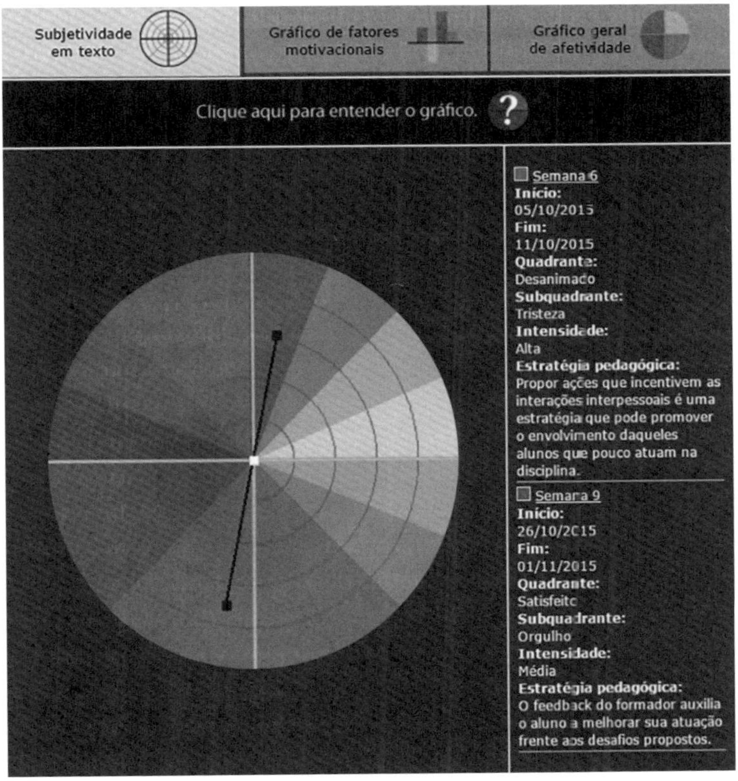

Figura 3.13 Gráfico da subjetividade em texto do mapa afetivo da aluna JB.[21]
Fonte: UFRGS ([2018]).

[21] Em loja.grupoa.com.br, acesse a página do livro por meio do campo de busca e clique em Material Complementar para ver esta imagem colorida.

já que auxiliaram a professora a interagir com os alunos durante as aulas. Dessa forma, os alunos tendem a ser mais resilientes mediante as dificuldades, diminuindo a desistência ou evasão.

É importante enfatizar que o *Relatório analítico da aprendizagem a distância no Brasil* – Censo EAD.BR – (ABED, 2015) apresentou a taxa de evasão em cursos a distância maior do que na educação presencial. O Censo EAD realizado no ano de 2015 registrou índices de evasão de 26-50%, sendo que 40% são provenientes de instituições com cursos regulamentados totalmente a distância. Conforme aponta Mezzari et al. (2013), uma entre as causas da evasão na EAD é a dificuldade de interação com o tutor e o tempo demasiado longo para o *feedback*, o que pode influenciar na motivação e nos estados de ânimo no decorrer do processo.

Por essa razão, além do conhecimento das causas de evasão, é preciso buscar parâmetros que possibilitem identificar precocemente situações que contribuam para sua ocorrência. Nesse sentido, tanto os aspectos afetivos quanto os sociais são fatores de investigação. Diante dessa realidade, compreende-se a importância de ferramentas que auxiliem na identificação do *sujeito afetivo* a partir dos estados de ânimo, a exemplo do mapa afetivo. Dessa forma, há a possibilidade de o professor ou tutor detectar tais estados de ânimo e propor EPs de forma a prevenir a desistência de um aluno que se encontra desanimado ou insatisfeito. Assim, em conformidade com Piaget (2014), entende-se que os estados de ânimo (positivos ou negativos) influenciam no aprendizado, já que cognição e afetividade são indissociáveis.

CONSIDERAÇÕES FINAIS

A educação compreende diversas dimensões relacionadas com as diferenças culturais, políticas, econômicas e de níveis de conhecimento. Se, por um lado, são encontradas EPs tradicionais baseadas no quadro e no giz, por outro, as tecnologias digitais introduzem novas formas de aprender, comunicar e compartilhar conhecimento.

Os avanços tecnológicos impõem aos docentes uma atualização constante, de modo a incorporarem novas estratégias em seu cotidiano. Nesse contexto, a personalização do ensino, tanto na modalidade presencial quanto a distância, é uma tendência. A recomendação de materiais e EPs é um recurso para auxiliar os professores na individualização do ensino em AVA, tendo em vista o perfil do *sujeito da EAD*. Para isso, é importante considerar: (1) o mapeamento do perfil afetivo em AVA, a fim de conhecer e contemplar as necessidades dos alunos por meio de novas EPs ou na readaptação delas; e (2) a análise, avaliação e construção de novas EPs baseadas nos aspectos afetivos identificados.

Em síntese, neste capítulo, foi apresentada uma ferramenta implementada no ambiente ROODA, denominada mapa afetivo, que infere os estados de ânimo do aluno em interação no ambiente. Essa inferência leva em consideração a emocionalidade na escrita dos textos nas funcionalidades de comunicação assíncrona, as ações efetuadas no ambiente virtual e os traços de personalidade. Com base nos aspectos de (in)satisfação e (des)ânimo reconhecidos, a ferramenta sugere possíveis EPs de como o professor pode proceder para entender o estado de ânimo manifestado pelo aluno e/ou como incentivá-lo nos processos de aprendizagem.

Assim, entende-se que o mapa afetivo é uma ferramenta que pode ser incluída nos aspectos tecnológicos da arquitetura pedagógica (AP), conforme definição da RecPed introduzida neste livro, principalmente no que tange à construção de um perfil afetivo a partir das necessidades e dos interesses dos alunos demonstrados em um AVA.

O *sujeito afetivo*, reconhecido a partir dos estados de ânimo demonstrados na interação social em AVA, permite ao professor, especialmente o da modalidade a distância, perceber, compreender e/ou auxiliar o aluno da EAD.

REFERÊNCIAS

ASSOCIAÇÃO BRASILEIRA DE EDUCAÇÃO A DISTÂNCIA – ABED. *Censo EAD.Br.* Relatório Analítico da Aprendizagem a Distância no Brasil 2015 = Censo EAD.BR: Analytic Report of Distance Learning in Brazil 2015. Curitiba: Intersaberes, 2016. Disponível em: http://abed.org.br/arquivos/Censo_EAD_2015_POR.pdf. Acesso em: 10 jan. 2018.

DAMÁSIO, A. R. *O erro de Descartes:* emoção, razão e o cérebro humano. 3. ed. São Paulo: Companhia das Letras, 2012.

DAVIDSON, R. J. On emotion, mood, and related, affective constructs. In: EKMAN, P.; DAVIDSON, R. J. (Ed.). *The nature of emotion:* fundamental questions. Oxford: Oxford University Press, 1994. p. 51-55.

EKMAN, P. Basic emotions. In: DALGLEISH, T.; POWER, T. (Ed.). *The handbook of cognition and emotion.* West Sussex: Wiley, 1999. cap. 3, p. 45-60.

ELEARNING-FINDER.net. 2018. Disponível em: <http://www.elearn-o-mat.net/start.>. Acesso em: 03 jan. 2018.

FIEDLER, K.; BLESS, H. The formation of beliefs at the interface of affective and cognitive processes. In: FRIJDA, N.; MANSTEAD, A. S. R; SACHA, B. (Ed.). *Emotions and beliefs:* how feeling influence thoughts. Cambridge: Cambridge University, 2000. cap 6, p. 144-170.

FRIJDA, N. H. Varieties of affect: emotions and episodes, moods and sentiments. In: EKMAN, P.; DAVIDSON, R. J. (Ed.). *The nature of emotion:* fundamental questions. Oxford: Oxford University, 1994. p. 59-67.

GOLDBERG, L. R. et al. The international personality item pool and the future of public-domain personality measures. *Journal of Research in Personality,* [S.l.], v. 40, n. 1, p. 84-96, 2006.

GONZÁLEZ, G.; DE LA ROSA, J. L.; MONTANER, M. Embedding emotional context in recommender systems. In: INTERNATIONAL FLORIDA ARTIFICIAL INTELLIGENCE RESEARCH SOCIETY CONFERENCE, 20., Key West, FL,, 2007. *Proceedings...* Palo Alto: AAAI, 2007. p. 454-459.

IEPSEN, E. F.; BERCHT, M.; REATEGUI, E. Persona-algo: personalização dos exercícios de algoritmos auxiliados por um agente afetivo. In: SIMPÓSIO BRASILEIRO DE INFORMÁTICA NA EDUCAÇÃO, 21., 2010, João Pessoa. *Anais...* Porto Alegre: SBC, 2010.

JOHNSON, J. A. Ascertaining the validity of individual protocols from web-based personality inventories. *Journal of Research in Personality,* [S.l.], v. 39, n. 1, p. 103–129, Feb. 2005.

JOHNSON, J. A. Web-based personality assessment. In: ANNUAL MEETING OF THE EASTERN PSYCHOLOGICAL ASSOCIATION, 7., Baltimore, 2000. *Proceedings...* [S. l.]: Eastern Psychological Association, 2000.

LEDOUX, J. *O cérebro emocional:* os misteriosos alicerces da vida emocional. Rio de Janeiro: Objetiva, 2001.

LONGHI, M. T. *Mapeamento de aspectos afetivos em um ambiente virtual de aprendizagem.* 2011. Tese (Doutorado em Informática na Educação)-Centro Interdisciplinar de Novas Tecnologias na Educação, Universidade Federal do Rio Grande do Sul, Porto Alegre, 2011.

LONGHI, M. T. et al. Social interactions and emotional contagion in virtual learning environments: an interdisciplinary approach. In: EURO AMERICAN CONFERENCE ON TELEMATICS AND INFORMATION SYSTEMS, 8., 2016, Cartagena. *Proceedings...* Los Alamitos: IEEE, 2016.

MASTHOFF, J. Group recommender systems: combining individual models. In: RICCI, F. et al (Ed). *Recommender* Systems Handbook. Boston, MA: Springer, 2011. p. 677-702.

MEZZARI, A. et al. Estratégias para a detecção precoce de propensão à evasão. *Revista Iberoamericana de Educación a Distancia,* Madrid, v. 16, n. 2, p. 147-175, 2013.

MONTANGERO, J.; MAURICE-NAVILLE, D. *Piaget ou a inteligência em evolução.* Porto Alegre: Artmed,1998.

NASS, C. et al. Can computer personalities be human personalities? *International Journal of Human-Computer Studies,* v. 43, n. 2, p. 223-239, Aug. 1995.

NUNES, M. A. S. N. et al. Computação afetiva e sua influência na personalização de ambientes educacionais: gerando equipes compatíveis para uso em AVAs na EaD. In: MACHADO, G. J. C (Org.). *Educação e ciberespaço:* estudos, propostas e desafios. Aracaju: Virtus, 2010. p. 308-347.

PIAGET, J. *Estudos sociológicos.* Rio de Janeiro: Forense, 1973.

PIAGET, J. *Relações entre a afetividade e a inteligência no desenvolvimento mental da criança*. Rio de Janeiro: Wak, 2014.

PICARD, R. W. *Affective Computing*. Cambridge: MIT Press, 1997.

ROSAS, F. W. *Arquitetura Pedagógica para a construção e uso de instrumentos musicais digitais:* um olhar a partir dos aspectos sociafetivos. 2018. Tese (Doutorado em Informática na Educação) - Programa de Pós-Graduação em Informática na Educação, Universidade Federal do Rio Grande do Sul (UFRGS), Porto Alegre, 2018.

QUESTIONÁRIO de Música. 2018. Disponível em: <http://goo.gl/forms/SCj5mvq57H>. Acesso em: 10 jan. 2018.

REEDER, H. M. I like you...as a friend: the role of attraction in cross-sex friendship. *Journal of Social Psychology and Personal Relationships*, n. 17, n. 3, p. 329-348, 2000.

ROSENBERG, E. L. Levels of analysis and the organization of affect. *Review of General Psychology*, v. 2, n. 3, p. 247-270, 1998.

SANTOS, O. C.; BOTICARIO, J. G.; MANJARRÉS-RIESCO, A. An approach for an affective educational recommendation model. In: MANOUSELIS, N. et al. *Recommender system for technology enhanced learning:* research, trends and applications. New York: Springer, 2014. p. 123-143.

SCHERER, K. R. What are Emotions? And how can they be measured? *Social Science Information*, v..44, n. 4, p.4472-4477, 2005.

SOMMER, T; BACH, U.; RICHERT, A.; JESCHKE, S. A Web-based Recommendation System for Engineering Education e-Learning Systems. In: INTERNATIONAL CONFERENCE ON COMPUTER SUPPORTED EDUCATION (CSEDU 2014), 6., 2014, Barcelona. *Publicaciones...* Barcelona: Scitepress, p. 367-373.

SOMMER, T., et al. <The "*elearning-finder*">: an e-learning recommendation system for engineering education teachers. E-Learning excellence awards: an anthology of case histories. London: Academic Conferences and Publishing International Limited, 2016, p. 207–215.

UNIVERSIDADE FEDERAL DO RIO GRANDE DO SUL. *ROODA:* Rede Cooperativa de Aprendizagem. Porto Alegre, [2018]. Disponível em: <https://ead.ufrgs.br/rooda/>. Acesso em: 03 jan. 2018.

LEITURA COMPLEMENTAR

PIAGET, J. *A epistemologia genética*. São Paulo: Abril Cultural, 1978. (Os Pensadores).

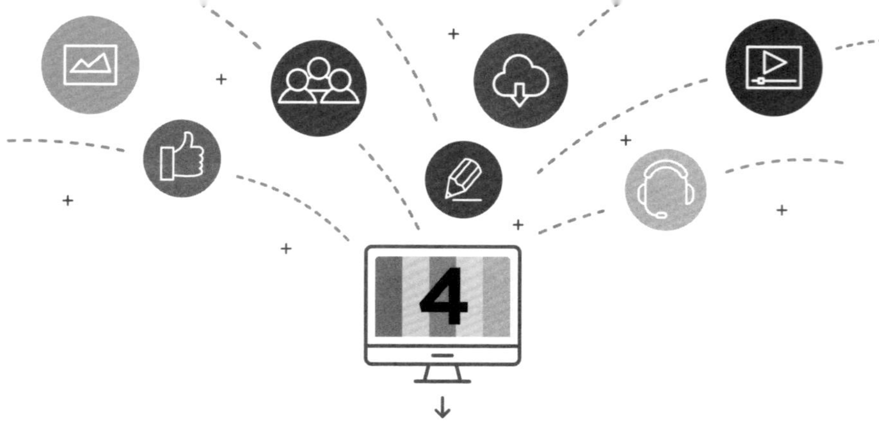

RECOMENDAÇÃO PEDAGÓGICA A PARTIR DOS ASPECTOS SOCIAIS

Patricia Alejandra Behar | Ana Carolina Ribeiro Ribeiro
Caroline Bohrer do Amaral | Cristina Alba Wildt Torrezzan
Fátima Weber Rosas | Gislaine Rossetti Ferreira
Leticia Rocha Machado | Magalí Teresinha Longhi

Este capítulo tem por objetivo analisar os aspectos sociais em ambientes virtuais de aprendizagem (AVAs) no intuito de debater sobre a recomendação pedagógica (RecPed) a partir das interações sociais. Para tanto, apresenta-se a funcionalidade denominada mapa social,[1] incorporada ao AVA Rede Cooperativa de Aprendizagem (ROODA).[2] O objetivo dessa ferramenta é identificar as relações sociais construídas no AVA pelo sujeito da educação a distância (EAD).[3] Com base nessa análise, o mapa social oferece a recomendação de estratégias pedagógicas (EPs), auxiliando o professor a compreender e aprimorar as interações na EAD. A partir dessas informações, o docente pode encontrar a oportunidade de identificar o perfil de cada aluno e/ou turma e planejar práticas pedagógicas focadas em suas necessidades. Demonstra-se, assim, uma importante ferramenta contra a evasão de alunos, pois possibilita a identificação precoce

---

[1] A funcionalidade mapa social faz parte do AVA ROODA (http://ead.ufrgs.br/rooda) e será apresentada com mais detalhes mais adiante neste capítulo.

[2] AVAs "[...] são espaços na internet quase sempre relacionados à organização de cursos e disciplinas, à administração de conteúdos de estudo e ao monitoramento de alunos para a educação a distância" (BEHAR et al., 2013).

[3] A expressão foi definida no Capítulo 1.

dos sujeitos menos envolvidos nas atividades e com a turma, sugerindo EPs que tenham potencial para reverter essa situação. A ferramenta ainda viabiliza a análise das interações sociais realizadas no AVA, o que permite verificar os mais colaborativos, os ausentes, os grupos informais criados e muitas outras opções. Esse acompanhamento permite ao professor um ensino personalizado a partir das características do aluno apontadas pelo mapa social.

Nesse contexto, as tecnologias digitais vinculadas ao AVA têm criado novas modalidades de comunicação no meio educacional, promovendo, assim, diferentes formas de interação e de vínculos sociais. O termo *interação* tem várias definições (GOFFMAN, 2013; PIAGET, 1973; VYGOTSKY, 1998). Este capítulo, por sua vez, adota a perspectiva piagetiana, que define a construção do indivíduo a partir de sua interação com o meio. Essas trocas iniciam no meio familiar e são significativamente ampliadas na escola, a qual tem como uma de suas funções preparar o sujeito para viver em sociedade. Desse modo, a educação está também intrinsecamente relacionada com a formação de cidadãos para a convivência social, ou seja, para além de seu papel de ensinar conhecimentos culturais e científicos.

A teoria piagetiana é considerada interacionista, pois compreende que o conhecimento é construído a partir da relação entre o sujeito e o meio, sendo o meio representado por um objeto ou outro sujeito. Piaget destaca, dessa forma, a importância da convivência com outros indivíduos para a construção do sujeito. Este, por sua vez, é aqui entendido como alguém que tem uma origem genética e que se constrói adaptando-se constantemente ao contexto em que vive (PIAGET, 1973).

Na sociedade atual, com o auxílio das tecnologias digitais, é possível observar uma valorização das relações sociais, facilitada por meio da utilização da internet. As trocas sociais constituem um fator importante a ser considerado pela educação. Nesse contexto, há inúmeros estudos que valorizam as trocas interpessoais na EAD.

Um exemplo dessas investigações é a elaboração de sistemas de recomendação (SRs),[4] que utilizam informações coletadas em redes sociais digitais. Nesse sentido, esses SRs oferecem recomendações baseadas na combinação social; na formação de grupos[5] (DWIVEDI; BHARADWAJ, 2015); e no contexto do usuário (PEREIRA et al., 2014a). Contudo, a maioria desses

[4] O conceito de SR foi apresentado no Capítulo 2.

[5] Esse tipo de recomendação é abordado no Capítulo 7.

sistemas é de caráter comercial, com o objetivo específico de, isoladamente, recomendar ações, materiais, recursos, etc.

A seguir, são destacados os principais estudos sobre SRs e interações sociais. Depois, em "Recomendação pedagógica: o sujeito social em ambiente virtual de aprendizagem", é apresentada a interlocução da RecPed e o sujeito social na perspectiva piagetiana, bem como as funções da ferramenta mapa social da Rede Cooperativa de Aprendizagem (ROODA) e suas possíveis aplicações educacionais.

SISTEMAS DE RECOMENDAÇÃO: UM FOCO NOS ASPECTOS SOCIAIS

Os estudos sobre os SRs que incorporam aspectos sociais estão fundamentos nas interações entre usuários estabelecidas em ambientes virtuais. A identificação desses aspectos permite delinear características do perfil, como: com quem se relaciona, seus possíveis grupos de afinidade e preferências de relacionamento. Os SRs são, geralmente, classificados em: recomendação a partir da combinação social, recomendação sensível ao contexto, recomendação de e para grupos e recomendação para redes sociais, conforme serão abordados a seguir.

Os **sistemas de combinação social** buscam, dentro de um determinado grupo, os indivíduos com os mesmos interesses, para encontrar pessoas com afinidades. O processo geral de combinação social se dá, primeiramente, pela identificação do grupo de indivíduos compatíveis com o sujeito-alvo. Em seguida, é realizada a identificação daqueles que têm interesses comuns de maneira explícita ou implícita.[6] Muitos atributos podem ser utilizados para essa identificação, tais como as necessidades avaliadas, os padrões geotemporais,[7] a personalidade e os interesses declarados (SILVA, 2009).

Conforme Terveen e Mcdonald (2005, p. 403, tradução nossa), os sistemas de combinação baseiam-se no: "[...] conhecimento das preferências das pessoas para identificar outras pessoas que elas podem achar interessantes". Um exemplo é o sistema #twintera!,[8] que é um modelo que reúne conceitos de combinação social e fundamentos de análise de rede social.

---

[6] A identificação de maneira explícita e implícita foi definida no Capítulo 2.

[7] Sobre o padrão geotemporal: "A captura da localização física de um objeto é feita com base na sua localização espacial, que é, por sua vez, expressa pelo sistema de coordenadas geográficas" (SILVA, 2012, p. 7).

[8] #twintera! é um modelo de combinação social usando a rede Twitter.

Nesse sistema, o princípio é recomendar pessoas em um *microblogging*, a partir de temas de maior identificação dos usuários (VRABL, 2011).

A **recomendação sensível ao contexto**, de forma geral, indica recursos ao usuário a partir do cenário em que ele se encontra (PEREIRA et al., 2014a). Para isso, não se limita a reconhecer apenas informações pessoais, como, por exemplo, a idade, os gostos pessoais, o nível de escolaridade e os temas de interesse. Existem também outras informações que podem ser contempladas, como: os aspectos afetivos (traços de personalidade e estados de ânimo), os aspectos temporais (quanto tempo dispõe para os estudos) e de infraestrutura (velocidade da internet, tipo de dispositivo para acesso aos recursos). Esses dados auxiliam o SR a sugerir, de forma mais precisa e pontual, materiais que correspondam às necessidades dos usuários. Desse modo, a recomendação sensível ao contexto em si não contempla fundamentalmente as trocas sociais. Porém, quando essas informações do cenário são retiradas da análise de redes sociais, ou utilizadas para recomendar grupos de estudo, ela se situa no âmbito das trocas sociais.

Um exemplo dessa aplicação é o sistema de recomendação baseado nas interações sociais (BROAD-RSI). Esse sistema utiliza informações do Facebook sobre o perfil do usuário, seus interesses e grupos de que participa, delineando, dessa forma, o contexto em que o indivíduo está inserido. A partir desse perfil, o SR indica objetos de aprendizagem (OAs) e conteúdos educacionais para os usuários (PEREIRA et al., 2014a).

Na **recomendação *de* e *para* grupos**,[9] o sistema pode indicar ao usuário outras pessoas ou materiais para o grupo já formado. Assim, no primeiro caso, são propostas recomendações de indivíduos para a formação de grupo a partir, por exemplo, dos estilos de aprendizagem e do nível de conhecimento dos alunos.

Devido à quantidade elevada de usuários nas redes sociais, tais como Facebook e LinkedIn, os **SRs para redes sociais** são basicamente utilizados para promover propagandas e divulgar serviços e produtos. Além do oferecimento de produtos, o Facebook também aborda a técnica por combinação social e de grupos, sugerindo, a partir de interesses em comum (seja por informações explícitas ou implícitas), pessoas para seu círculo de amizade.

A educação já vem há algum tempo utilizando as redes sociais e os SRs para fins pedagógicos. Muitas pesquisas utilizam as redes sociais para mapear o perfil dos sujeitos, a fim de identificar seus interesses. Com os dados coletados, é possível realizar recomendações de produtos e conteú-

[9] Essa temática será abordada no Capítulo 7.

dos de forma mais personalizada dentro da própria rede social (FRITZEN; SIQUEIRA; ANDRADE, 2012; DWIVEDI; BHARADWAJ, 2012).

Percebe-se uma carência de investigações sobre a combinação desses dois recursos (redes sociais e SRs), principalmente quanto ao processo de ensino e de aprendizagem no ambiente virtual. Cabe ressaltar que a interação, nesse contexto, é diferenciada, e muitos professores ainda não sabem como utilizar as tecnologias digitais para potencializar suas práticas pedagógicas. Portanto, visualiza-se que um sistema que apoie o professor a identificar e a compreender as interações na EAD teria potencial para contribuir para sua prática pedagógica.

Assim, entende-se que um SR para a educação tem de estar fundamentado em um modelo pedagógico. Portanto, uma arquitetura pedagógica (AP) pode servir de base, incluindo EPs[10] que permitam a mediação das interações sociais no ambiente virtual. São notórias as dificuldades encontradas por educadores em identificar e apoiar o percurso de alunos em AVA. Esse processo ainda é realizado manualmente, ou por meio de informações de relatórios quantitativos, os quais contribuem de forma limitada para o processo de avaliação. A RecPed, por sua vez, objetiva fornecer informações mais qualificadas, relacionadas com questões pedagógicas específicas de um curso e de seus participantes. Como exemplo, na próxima seção, apresenta-se a relação entre o sujeito, a EAD e as relações sociais estabelecidas em AVA.

RECOMENDAÇÃO PEDAGÓGICA: O SUJEITO SOCIAL EM AMBIENTE VIRTUAL DE APRENDIZAGEM

Nos últimos anos, a EAD utiliza a avaliação e a aplicação de diversas metodologias de ensino e de uso das tecnologias digitais. Sabe-se que a evolução tecnológica tem influenciado diretamente as APs e, consequentemente, suas estratégias, o que propicia investigações com o objetivo de aperfeiçoar cada vez mais os processos de ensino e de aprendizagem.

A maioria dos dados registrados em AVA é organizada na forma de relatórios de acesso, relatórios de desempenho, relatórios de notas, registro de interações, etc., e utilizada, em muitos casos, como instrumento de monitoramento e controle pelos professores e tutores. Infelizmente, esses dados não são usados como meios para inovar suas práticas de modo a incentivar uma maior participação do aluno no ambiente virtual. Além de servir como

[10] As definições de AP e EP são abordadas no Capítulo 1.

uma ferramenta para apoiar aulas presenciais e a distância, os AVAs estão se apresentando como espaços capazes de possibilitar, além do simples acompanhamento de informações cadastrais e de acesso, a identificação do perfil e das preferências de seus usuários. O professor, ao ter esse conhecimento, pode construir suas práticas pedagógicas na EAD de forma mais próxima às necessidades dos alunos.

Nessa perspectiva, estão sendo desenvolvidas investigações sobre EPs que podem propiciar a reciprocidade entre participantes de um AVA, por meio de suas interações (FERREIRA; BEHAR; ROSAS, 2015). O indivíduo toma consciência e aprende não somente por processos afetivos e cognitivos internos (esfera ou dimensão intrapessoal), mas especialmente pelas demandas provocadas por suas relações sociais. Ou seja, não constrói conhecimento apenas por intermédio de seu aparato biológico, mas também pelas interações que estabelece em seu meio (PIAGET, 1973). Nesse sentido, torna-se significativo aprofundar os conceitos de interação e *sujeito social*, bem como a possível relação com a RecPed.

A definição do perfil do sujeito da EAD (individual ou coletivo)[11] é significativa para compreender a relação da educação com os SRs apoiados nas interações sociais, principalmente na modalidade de EAD, já que esse conceito está relacionado com o de sujeito social. Nesta obra, entende-se que o "sujeito social compreende a interiorização dos hábitos, das regras e dos interditos sociais. As regras abrangem tudo o que organiza as maneiras de fazer, ser e pensar" (BEHAR et al., 2013, p. 31) do indivíduo (no caso, o sujeito da EAD). Acredita-se que a interação modifica e constitui o sujeito da EAD, portanto, "pode-se pensar num diálogo constante do sujeito com o mundo e com sua própria subjetividade, que se transforma por causa mesmo desse diálogo" (SANCHIS; MAHFOUD, 2007, p. 172).

Nessa concepção, o processo de conhecimento de si, dos outros e do mundo é constante. Macedo (2005, p. 80), fundamentado em Piaget, diz que "a interação se caracteriza por trocas que podem gerar, por sua própria realização, uma tensão, uma perturbação". As inquietações podem emergir de uma necessidade interna ou da realidade externa, como de um problema a se resolver ou de uma concepção diversa sobre um assunto expressa por outro sujeito. Na perspectiva interacionista, esse desequilíbrio suscita a construção de novos conhecimentos.

Esse pressuposto de construção do conhecimento por meio da interação social traz para o contexto educacional a necessidade de se viabilizar

[11] A definição do sujeito da EAD, tanto individual como coletivo, foi abordada no Capítulo 1.

diferentes possibilidades de interação. Uma estratégia pedagógica em que apenas o professor detém o saber e em que o aluno não tem oportunidade de questionar e de estabelecer trocas dificulta a compreensão de novos conhecimentos.

Os ambientes virtuais possuem ferramentas que possibilitam diferentes formas de comunicação entre os atores da EAD. Os docentes, por sua vez, podem potencializar a interação entre os sujeitos aprendizes por meio de estratégias de uso das ferramentas comunicacionais em suas práticas. Assim, as concepções docentes de ensino e de aprendizagem e a importância dada às trocas configuram cada curso ou disciplina realizado em AVA.

Nessa perspectiva, a compreensão de como se desenvolvem as interações sociais em um AVA permite contribuir para a construção e a aplicação de práticas pedagógicas adequadas ao perfil social do aluno. Especificamente na EAD, em que a individuação é dificultada pela quantidade de alunos em um curso, a identificação dos modos de interação no ambiente apresenta-se como um relevante fator de referência para a RecPed.

A próxima seção apresenta a funcionalidade mapa social, implementada no AVA ROODA da Universidade Federal do Rio Grande do Sul (UFRGS), como um recurso para analisar as interações sociais que ocorrem no ambiente e, a partir delas, sugerir recomendações de EPs aos professores.

O MAPA SOCIAL E A RECOMENDAÇÃO PEDAGÓGICA

O mapa social, uma das funcionalidades do ROODA, tem por objetivo apresentar as relações que se formam no ambiente, a partir da exibição de sociogramas,[12] em que é possível observar as relações sociais estabelecidas no AVA. Para tanto, a referida ferramenta obtém dados de funcionalidades de comunicação assíncrona e síncrona: fórum, contatos, bate-papo e A2, além dos comentários inseridos em arquivos postados no webfólio e na biblioteca[13] para definir indicadores de interação social.

[12] Sociogramas são representações gráficas das interações sociais de um determinado grupo.

[13] Fórum: ferramenta de interação assíncrona que permite interações entre alunos-alunos, alunos-professores e alunos-tutores de um determinado grupo. Contatos: ferramenta de comunicação assíncrona que possui recursos similares com um *e-mail*. Bate-papo e A2: recurso síncrono de comunicação que permite interação instantânea. Webfólio: ferramenta destinada para postagem de arquivos e/ou *links*. Biblioteca: funcionalidade destinada para postagem de materiais relacionados com a aula, tendo a possibilidade de avaliação pelos alunos. O webfólio e a biblioteca possibilitam também a postagem de comentários nos materiais.

Para gerar sociogramas, o professor, conforme sua prática pedagógica, define as funcionalidades e os membros dos quais pretende obter dados (Fig. 4.1).

O docente pode escolher o período de análise que deseja para que o mapa social apresente as interações, conforme a área A. Na área B, seleciona aquela cuja visualização mais agrada por tipo de usuário (monitor/tutor, professor e aluno).[14] Nos níveis de relevância, visível na área C, existe a possibilidade de qualificar, em um intervalo, de "nada importante" a "extremamente importante", a importância de cada funcionalidade para a análise. Esses níveis irão interferir diretamente na apresentação das interações do sociograma.[15] Por último, segundo a área D, o professor escolhe os alunos ou grupos que farão

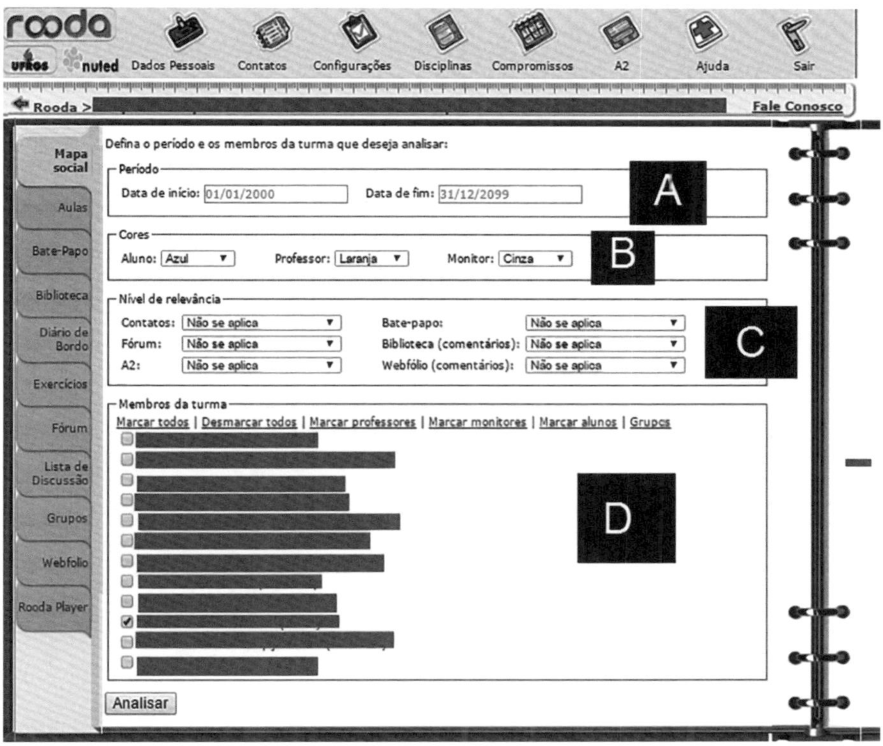

Figura 4.1 Configurações do mapa social.
Fonte: UFRGS ([2018]).

[14] As cores-padrão são: laranja, representando professores; lilás, para alunos, e cinza, denotando os monitores (ou tutores).

[15] Caso uma funcionalidade não tenha sido utilizada durante a aula, o professor pode escolher a opção "Não se aplica", para que esta não seja considerada.

parte do sociograma a ser gerado pelo mapa social. A Figura 4.2 ilustra um sociograma resultante a partir das configurações realizadas.

O mapa social foi validado em quatro cursos de extensão, sendo um para a educação básica (curso presencial para 27 alunos do ensino médio), um para o ensino superior (curso a distância para 40 alunos) e dois para a educação permanente de idosos (semipresencial para 40 alunos e a distância para 15 alunos). Também foi utilizado esse recurso em cinco disciplinas de graduação da Faculdade de Educação da UFRGS (semipresencial com 30 alunos e a distância com 10 alunos).

A partir da implementação do mapa social e sua aplicação nos cursos e disciplinas mencionados anteriormente, surgiram questionamentos em relação ao propósito educacional: o que o professor pode fazer a partir dos dados apresentados pelo mapa social? Qual seria sua possível contribuição para as práticas pedagógicas?

Tendo em vista esses questionamentos, foram examinados diferentes mapas sociais gerados durante aulas de graduação e cursos de extensão, com o intuito de analisar sua aplicação pedagógica. A partir das intera-

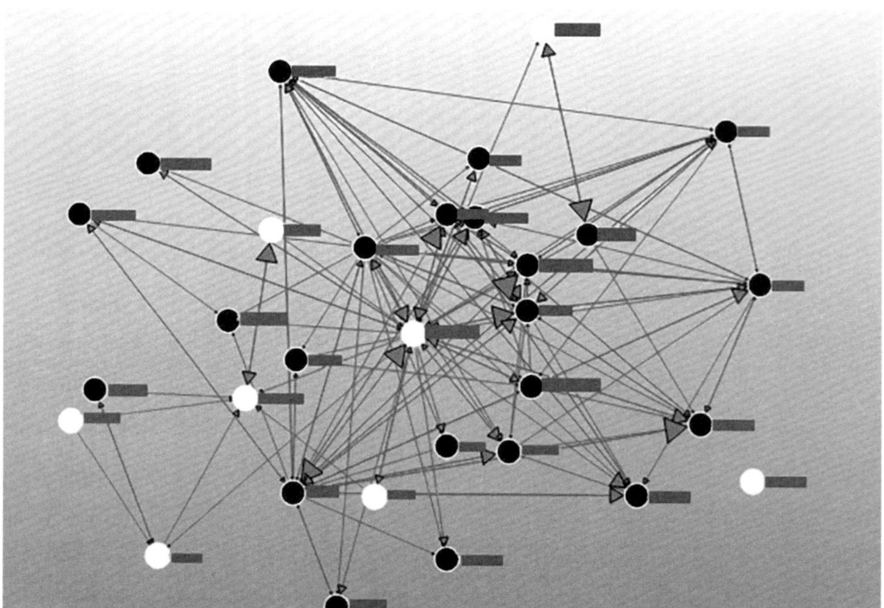

Figura 4.2 Exemplo de sociograma do mapa social. Os nodos em branco representam professores e em preto, os alunos.
Fonte: UFRGS ([2018]).

ções sociais observadas, identificaram-se diferentes perfis de usuários do ambiente virtual utilizado, sendo possível distinguir *indicadores de interação social.*[16] Desse modo, os indicadores foram construídos com base nos dados dos sociogramas, assim como o referencial teórico em Jean Piaget e em Jacob Moreno (PIAGET, 1973; 2014; MORENO, 1994).

Com o estudo, integraram-se os indicadores ao mapa social, com o objetivo de contribuir para identificação de perfis sociais dos alunos. Dessa forma, acredita-se que o professor possa avaliar e (re)adequar suas EPs para potencializar as interações sociais no AVA.

Inicialmente, foram implementados seis indicadores de interação social, com base na análise dos mapas dos cursos e das disciplinas no qual o mapa foi implementado:

1. **Colaboração:** indica o quanto o sujeito contribui com a troca de ideias e também por meio da postagem de materiais na turma.
2. **Grupos informais:** apresenta as trocas constantes estabelecidas entre três ou mais sujeitos por meio das funcionalidades do ROODA, constituindo um agrupamento.
3. **Popularidade:** indica quais sujeitos se destacam, por manter uma frequência maior de interações do que o restante dos participantes da turma.
4. **Distanciamento social:** indica o sujeito que entra em contato com os colegas e não recebe retorno.
5. **Ausência:** refere-se ao sujeito que entra no ambiente e não retorna as solicitações de contato da turma.
6. **Evasão:** aponta o sujeito que não realiza as atividades do curso e não estabelece trocas.

Cabe destacar que podem existir outros indicadores de interação social. Por esse motivo, é necessária a realização de novas investigações sobre as interações sociais, a fim de aprofundar essa análise. A identificação de indicadores contribui para diferentes modelos pedagógicos, já que as informações obtidas podem ser utilizadas de acordo com a necessidade educacional. Observa-se que o mapa social, com seu conjunto de indicadores de análise, pode auxiliar o professor em suas práticas pedagógicas,

[16] Os indicadores de interação social foram construídos por uma equipe pedagógica composta por pesquisadores do Núcleo de Tecnologia Digital Aplicada à Educação (NUTED/UFRGS) a partir de análises das interações sociais de alunos de graduação, pós-graduação e cursos de extensão que utilizam como suporte um AVA. Com base nessas análises, foi possível apontar determinadas características comuns nas trocas sociais realizadas no ambiente.

principalmente quando vinculadas a um SR, com a finalidade de indicar estratégias e/ou materiais aos usuários.

Dessa maneira, este estudo contempla a RecPed por entender que a indicação de EPs e/ou materiais educacionais se constitui como uma alternativa para aprimorar o trabalho pedagógico em um AVA. Nesse sentido, vinculou-se ao mapa social um SR que apresenta EPs a partir dos indicadores de interação social.

O mapa social demonstra a interação em uma turma ou grupo, possibilitando a identificação dos sujeitos da EAD envolvidos nas trocas, bem como a intensidade das relações estabelecidas. A RecPed ocorre no momento em que são apontadas possíveis estratégias na própria funcionalidade mapa social, conforme o fluxograma da Figura 4.3.

A Figura 4.3 apresenta o fluxograma de funcionamento do mapa social. Nele é possível verificar que, a partir das interações realizadas no AVA pelo sujeito EAD individual ou coletivo (bem como seus interesses e necessidade), o mapa social analisa as interações e as apresenta em forma de sociogramas. Com base nos indicadores de interação social, são apresentadas EPs personalizadas de acordo com o perfil do sujeito EAD. Essas estratégias são sugestões que o professor pode implementar em suas práticas pedagógicas no intuito de maximizar as interações sociais no AVA.

Dessa forma, a ferramenta pode apoiar o professor a criar e aplicar EPs que possam contribuir para potencializar as interações e a desenvolver os

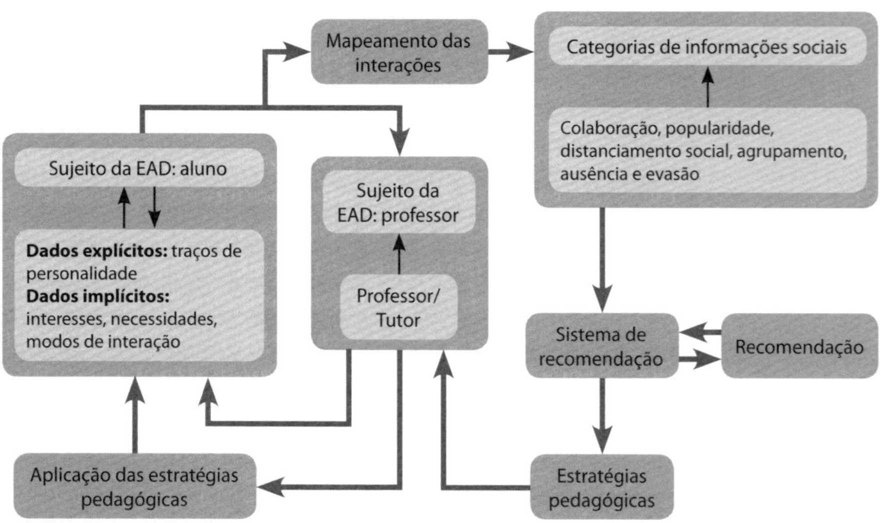

Figura 4.3 Fluxograma da RecPed a partir do mapa social.

processos de ensino e de aprendizagem otimizando os recursos do AVA. Nesse contexto, essas estratégias são apresentadas pelo SR no sentido de propiciar o aproveitamento das funcionalidades de comunicação e interação do ambiente ROODA, tais como fórum, contatos, bate-papo e A2.

Como mencionado, as EPs estão associadas a cada indicador de interação social. Assim, ao identificar alunos no indicador "ausência" no mapa social, por exemplo, serão apresentadas estratégias que possam auxiliar na reintegração dos sujeitos à turma por meio de funcionalidades interativas do AVA e/ou de uma metodologia que favoreça a participação. No Quadro 4.1 são apresentados alguns exemplos de EPs que podem ser recomendadas a partir das informações apontadas pelo mapa social.

QUADRO 4.1 Exemplos de estratégias pedagógicas para os indicadores de interação social do mapa social

Indicadores de interação social	Exemplos de recomendação de estratégias pedagógicas
Colaboração	As contribuições de um aluno por meio da disponibilização de referências ou do compartilhamento de materiais como vídeos e *links* podem ser aproveitadas pelo professor para incentivar práticas semelhantes pelos colegas. Recomenda-se a valorização da atitude do aluno, respondendo a sua postagem e incentivando a turma a também buscar outros materiais interessantes para a discussão. Atividades que proporcionam a criação e a interação abrem espaço para o aluno compartilhar.
Grupos informais	Atividades que propiciam o compartilhamento de produções e a inclusão de comentários construtivos pelos alunos podem contribuir para diversificar as trocas. O professor pode escolher, de forma aleatória, duplas para realizarem uma avaliação mútua de seus trabalhos.
Distanciamento social	Proporcionar a realização de trabalhos em grupos pode contribuir para a integração entre os alunos. Sua organização pode ocorrer de forma espontânea pela turma ou aleatória. Essa última forma de organização é recomendada para promover a inclusão de todos os alunos nos grupos.
Ausência	O fórum é um recurso pedagógico muito interessante para propiciar a integração. Pode-se propor em seu enunciado a necessidade de argumentação com, no mínimo, um colega. A dinâmica requer alimentação contínua e lançamentos de desafios pelo professor, visando à evolução do debate e novas participações.
Popularidade	O uso da funcionalidade fórum pode ser uma ótima alternativa para instigar o aluno considerado como mais popular da turma a aproximar o restante dos colegas ao professor e/ou ao tutor.
Evasão	O uso de funcionalidades de comunicação como troca de mensagens e fórum pode ser uma possibilidade de resgatar esse aluno que não está presente nas interações sociais no AVA. É importante que o professor e/ou tutor acompanhe de perto esse aluno, procurando conhecer suas possíveis dificuldades.

A partir das recomendações pedagógicas, com base nas interações sociais extraídas dos sociogramas gerados pelo mapa social, o professor pode avaliar suas EPs. Após a análise, e se o professor entender que é conveniente, ele pode reformulá-las, a fim de atender às necessidades individuais ou do grupo no processo de construção do conhecimento. Portanto, o docente encontra possibilidades de, a partir desse recurso, realizar as seguintes ações:

- visualizar as interações sociais realizadas pelos alunos e tutores em um AVA;
- analisar os diferentes tipos de perfis de alunos existentes em um determinado contexto;
- reavaliar as EPs adotadas no decorrer do processo de ensino, considerando os diferentes perfis de alunos virtuais;
- aplicar novas EPs indicadas pela RecPed no intuito de promover a aprendizagem a partir de interações sociais no AVA.

Assim, esse estudo envolve não somente informações sociais, mas também apresenta um SR pedagógica capaz de sugerir, além de conteúdo, EPs relacionadas com o sujeito social, de modo a auxiliar o professor em sua atuação em sala de aula. Essa é uma das formas de o docente conhecer os alunos, permitindo a adequação de atividades e a recomendação de acordo com as particularidades de cada aluno ou grupo. Outro benefício do mapa social seria o acompanhamento de possíveis alunos propensos a desistir de cursos virtuais. A evasão é um dos principais problemas da modalidade EAD, já que muitos alunos iniciam aulas virtuais com a perspectiva de que estas serão mais fáceis, por não ter a necessidade de estar presente em determinado tempo e espaço. No entanto, muitos alunos acabam desistindo no decorrer do curso por se desmotivarem ou perderem o interesse, já que requer mais esforço, dedicação e organização. Assim, essa funcionalidade, agregada a um SR, pode auxiliar o professor a identificar os alunos com risco de evasão, além de apresentar possíveis ações, em forma de EPs, para auxiliar a integração social do aluno. Portanto, entende-se que a RecPed e o mapa social são ferramentas que podem qualificar a prática docente no espaço virtual.

CONSIDERAÇÕES FINAIS

Este capítulo discutiu sobre SRs a partir dos aspectos sociais. Também foi apresentada a funcionalidade mapa social do AVA ROODA como meio para a coleta de dados sociais para o aperfeiçoamento da RecPed.

Em termos sociais, os professores precisam estar preparados para mediar conflitos e incentivar cenários propícios à construção do conhecimento, instigando a reflexão, o questionamento, a socialização e a interação. Existem muitos recursos e ferramentas que podem ser utilizados de forma a contribuir com a EAD, como é o caso dos SRs. Por isso, é preciso uma investigação e discussão sobre como mapear as trocas sociais que acontecem em um AVA para construir propostas pedagógicas que possam ser vinculadas em SRs pedagógica.

Dessa forma, ao incluir um SR pedagógica em um AVA que dispõe de ferramentas como as de inferência de aspectos sociais, viabiliza-se que novas estratégias sejam planejadas. Portanto, o mapa social é uma funcionalidade que pode ser incluída nos aspectos tecnológicos da AP, conforme a definição da RecPed introduzida no Capítulo 1.

A exemplo do mapa social, incorporado ao ROODA, os professores têm a possibilidade de visualizar graficamente as interações de cada participante no ambiente virtual, analisar as relações que se formaram, receber sugestões de novas ações e agregar essas informações a seu processo de avaliação. Estas podem qualificar a personalização dos processos de ensino e de aprendizagem. Assim, é possível recomendar EPs que permitam ao professor, a partir de determinados indicadores de interação social, avaliar sua metodologia. Assim, será possível adotar novas abordagens que potencializem cada vez mais a aprendizagem do aluno. Portanto, a expectativa é de que a recomendação pedagógica traga diferentes benefícios para o ensino EAD, entre eles a diminuição da evasão de alunos em cursos virtuais.

Nesse contexto, verifica-se um cenário de possibilidades relacionadas com as práticas e as formas de contribuições da tecnologia na qualificação da EAD. A RecPed, a partir de aspectos sociais, é uma forma, em potencial, de enriquecer os processos de ensino e de aprendizagem quando a construção de conhecimento e as trocas entre os sujeitos são tomadas como premissas fundamentais à educação.

REFERÊNCIAS

BEHAR, P. A. et al. Competências: conceito, elementos e recursos de suporte, mobilização e evolução. In: BEHAR, P. A (Org.). *Competências em educação a distância*. Porto Alegre: Penso, 2013.

DWIVEDI, P.; BHARADWAJ, K. K. E-learning recommender system for a group of learners based on the unified learner profile approach. *Expert Systems*, New York, v. 32, n. 2, p. 264-276, 2015.

DWIVEDI, P.; BHARADWAJ, K. K. E-learning recommender system for learners in online social networks through association retrieval. In: CUBE INTERNATIONAL INFORMATION TECHNOLOGY CONFERENCE, 12., 2012, Pune. *Proceedings*... New York: ACM, 2012.

FERREIRA, G. R. M.; BEHAR, P. A., ROSAS, F. W. Trabalho em grupo na educação a distância: um foco na organização das relações e estrutura social. *RENOTE. Revista Novas Tecnologias na Educação*, Porto Alegre, v. 13, n. 1, 2015.

FRITZEN, E.; SIQUEIRA, S. W. M.; ANDRADE, L. C. V. Recuperação contextual de informação na web para apoiar aprendizagem colaborativa em redes sociais. In: SIMPÓSIO BRASILEIRO DE INFORMÁTICA NA EDUCAÇÃO, 23., 2012, Rio de Janeiro. *Anais*... Porto Alegre: SBC, 2012.

GOFFMAN, E. *A representação do eu na vida cotidiana*. 19. ed. Petrópolis, RJ: Vozes, 2013.

MACEDO, L. *Ensaios pedagógicos:* como construir uma escola para todos? Porto Alegre: Artmed, 2005.

MORENO, J. L. *Quem sobreviverá?* Goiânia: Dimensão, 1994.

PEREIRA, C. K. et al. Elementos de contexto em sistemas de recomendação no domínio educacional: um mapeamento sistemático. In: CONFERÊNCIA INTERNACIONAL SOBRE INFORMÁTICA NA EUCAÇÃO, 19., 2014, Fortaleza. *Nuevas Ideas en Informática Educativa*... Fortaleza: UFC, 2014a. Disponível em: http://www.tise.cl/volumen10/TISE2014/tise2014_submission_57.pdf. Acesso em 15 dezembro 2017.

PEREIRA, C. K. et al. Extração de Características de Perfil e de Contexto em Redes Sociais para Recomendação de Recursos Educacionais. In: SIMPÓSIO BRASILEIRO DE INFORMÁTICA NA EDUCAÇÃO, 25., 2014, Dourados. *Anais*... Porto Alegre: SBC, 2014b. Disponível em: <http://www.br-ie.org/pub/index.php/sbie/article/view/2979/2712>. Acesso em: 15 dez. 2017.

PIAGET, J. *Biologia e conhecimento:* ensaio sobre as relações entre as regulações orgânicas e os processos cognoscitivos. Petrópolis, RJ: Vozes, 1973.

PIAGET, J. *Relações entre a afetividade e a inteligência no desenvolvimento mental da criança*. Rio de Janeiro: Wak, 2014.

SANCHIS, I. P.; MAHFOUD, M. Interação e construção: o sujeito e o conhecimento no construtivismo de Piaget. *Ciências & Cognição*, Rio de Janeiro, v. 12, p. 165-177, 2007.

SILVA, F. E. O. *Uma abordagem de combinação social para apoiar a formação de equipes*. 2009. Dissertação (Mestrado em Informática)-Universidade Federal do Rio de Janeiro, Rio de Janeiro, 2009.

SILVA, T. *Data mining de dados geo-temporais para suporte à mobilidade*. 2012. Dissertação (Mestrado Integrado e Engenharia Informática e Computação)-Faculdade de Engenharia, Universidade do Porto, Porto, 2012.

TERVEEN, L.; MCDONALD, D. W. Social matching: a framework and research agenda. *ACM Transactions on Computer Human Interaction*, v.12, n.3, p. 401-434, 2005.

UNIVERSIDADE FEDERAL DO RIO GRANDE DO SUL. *ROODA:* Rede Cooperativa de Aprendizagem. Porto Alegre, [2018]. Disponível em: <https://ead.ufrgs.br/rooda/>. Acesso em: 03 jan. 2018.

VRABL, S. D. P. *#Twintera!:* Um modelo de combinação social usando microblogging. 2011. Dissertação (Mestrado em Informática)-Universidade Federal do Rio de Janeiro, Rio de Janeiro, 2011. Disponível em: <http://www.nce.ufrj.br/ginape/publicacoes/dissertacoes/d_2011/d_2011_samantha_dolabela_pereira_vrabl.pdf>. Acesso em: 15 dez. 2017.

VYGOTSKY, L. S. *A formação social da mente:* o desenvolvimento dos processos psicológicos superiores. São Paulo: Martins Fontes, 1998.

LEITURAS COMPLEMENTARES

BARCELLOS, C. D. et al. Sistema de recomendação acadêmico para apoio a aprendizagem. *RENOTE. Revista Novas Tecnologias na Educação,* Porto Alegre, v. 5, n. 2, 2007.

DELVAL, J. Aprender investigando. In: BECKER, F.; MARQUES, T. B. I. (Org.). Ser professor é ser pesquisador. Porto Alegre: Mediação, 2010.

LITTO, F. M.; FORMIGA, M. *Educação a distância:* o estado da arte. São Paulo: Pearson Education do Brasil, 2009. 2 v.

LONGHI, M. T. *Mapeamento de aspectos afetivos em um ambiente virtual de aprendizagem.* 2011. 272 f. Tese (Doutorado em Informática na Educação) - Centro Interdisciplinar de Novas Tecnologias na Educação, Universidade Federal do Rio Grande do Sul, Porto Alegre, 2011.

MAURI, T.; ONRUBIA, J. O professor em ambientes virtuais: perfil condições e competências. In: COLL, C.; MONEREO, C. *Psicologia da educação virtual:* aprender e ensinar com as tecnologias da informação e da comunicação. Porto Alegre: Artmed, 2010. cap. 5, p. 118-135.

MOORE, M.; KEARSLEY, G. *Educação a distância:* uma visão integrada. São Paulo: Cengage Learning, 2007.

MORENO, J. L. *Fundamentos de la sociometria.* Buenos Aires: Paidós, 1962.

PIAGET, J. *O nascimento da inteligência na criança.* 2. ed. Rio de Janeiro: Zahar, 1975.

PIAGET, J. *Seis estudos de psicologia.* Lisboa: Dom Quixote, 1977.

PINHEIRO, M. F. et al. Identificação de grupos de alunos em ambiente virtual de aprendizagem: uma estratégia de análise de log baseada em clusterização. In: CONGRESSO BRASILEIRO DE INFORMÁTICA NA EDUCAÇÃO, 3., 2014, Dourados. *Anais...* Porto Alegre: SBC, 2014. Disponível em: <http://www.br-ie.org/pub/index.php/wcbie/article/view/3282/2820>. Acesso em: 03 jan. 2018.

5

RECOMENDAÇÃO DE OBJETOS DE APRENDIZAGEM BASEADA EM COMPETÊNCIAS

Patricia Alejandra Behar | Cristina Alba Wildt Torrezzan
Daisy Schneider | Ketia Kellen Araújo da Silva

A recomendação pedagógica em educação a distância (RecPed-EAD), conforme abordado no Capítulo 1, caracteriza-se por indicar um ou mais elementos de uma arquitetura pedagógica (AP), quais sejam, organizacionais, conteudinais, tecnológicos e/ou metodológicos, além de estratégias de aplicação, de acordo com o perfil do sujeito da EAD (individual e/ou coletivo). Este capítulo aborda a recomendação com foco no *conteúdo* da AP, o qual é apresentado, nesse caso, em forma de objetos de aprendizagem (OAs).

Os OAs são compreendidos como recursos educacionais digitais que podem ser desde um hipertexto, uma animação, um vídeo, um jogo ou a combinação desses. Seu objetivo é educacional, ressaltando a preferência por aqueles que integram múltiplas mídias, favorecendo a dinamicidade das ações e a interatividade dos alunos com várias linguagens.

Esses materiais podem apoiar a construção e o refinamento de competências, as quais são compostas por conhecimentos (saber), habilidades (saber fazer) e atitudes (saber ser ou conviver), elementos sintetizados por meio da sigla CHA (BEHAR, 2013). Esse processo de construção ocorre por meio de recursos e desafios que podem ser incorporados nas práticas pedagógicas dos professores ou explorados de modo autônomo, como, por exemplo, a resolução de situações-problema. O estudante pode ter a oportunidade de realizar reflexões, efetuar simulações de técnicas e procedimentos, entre outras ações que possibilitam a construção das competências, em um aspecto geral ou em cada um dos elementos de seus CHAs.

Nesse sentido, entende-se a concepção da educação por competências como uma forma de colaborar com a formação integral do sujeito. Ela busca a integração do saber teórico, procedimental e atitudinal diante da necessidade de superação de problemas, de enfrentamento de imprevistos, bem como de criação de proposições e novidades. Logo, quanto mais facilmente o aluno conseguir visualizar uma relação dos conceitos estudados em sala de aula com suas atividades cotidianas e/ou profissionais, maior será a probabilidade de motivação em seus estudos.

Outros tipos de materiais educacionais, até mesmo analógicos, também são capazes de abordar o desenvolvimento de competências. No entanto, o caráter digital dos OAs favorece a ultrapassagem do limite físico e temporal da sala de aula, além de praticamente poder simular a realização de práticas que seriam muito custosas ou perigosas na realidade.

Desse modo, o número de OAs disponibilizados na *web* vem aumentando cada vez mais, de forma que alunos e professores acabam despendendo um tempo significativo para selecionar, analisar e identificar aqueles que realmente podem auxiliar seus estudos. A partir desse contexto, surgiram os sistemas de recomendação educacionais (SREs), ferramentas que visam a sugerir recursos educacionais aos usuários de acordo com as necessidades identificadas em seu perfil.

A RecPed, por sua vez, mostra-se efetiva quando "é [...] capaz de aprimorar a experiência de aprendizagem dos alunos para os quais ela foi direcionada" (PAIVA; BITTENCOURT; SILVA, 2013, p. 3). Assim, aliada aos SREs, pode oferecer uma contribuição importante para o processo de aprendizagem dos alunos e, paralelamente, também dos professores que os orientam. Com isso, atua na perspectiva de uma formação mais personalizada, o que pode potencializar as possibilidades de aprendizagens e de desenvolvimento dos usuários.

Diante desse cenário, foi elaborado um sistema alcunhado Recomendador de objetos de aprendizagem baseado em competências (RecOAComp).[1] Nele, os OAs são filtrados conforme o perfil do usuário, e as competências, abordadas por uma determinada atividade de ensino. Seu objetivo é apoiar a (re)construção de competências dos alunos. Dessa forma, este

[1] O sistema RecOAComp começou a ser elaborado em 2011 pelo grupo de pesquisa Núcleo de Tecnologia Digital Aplicada à Educação da Universidade Federal do Rio Grande do Sul (NUTED/UFRGS). Desde então, vem sendo aprimorado por meio da implementação de novas funcionalidades. Está disponível em www.recomendadorcomp.ufrgs.br. Seu processo de construção e avaliação será exposto mais adiante neste capítulo.

capítulo aborda o processo de desenvolvimento do RecOAComp e sua relação com a RecPed.

Portanto, na próxima seção, são comentados os principais conceitos envolvidos. Após, são apresentados o sistema e suas aplicações.

A CONSTRUÇÃO DE COMPETÊNCIAS APOIADA PELA RECOMENDAÇÃO DE OBJETOS DE APRENDIZAGEM

O RecOAComp encontra-se fundamentado em três pilares: os OAs, os SRs e as competências.

Os OAs, como já mencionado, são conteúdos digitais em formato de vídeos, animações, *sites*, entre outros, voltados para a utilização em processos educacionais formais ou não formais. Segundo Braga (2014, p. 21), são componentes ou unidades digitais, catalogados e disponibilizados em repositórios na internet para serem utilizados no ensino.

O foco empregado na elaboração e no uso dos objetos visa a práticas mais instigantes, lúdicas e dinâmicas com o suporte desses materiais digitais. Nesse sentido, mostram-se capazes de ser aliados na aplicação de estratégias pedagógicas (EPs) como, por exemplo, a simulação de eventos ou cenários; a realização de estudos de caso; ou, simplesmente, a complementação da prática pedagógica com materiais de apoio, abarcando diferentes estilos de aprendizagem. Logo, contribui para a organização do planejamento pedagógico do docente, que pode ampliar a abordagem de conteúdos e atividades com o apoio das tecnologias digitais. Ademais, os OAs têm condições de propiciar a investigação e a testagem de um determinado conteúdo por meio dos desafios e das dinâmicas abordadas, sem a preocupação quanto aos limites físicos da sala de aula.

Dessa forma, é possível encontrar na *web* um grande número de OAs e, ao buscar esses materiais, tem-se uma sobrecarga de dados e opções, as quais, por vezes, não coincidem com as necessidades do usuário, ou se gasta muito tempo para alcançá-las.

Por esse motivo, foram criados os chamados repositórios de OAs,[2] com a finalidade de organizar esses materiais em um espaço comum. Esses recursos comportam a indexação dos OAs pelo preenchimento de metadados, ou seja, um conjunto de informações que caracterizam cada um deles. Dessa maneira, a intenção dos desenvolvedores é disponibilizar uma ferramenta

[2] São exemplos de repositórios brasileiros de OAs: o Banco Internacional de Objetos Educacionais (http://objetoseducacionais2.mec.gov.br); o Portal EduCapes (www.educapes.capes.gov.br); o Simulações PhET (https://phet.colorado.edu/pt_BR/simulations/category/new>), entre outros.

que facilite encontrar materiais por meio do uso dos filtros de busca, empregando um esforço menor e ganhando maior agilidade.

Contudo, como os repositórios utilizam apenas uma filtragem por metadados, o usuário ainda se depara com uma grande quantidade de materiais, muitas vezes irrelevantes a suas reais necessidades de professor ou de aluno. Ao verificar tal lacuna, o uso educacional de SRs tornou-se um forte aliado a essa questão, conforme abordado nesta obra.

De tal modo, à medida que o indivíduo utiliza o recurso, ele vai "ensinando" o sistema acerca de seus interesses e suas necessidades. Assim, a utilização do SR e a avaliação dos conteúdos sugeridos tornam-se importantes para depurar a recomendação, resultando em indicações cada vez mais sincronizadas com as necessidades e o perfil do sujeito. Consequentemente, os SRs e suas capacidades de filtragem tornam mais eficientes esse processo de indicação de materiais por meio da personalização, fator apontado como tendência para a educação do século XXI.

O terceiro pilar que embasa o RecOAComp refere-se às competências. No cenário atual, constatam-se uma retomada e um crescimento na utilização desse termo em documentos governamentais, como também de recomendação para a educação. Por consequência, tem sido crescente o número de pesquisas nessa área, assim como a inserção das competências em projetos político-pedagógicos e planos de ensino. Elas ocorrem como uma concepção capaz de apoiar a formação integral do sujeito e acompanhar as aspirações do novo século, cujas mudanças são rápidas e constantes.

O conceito de competências pode ser descrito a partir de distintas perspectivas. O RecOAComp adota a definição utilizada em Behar (2013), que considera as competências constituídas pelos elementos do CHA, com o suporte biofisiológico do sujeito, tendo a afetividade e a criatividade como mecanismos de sua mobilização e de sua evolução. O embasamento teórico situa-se, principalmente, na epistemologia genética de Jean Piaget (1973, 1978, 1995) e nas obras sobre competências de Philippe Perrenoud (1999, 2002; PERRENOUD et al., 2001). Essa concepção, por sua vez, objetiva oportunizar a formação integral do sujeito, articulando habilidades e atitudes para colocar os conhecimentos em prática na resolução de problemas tanto do cotidiano em geral quanto de atividades específicas e profissionais. Logo, entende-se que as competências podem ser construídas e aperfeiçoadas ao longo das experiências vividas pelo sujeito.

Nesse sentido, visualizam-se os OAs como um recurso educacional capaz de propiciar ao sujeito experiências de construção de competências que irão subsidiá-lo na solução de situações-problema. Ou seja, por meio dos objetos, podem ser criadas oportunidades para que o aluno articule conhecimentos, habilidades (técnicas e procedimentos) e atitudes em busca de soluções para as questões. Por sua vez, a integração de diversos OAs em um SR permite, por meio do uso de técnicas de filtragem, a indicação de conteúdos mais relevantes ao perfil de cada aluno, referente à construção de competências. Dessa forma, os SRs no âmbito educacional aproximam-se da perspectiva de personalização do processo formativo. Essa prática pode ser aprimorada na medida em que o estudante fornece *feedbacks* ao sistema, seja por meio de autoavaliações, de questionários, da avaliação dos OAs utilizados ou, ainda, por meio dos caminhos percorridos no sistema.

Assim, com base nesse contexto, foi desenvolvido o RecOAComp, um sistema que fornece recomendações de OAs com base em competências. Nas próximas seções, é apresentado o processo de construção e de avaliação do RecOAComp, assim como suas possibilidades pedagógicas.

DESENVOLVIMENTO DO RecOAComp

O RecOAComp se destina à recomendação de recursos educacionais — OAs — focando o aspecto de conteúdo fundamentado em competências. Ele faz parte de um projeto de pesquisa, iniciado em 2011, por um grupo interdisciplinar de pesquisadores da ciência da computação, do *design* e da pedagogia, os quais compõem o NUTED. Tem o apoio da Secretaria de Educação a Distância da UFRGS.

O RecOAComp destina-se a integrar o uso de OAs, os SRs de conteúdo e as competências em práticas educacionais formais e não formais. Seu constante aperfeiçoamento, a partir das experiências realizadas, tem o intuito de oferecer uma ferramenta que possa apoiar a construção e o aprimoramento de competências em prol de uma educação integral.

Assim, apresenta-se o processo de desenvolvimento e de avaliação do RecOAComp, que utiliza as filtragens colaborativa (FC) e baseada em conteúdo (FBC) como forma de refinar a recomendação de OAs. Trata-se de um recurso que pode contribuir com o processo de (re)construção de competências de professores e de alunos por intermédio da recomendação de OAs de acordo com seus perfis.

O processo de elaboração do RecOAComp está apoiado em uma abordagem evolutiva, isto é, está sendo desenvolvido em ciclos contínuos com o intuito de oportunizar tanto a realização de experiências e verificações quanto a avaliação e o aperfeiçoamento de suas características. Igualmente, torna possível o levantamento de requisitos do *software* para modelar suas funções no decorrer do processo avaliativo.

A primeira versão do protótipo foi elaborada com FBC, nesse caso referente às competências. Desde a primeira experiência de uso, o sistema foi utilizado e avaliado por mais de 170 participantes, provenientes de distintas áreas do conhecimento que cursaram disciplinas de pós-graduação *stricto sensu* na UFRGS. A finalidade foi analisar o desempenho do protótipo e proceder com seu aperfeiçoamento. Tais experiências, de natureza exploratória, foram desenvolvidas com abordagens qualitativa e quantitativa. A metodologia utilizada envolveu o levantamento bibliográfico da literatura, a prototipação do sistema e sua avaliação.

No que tange às aplicações, efetuou-se o seguinte procedimento metodológico em todas as aplicações:

1. **Registro do aluno no sistema por meio do preenchimento de um formulário sobre definição de perfis relacionados com as competências:** o foco foi a experiência com EAD e a percepção dos participantes quanto à construção ou não das competências. Isso guiou o procedimento de filtragem na relação entre perfil e OAs potenciais para o auxílio na construção das competências.
2. **Cadastro de OAs:** a primeira versão do formulário de cadastro dos OAs foi constituída com base nos metadados do repositório CESTA, disponível em www.cinted.ufrgs.br/CESTA/CESTAcore.html.[3] Sinteticamente, o grupo de estudantes informava ao sistema sua categoria "geral" (descrição básica, como título e palavras-chave), categoria "vida" (autores e datas), categoria "técnica" (requisitos técnicos), categoria "educacional" (questões pedagógicas) e categoria "direitos" (restrições de uso). Adicionou-se ao RecOAComp, portanto, os metadados referentes às competências. O estudo de Behar, Schneider e Silva (2013) levantou um universo de 14 competências relacionadas com a EAD, as quais ficaram disponíveis no recomendador tanto para a ligação aos OAs em seu cadastro quanto para a autoavaliação no perfil do usuário.
3. **Classificação de OAs:** a avaliação desse quesito foi fundamental para identificar pequenas distorções e analisar o processo de preenchimento fornecido pelo protótipo.

[3] O CESTA atualmente está na versão CESTA2 e pode ser acessado em: http://cesta2.cinted.ufrgs.br/xmlui.

4. **Avaliação da recomendação:** utilizaram-se questões com a escala *Likert* de cinco pontos, sendo os extremos: "Péssimo" — quando o OA sugerido não se relacionava com as competências que o aluno necessitava desenvolver indicadas no seu perfil — e "Excelente" — quando o OA indicado se relacionava com as competências que o aluno necessitava desenvolver.

Nas três primeiras etapas do estudo, verificaram-se a viabilidade e a correção das recomendações e as necessidades de melhorias e de criação de funcionalidades. A partir dos resultados, foram executados, ainda, o aprimoramento da arquitetura do protótipo e de seu *layout*, assim como a inclusão de ferramenta de avaliação dos OAs cadastrados e de um vídeo tutorial. Inicialmente, o recomendador dispunha do perfil do usuário (aluno). Na terceira etapa do desenvolvimento, incluíram-se os perfis de administrador e de professor, sendo que este último pode cadastrar atividades de ensino e indicar as competências que poderão ser desenvolvidas em suas aulas. O protótipo passou a dispor também de um mecanismo para que o usuário informe quais objetos recomendados foram ou não explorados, além de um refinamento do processo de recomendação alicerçada na FC, partindo do *feedback* dos alunos sobre a utilização ou não dos OAs recomendados.

Na quarta e quinta etapas, ocorridas nos anos de 2014 e 2015, respectivamente, foram realizadas importantes modificações, como a reestruturação em seu banco de dados PHP e um novo desenho da interface. Ademais, modificaram-se de 10 para 5 pontos da escala *Likert* empregada no processo de autoavaliação das competências no perfil do usuário, e incluiu-se a FC no sistema. Até o momento, o usuário avaliava a relevância do OA recomendado, mas isso não era utilizado no processo de recomendação de conteúdo, servindo apenas para uma avaliação do sistema. Com esse procedimento de filtragem, o aluno assinala a relevância do OA recomendado em relação às suas necessidades. Então, tais dados são incorporados nas próximas recomendações, junto com a FBC, que já era utilizada.

Foram efetuadas aplicações com outras turmas em cada uma das novas etapas. De modo complementar, foi disponibilizado um questionário *on-line* aos participantes, averiguando os aspectos de funcionamento, interface e usabilidade, assim como as contribuições do RecOAComp na recomendação por competências. Dessa forma, foi possível identificar e efetivar as melhorias necessárias.

Com relação ao percurso metodológico utilizado nessa aplicação, houve algumas mudanças em função dos aprimoramentos realizados no sistema. Os alunos, organizados em grupos, inicialmente inseriram OAs, apontando o CHA das competências que cada um deles possibilitava construir e em qual grau na escala de 0 a 5. O mesmo foi realizado em relação à atividade de ensino criada. Em um segundo momento, os participantes acessaram individualmente o sistema e solicitaram seu cadastramento nas disciplinas criadas pelos outros grupos. Ao ingressar nelas pela primeira vez, cada aluno informou o grau de construção dos CHAs das competências selecionadas, por meio de um formulário fornecido pelo sistema, segundo sua percepção. Em seguida, solicitaram uma recomendação de OAs, analisando se os conteúdos recomendados eram relevantes a suas reais necessidades em relação a seus perfis.

Em síntese, verificou-se que o modelo atingiu satisfatoriamente os requisitos definidos em sua modelagem para a recomendação de OAs baseado no perfil de competências. Conjuntamente, averiguou-se que as recomendações realizadas pelo sistema atenderam às necessidades dos alunos participantes da pesquisa, filtrando corretamente os dados. Todavia, considerava-se necessário, ainda, ampliar o universo de OAs cadastrados.

A sexta etapa contemplou a pesquisa e a implementação de um módulo de avaliação de competências, bem como da filtragem por contexto. Essas questões são apresentas a seguir.

FUNCIONAMENTO DO RecOAComp

O RecOAComp está disponível em www.recomendadorcomp.ufrgs.br. Algumas de suas telas são ilustradas entre as Figuras 5.1 e 5.9, resultado de um estudo conceitual da interface. Na Figura 5.1, é apresentada a tela de *login*.

Além das FBC e FC com as quais o RecOAComp conta atualmente, estão sendo incorporadas as filtragens por conhecimento e filtragem híbrida (FH). A seguir, descreve-se a lógica de funcionamento do sistema em um contexto educacional.

1. O docente de um curso primeiramente cadastra sua atividade de ensino.[4] Nesse momento, lista o conjunto de competências ligadas a ela e em qual grau (em uma escala de 1 a 5), parâmetro didático usado para identificar o andamento do processo de

[4] Na UFRGS, emprega-se o termo "atividade de ensino", que engloba disciplinas, cursos, estágios e projetos.

construção pelos alunos. A tela de cadastro da atividade de ensino é apresentada na Figura 5.2.

2. Em seguida, o docente vincula as competências aos OAs, os quais já foram inseridos no sistema, ou cadastra novos. Esse procedimento

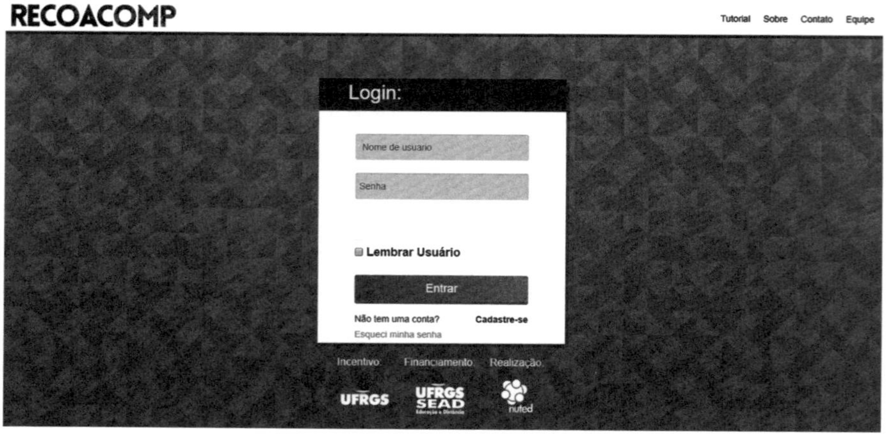

Figura 5.1 Tela de *login* do RecOAComp 2016.
Fonte: RecOAComp (2018).

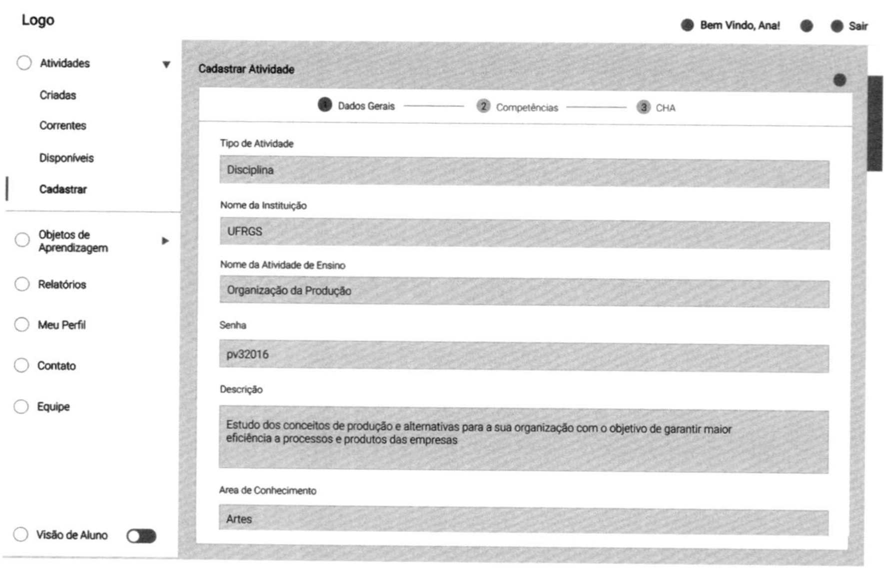

Figura 5.2 Tela de cadastro da atividade de ensino.
Fonte: RecOAComp (2018).

é exemplificado na Figura 5.3. Nesse momento, menciona quais competências compreende que esses materiais são capazes de ajudar a construir e em qual grau, a partir do aprofundamento de seu conteúdo e atividades. É importante mencionar que um objeto tem condições de ser vinculado a diferentes competências, assim como a mesma competência pode envolver uma série de OAs. A partir do cadastro no sistema, ambos ficam disponíveis para serem vinculados a atividades de ensino ministradas por outros professores.

3. O estudante, por sua vez, ao se cadastrar nela, registra o grau de construção de cada competência na escala de 0 a 5 pontos, como mostra a Figura 5.4. Esse será o perfil do aluno no RecOAComp.
4. Depois desses procedimentos, há a alternativa de solicitar uma recomendação de OAs. Isso ocorre diante do cruzamento entre os seguintes fatores: grau de cada competência abordada pela atividade de ensino; grau de construção das competências pela autoavaliação do sujeito; e grau de contribuição do OA cadastrado para o processo de construção do estudante. As Figuras 5.5, 5.6 e 5.7 mostram a recomendação de um objeto e como ele pode ser visualizado no RecOAComp.

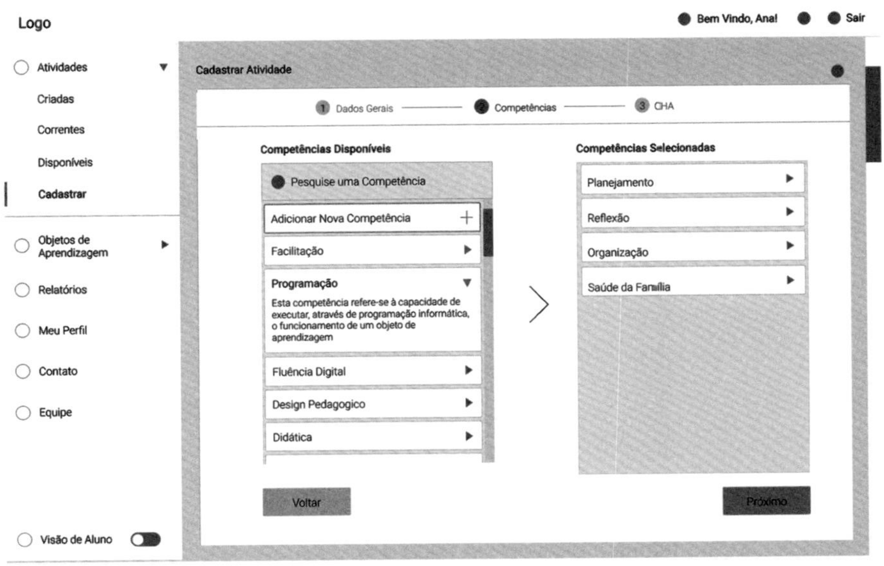

Figura 5.3 Tela de associação das competências à atividade de ensino.
Fonte: RecOAComp (2018).

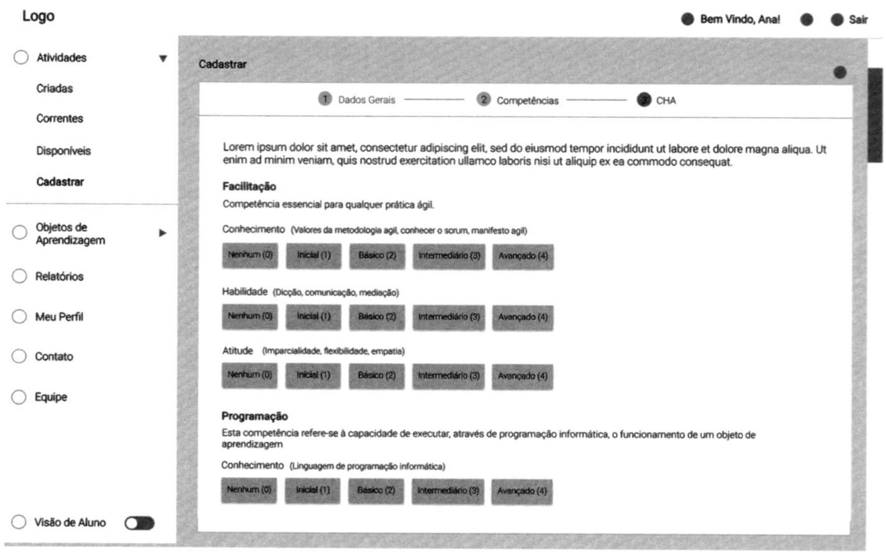

Figura 5.4 Tela de graus das competências.
Fonte: RecOAComp (2018).

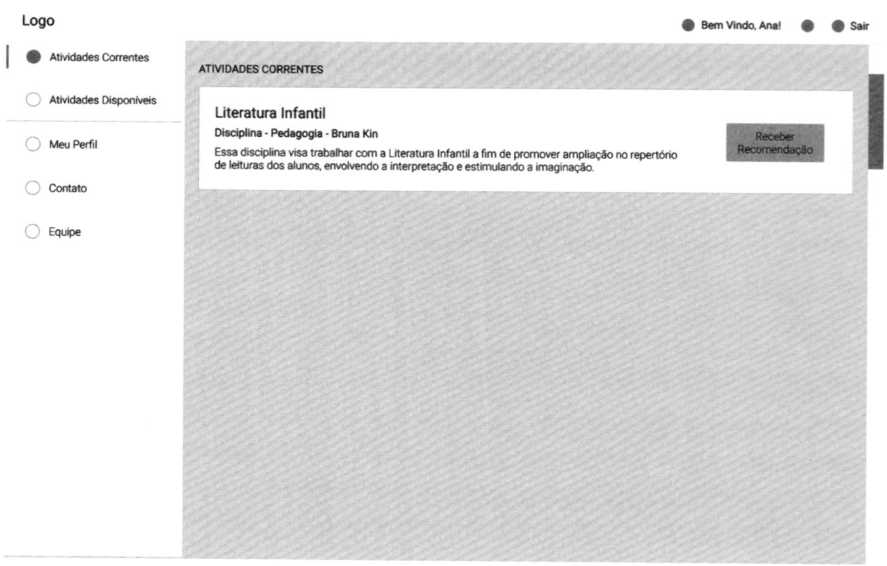

Figura 5.5 Tela mostrando a atividade de ensino e o botão "Receber recomendação".
Fonte: RecOAComp (2018).

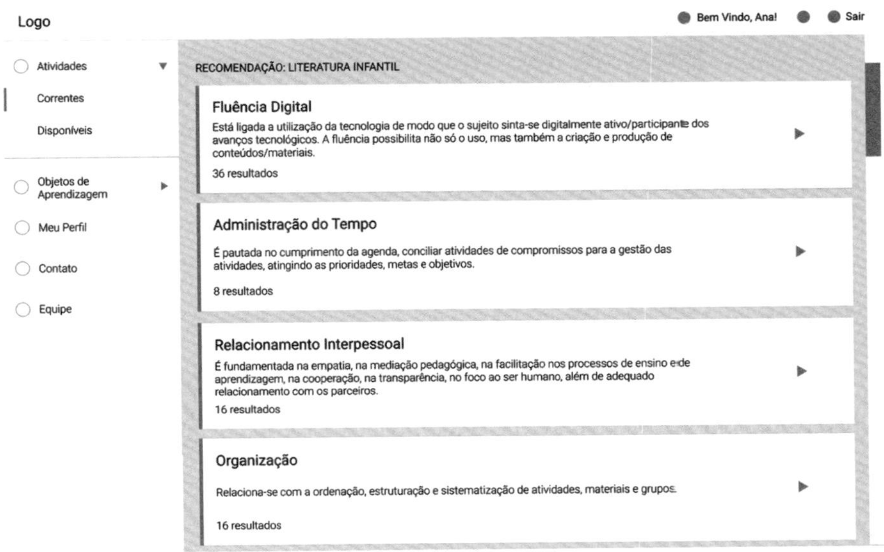

Figura 5.6 Tela mostrando a lista de competências e o número de OAs encontrados.
Fonte: RecOAComp (2018).

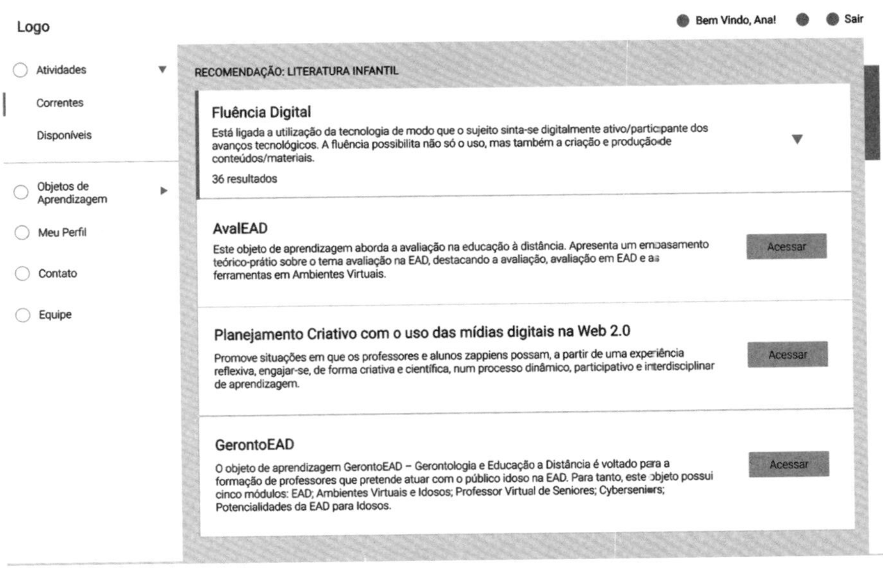

Figura 5.7 Tela mostrando a lista de OAs recomendados dentro de uma competência.
Fonte: RecOAComp (2018).

Assim, a partir da solicitação de pesquisa por OAs, a filtragem é ativada e o processo de recomendação atuará no servidor, procurando OAs que se ajustem às necessidades de cada aluno de acordo com a atividade de ensino.

No caso de o aluno entender que construiu ou aperfeiçoou uma ou mais competências com o uso dos OAs indicados, ele pode revisar e atualizar seu perfil, repercutindo em modificações das próximas recomendações. Da mesma forma, após o uso dos objetos de aprendizagem, os estudantes têm condições de avaliar esses materiais, o que contribui para uma recomendação cada vez mais adequada às suas necessidades. Esse procedimento ocorre pela avaliação quanto ao nível de sua satisfação diante do objeto em um *ranking* constituído por uma escala *Likert* com cinco pontos, representada por estrelas, padrão ao qual a maior parte dos usuários está familiarizado, pois é aplicado em vários *softwares* e *sites*. Ademais, está sendo incluído um espaço para comentários dos usuários sobre os OAs recomendados. Por consequência, diante da crescente participação dos alunos em ambas as avaliações, as recomendações são reordenadas não só pela filtragem por competências, mas também pela FC e pela filtragem por conhecimento, opção que está em desenvolvimento no sistema.

Como novo aperfeiçoamento, em 2016, implantou-se a filtragem por contexto. Essa técnica serve para aplicar restrições aos dados antes do uso de outras filtragens ou para ajustar as recomendações já geradas de acordo com o contexto do usuário. Desse modo, ela propicia a identificação de microperfis constituídos quando os dados particulares são agrupados. Por conseguinte, geram-se as recomendações. A vantagem desse processo é o foco no usuário e em sua situação de uso (ADOMAVICIUS; TUZHILIN, 2005). Nesse sentido, foram levantados os elementos necessários para que o sistema identifique o perfil tanto de maneira explícita, por meio da aplicação de questionários, como implícita, a partir das trajetórias e escolhas realizadas pelo usuário no sistema.

Foi incorporado, ainda, um módulo avaliativo das competências por meio de um instrumento de avaliação. O objetivo é fornecer um recurso para auxiliar o acompanhamento das práticas em EAD. Considera-se que os tipos e as formas de avaliação da aprendizagem podem ser articulados e combinados na educação, desde que o docente tenha clareza dos objetivos e das funções. Porém, ela não se reduz apenas aos instrumentos utilizados, mas a todo o processo educacional contínuo e formativo.

O módulo de avaliação de competências implementado no RecOAComp se constitui de situações-problema, com foco em um perfil de sujeito. Primeiramente, houve a modelagem do módulo capaz de avaliar as competências. A seguir, descreve-se sua organização. O professor tem a opção de criar a avaliação de competências para as atividades de ensino que criou, de acordo com a Figura 5.8.

O professor deve criar três situações-problema que contextualizem a competência ao mesmo tempo em que colocam uma questão de autoavaliação. As situações são disponibilizadas ao aluno em três momentos diferentes da disciplina e deverão ser avaliadas de acordo com os CHAs. Abaixo de cada situação-problema, encontra-se uma lista de afirmações para as quais correspondem valores, de acordo com a Figura 5.9.

A partir disso, gera-se o grau de construção da competência avaliada. O aluno e o professor podem ver o panorama (relatório) desse processo em forma de gráficos, os quais permitem visualizar os resultados de todas as avaliações. O docente pode programar até três momentos de avaliação (início, meio e fim) por atividade de ensino. Logo, a partir de estudos do ponto de vista pedagógico e de programação, compreende-se que é possível avaliar as competências por meio de situações a serem incorporadas em um SR fundamentado em competências, como é o caso do RecOAComp. Entende-se, assim, que o módulo pode contribuir para o aperfeiçoamento do recomendador, qualificando as recomendações ao mesmo tempo em que permite o acompanhamento e o apoio na cons-

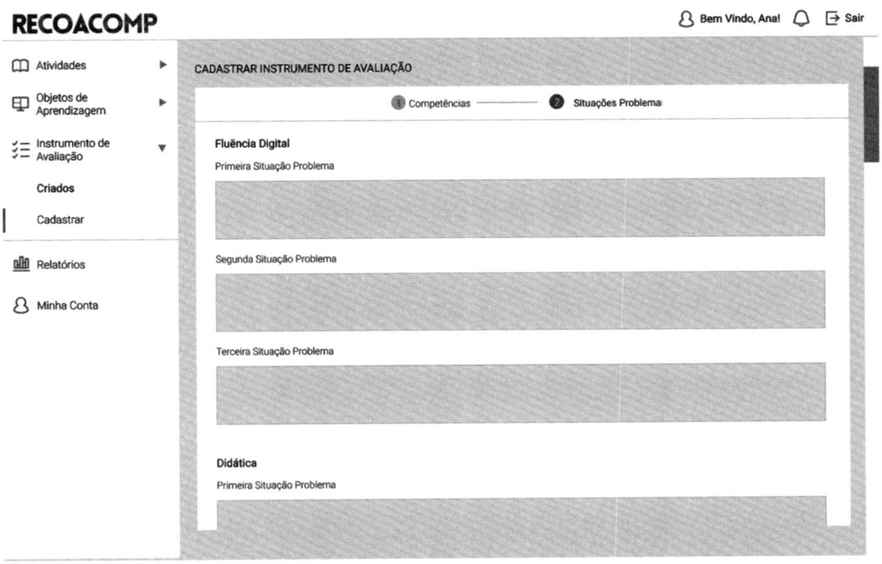

Figura 5.8 Tela mostrando a criação das situações-problema.
Fonte: RecOAComp (2018).

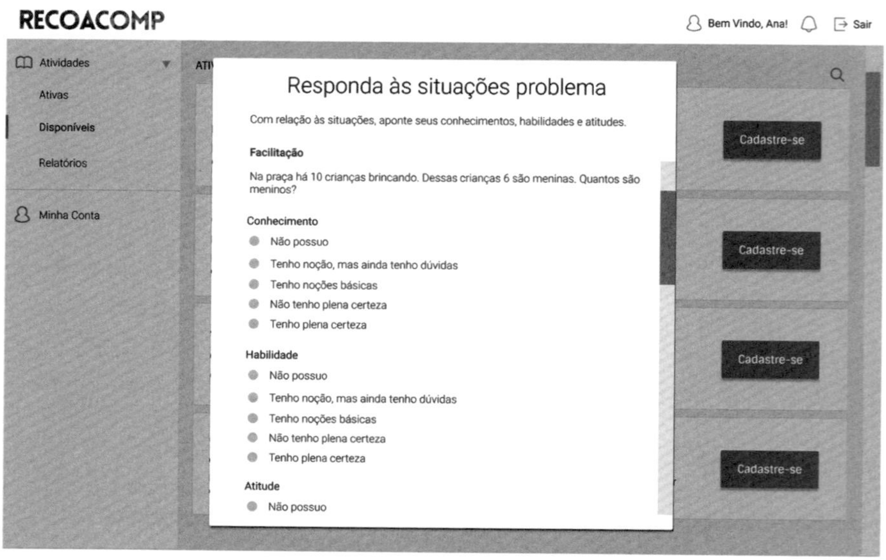

Figura 5.9 Tela mostrando um exemplo de situação-problema a ser respondida.
Fonte: RecOAComp (2018).

trução de práticas educacionais. As implementações realizadas em 2016 foram validadas em 2017 com um grupo de 26 alunos de um curso de pós-graduação.

RECOMENDAÇÃO PEDAGÓGICA POR MEIO DO USO DO RecOAComp

O processo de recomendação pedagógica no sistema RecOAComp envolve a indicação de OAs a partir do perfil do usuário, como demonstrado na Figura 5.10.

O RecOAComp indica OAs visando à construção de competências (conhecimentos, habilidades e atitudes). Assim, o recomendador pode ser utilizado ao longo de qualquer contexto, seja em uma disciplina, um curso, um estágio ou um projeto.

Como ponto de partida, os alunos registram-se no RecOAComp, acessam a atividade de ensino, realizam a avaliação de suas competências para, então, receber uma recomendação. Após explorar os OAs indicados, é possível realizar uma avaliação, a fim de refinar as próximas recomendações. Como espaço complementar para a realização de discussões, publicações e compartilhamento de trabalhos gerados pela utilização dos objetos, sugere-se a utilização

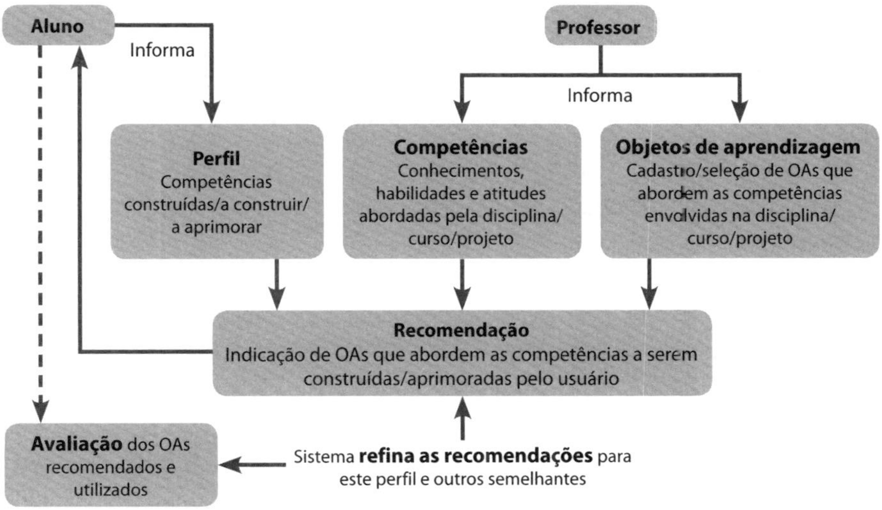

Figura 5.10 Processo de recomendação pedagógica no sistema RecOAComp.

de um AVA. Assim, o SR e o AVA podem apoiar o acompanhamento da atividade de ensino com o propósito de auxiliar na construção de competências.

No Quadro 5.1, são apresentadas algumas possibilidades pedagógicas para a aplicação do SR.

Em síntese, os exemplos de possibilidades pedagógicas com o uso do RecOAComp abrangem desde a disciplina, o curso ou o projeto como um todo até módulos ou conteúdos específicos. Ou seja, a exploração das recomendações recebidas pelos alunos pode apoiar o desenvolvimento de uma atividade de ensino inteira ou em partes, colaborando no processo de construção de competências pelos alunos. Por outro lado, é possível usar o RecOAComp combinado a outros recursos, como os AVAs. Dessa maneira, o estudante pode ter acesso aos materiais que colaboram para a construção de competências no recomendador e discutir ou publicar suas produções em ferramenta auxiliar. Consequentemente, o aspecto metodológico pode envolver tanto a elaboração e o cadastro de OAs quanto sua avaliação, o cumprimento de atividades dos objetos e os processos de autoavaliação.

Portanto, entende-se que o uso desse SR de OAs baseado em competências mostra-se potencialmente rico em possibilidades pedagógicas, pois aponta sua capacidade de proporcionar uma prática instigante e dinâmica na construção de competências pelos alunos. Além disso, esse cenário demonstra também ser bastante interessante para a aprendizagem docente, seja em relação aos OAs e às competências, seja no que tange às práticas apoiadas nas tecnologias digitais.

QUADRO 5.1 Possibilidades pedagógicas com o uso do RecOAComp

Informações disponibilizadas pelo sistema RecOAComp	Utilização pelo professor
No cadastro da atividade de ensino: lista de OAs com as respectivas competências vinculadas.	• Seleção dos OAs que abordam as competências que serão trabalhadas na sua atividade de ensino, bem como o cadastro de outros objetos, apoiando a arquitetura idealizada.
Relatório das competências conforme perfil do aluno gerado em três momentos: início, meio e fim da atividade de ensino.	• Análise e acompanhamento da trajetória de aprendizagem de cada aluno no decorrer do período, propiciando a elaboração de estratégias mais adequadas ao processo de cada sujeito. • Avaliação da arquitetura, das estratégias e dos recursos educacionais utilizados ao longo da atividade de ensino.
Cadastro e seleção de OAs e competências para vincular à atividade de ensino.	• A busca, seleção, avaliação e cadastro dos objetos no sistema favorece uma análise crítica sobre o conteúdo. Tem-se, então, a oportunidade de propor aos alunos: • a exploração e o uso dos OAs recomendados pelo sistema, com apoio de um AVA para publicações e discussões; • a utilização dos OAs existentes no banco de dados do RecOAComp e sua análise crítica em relação à sua contribuição para a construção das competências vinculadas; • a criação de OAs, a fim de disponibilizar novos recursos educacionais e, ao mesmo tempo, trabalhar as competências-alvo da turma por meio dessa elaboração; • a descrição das competências abordadas por cada OA elaborado; • a sugestão ao autor (quem efetuou o cadastro) de textos para a edição da descrição dos OAs e das competências, conforme entende que estaria mais adequado ou atualizado; • a identificação das competências selecionadas pelo professor e a autoavaliação individual sobre o CHA construído ou aprimorado ao longo da atividade de ensino.

CONSIDERAÇÕES FINAIS

O uso de um SRE torna possível indicar conteúdos para o aluno, neste caso, os OAs que apresentam uma correspondência mais adequada a sua necessidade e/ou seu interesse de construção de competências. Isso ocorre por meio de seu perfil e das técnicas de filtragem. Essa filtragem é realizada por meio da integração das competências envolvidas pela atividade em questão, das competências que o aluno necessita (re)construir registradas no seu perfil e daquelas abordadas por cada OA cadastrado no sistema.

Desse modo, espera-se que este capítulo possa auxiliar nos processos de RecPed e em experiências acerca do tema, visto a relevância das contribuições que os SRs podem oferecer à educação, integrando OAs e competências. O RecOAComp está sendo disponibilizado à Secretaria de Educação a Distância da UFRGS para uso pela comunidade acadêmica. Entende-se que possa ser utilizado também em outros contextos, podendo contribuir com práticas pedagógicas diversas.

REFERÊNCIAS

ADOMAVICIUS, G.; TUZHILIN, A. Toward the next generation of recommender systems: a survey of the state of-the-art and possible extensions. *IEEE Transactions on Knowledge and Data Engineering*, New York, v. 17, n. 6, p. 734-749, 2005.

BEHAR, P. A. *Competências em educação a distância.* Porto Alegre: Penso, 2013.

BEHAR, P. A.; SCHNEIDER, D.; SILVA, K. K. Competências dos atores da educação a distância: professor, tutor e aluno. In: BEHAR, P. A. (Org.). *Competências em educação a distância.* Porto Alegre: Penso, *2013.*

BRAGA, J. (Org.). *Objetos de aprendizagem:* volume 1: introdução e fundamentos. Santo André: UFABC, 2014. 148 p.

PAIVA, R.; BITTENCOURT, I. I.; SILVA, A. P. Uma Ferramenta para recomendação pedagógica baseada em mineração de dados educacionais. In: CONGRESSO BRASILEIRO DE INFORMÁTICA NA EDUCAÇÃO, 2. 2013, Campinas. *Anais...* Porto Alegre: SBC, 2013. Disponível em: <http://www.br-ie.org/pub/index.php/wcbie/article/view/2660/2314>. Acesso em: 31 dez. 2017.

PERRENOUD, P. *As competências para ensinar no século XXI:* a formação dos professores e o desafio da avaliação. Porto Alegre: Penso, 2002.

PERRENOUD, P. *Construir as competências desde a escola.* Porto Alegre: Artmed, 1999.

PERRENOUD, P. et al. Fecundas incertezas ou como formar professores antes de ter todas as respostas. In: PAQUAY, L. et al. *Formando professores profissionais:* quais estratégias? Quais competências? 2. ed. Porto Alegre: Penso, 2001. p. 211-224.

PIAGET, J. *A formação do símbolo na criança:* imitação, jogo e sonho, imagem e representação. 3. ed. Rio de Janeiro: Zahar, 1978.

PIAGET, J. *Abstração reflexionante:* relações lógico-aritméticas e ordem das relações espaciais. Porto Alegre: Artes Médicas, 1995.

PIAGET, J. *Biologia e conhecimento:* ensaio sobre as relações entre as regulações orgânicas e os processos cognoscitivos. Petrópolis: Vozes, 1973.

RECOACOMP. 2018. Disponível em: <http://www.recomendadorcomp.ufrgs.br>. Acesso em: 10 jan. 2018.

LEITURAS COMPLEMENTARES

BEHAR, P. A. Modelos pedagógicos em educação a distância. Porto Alegre: Artmed, 2009.

CAZELLA, S. C. et al. Recomendando objetos de aprendizagem baseado em competências em EAD. RENOTE. *Revista Novas Tecnologias na Educação*, Porto Alegre, v. 9, n. 2, p. 20-30, 2011.

JOHNSON, L. et al. (Ed.). NMC Horizon Report: edição ensino superior 2013. Austin: New Media Consortium, 2013. Disponível em: <http://www.nmc.org/pdf/2013-Horizon-Report-HE-PT.pdf>. Acesso em: 01 ago. 2016.

SILVA, K. K. A. et al. Evaluation of digital competencies in a content recommendation system. In: INTERNATIONAL TECHNOLOGY, EDUCATION AND DEVELOPMENT CONFERENCE, 10., 2016, Seville. Proceedings... Valencia: IATED, 2016. p. 3851-3860.

6

RECOMENDAÇÃO E O PROCESSO DE ESCRITA COLETIVA DIGITAL

Sandra Andrea Assumpção Maria | Alexandra Lorandi Macedo
Cláudia Zank | Patricia Alejandra Behar

O processo de escrita coletiva digital (ECD) se apoia em trocas interindividuais, negociações e construções acerca de um objetivo comum. Esse movimento sugere suporte a diversos materiais de apoio, como artigos, imagens, reportagens, etc. É nessa filtragem de conteúdos que o sistema de recomendação (SR) atua, qualificando a seleção das referências que são o motivo das trocas entre os sujeitos. A intenção final é dar foco e objetividade ao material de apoio.

A recomendação aplicada ao contexto da ECD tem relação direta com os interesses do usuário e com o tema base de desenvolvimento, ampliando as possibilidades de qualificação dessa produção. Além de oferecer suporte, ela atua na seleção de melhores resultados quando é feita uma busca por materiais na *web*, uma vez que a classificação desses materiais é cada vez mais complexa, dado o volume de dados permanentes nesse espaço.

A contribuição imediata dos resultados apresentados por um SR de conteúdos se reflete na agilidade da dinâmica da ECD, já que a seleção dos materiais é, preliminarmente, realizada por esse tipo de sistema.

No contexto das tecnologias digitais, as possibilidades dessa escrita ampliam-se significativamente, pois a evolução da *web* possibilitou a integração de novas funcionalidades para o desenvolvimento de textos e para a integração entre os participantes. Nessa direção, encontram-se também mecanismos que favorecem ao professor o acompanhamento das atividades e da comunicação entre os autores e a articulação interindividual com o texto.

Para viabilizar o processo de ECD, existem editores que oferecem funcionalidades e mecanismos que sustentam esse movimento. Entre eles, destaca-se o editor de texto coletivo (ETC),[1] o qual dispõe de recursos que visam a qualificar tanto a escrita quanto seu processo de acompanhamento. O ETC é um editor *on-line* que possibilita a produção textual em tempos diferentes por sujeitos dispersos geograficamente. Suas funcionalidades favorecem a troca de ideias entre os autores, sem deixar de respeitar o tempo, a individualidade e os processos de cada um. O ETC conta com a funcionalidade RecETC (recomendador do ETC), que é um SR de conteúdo implementado dentro do próprio editor.

Portanto, este capítulo trata especificamente das temáticas de ECD e do uso de um SR para apoiar seu desenvolvimento. Para tanto, contempla o detalhamento sobre o processo de ECD; segue apresentando o ETC; descreve o planejamento, as principais tecnologias empregadas e o funcionamento do RecETC; e, por fim, aborda as possíveis implicações da recomendação para alunos e professores.

ESCRITA COLETIVA DIGITAL

Existem diferentes expressões e termos para se referir à produção textual realizada coletivamente e a distância, geralmente por meio de um ETC. Berdugo, Herrera e Valdiri (2010), por exemplo, utilizam a expressão "escrita colaborativa". Calvo et al. (2011) utilizam tanto "escrita colaborativa" quanto "escrita colaborativa apoiada por computador". Outros autores, como Sánchez (2009), preferem "escrita colaborativa *on-line*", enquanto Broch (2008) utiliza apenas "escrita coletiva". Martin-Iglesias (2011), diferentemente dos autores mencionados, aponta para uma distinção entre os termos "escrita" e "edição". Para esse autor, a escrita coletiva não precisa necessariamente ser *on-line*.

Neste capítulo, optou-se pelo termo ECD, entendendo-a como uma produção textual realizada coletivamente e a distância por meio de um ETC, geralmente identificado como elemento de um *groupware*, ou seja, faz parte de um conjunto de ferramentas ou funcionalidades que dão suporte a interações e atividades de trabalho, sejam elas concretas, como um texto, ou abstratas, como a tomada de decisões (ZANK, 2010).

---

[1] Disponível em: http://nuted.ufrgs.br/etc.

Um *groupware* é sempre o produto de uma área de pesquisa, seja ela trabalho cooperativo apoiado por computador (CSCW, do inglês *Computer Supported Cooperative Work*) ou aprendizagem colaborativa apoiada por computador (CSCL, do inglês *Computer Supported Collaborative Learning*). Devido ao foco na aprendizagem colaborativa, essa última área de pesquisa desenvolve ferramentas e ambientes que possibilitam, otimizam e potencializam práticas de trabalho coletivo (MACEDO; ZANK; BEHAR, 2013). Assim, seus aplicativos *groupware* integram ferramentas de comunicação e o trabalho conjunto/coletivo como apoio à aprendizagem colaborativa.

Segundo Calvo et al. (2011), a escrita coletiva pode aprofundar o envolvimento dos alunos com os estudos e com a construção do conhecimento. Os autores entendem a escrita coletiva como um processo social, uma vez que, por meio da interação, os grupos negociam e coordenam a escrita. Trata-se, portanto, de um trabalho coletivo bastante complexo, pois envolve uma série de ações, como divisão de tarefas, definição de funções, planejamento, negociações a respeito do conteúdo, além da própria produção textual e, possivelmente, da revisão (CALVO et al., 2011).

Essas ações do processo de escrita coletiva demandam que um editor de texto ofereça, além do espaço de trabalho, ferramentas que possibilitem a interação entre os autores do texto (ZANK, 2010). Nesse sentido, há alguns anos, estão sendo desenvolvidos aplicativos que integram ferramentas de edição de texto coletiva apoiadas por ferramentas de comunicação. São exemplos desses aplicativos: o Google Drive, que oferece escrita simultânea e uma ferramenta de comunicação síncrona e o ETC, que dispõe de um recurso para troca de mensagens entre os participantes diretamente pela interface de produção do texto. Existem, ainda, os editores Wiki, que, quando inseridos em um ambiente virtual, como o Moodle, propiciam que os professores planejem práticas pedagógicas nas quais se utilize a ferramenta como apoio à escrita coletiva (ZANK, 2016).

O planejamento e o desenvolvimento de práticas pedagógicas que utilizem ECD exigem que o professor tenha "fluência tecnológica, administrando-as em prol do desenvolvimento e de novas construções feitas por cada aluno" (MACEDO, 2010, p. 21). Ressalta-se, também, a necessidade de que o docente pense em sua atuação como mediador tanto do processo de interação quanto do de produção textual dos alunos. Afinal, "sendo a troca entre os sujeitos o foco, é fundamental que as atividades apoiem-se num processo coletivo em que a interação seja uma prática constante, e que esta prática seja a base para sucessivas construções" (MACEDO, 2010, p. 24). Trata-se, então, de um sujeito tecnológico articulado com o sujeito social, uma vez que ele precisa conhecer os recursos digitais necessários para estabelecer condições favoráveis à comunicação e à interação com seus pares em prol de um objetivo comum.

Entende-se que é na interação entre sujeitos individuais que se constitui o sujeito da EAD coletivo. Nesse cenário de encontros, surge a necessidade de os docentes realizarem planejamentos flexíveis, que atendam às diferentes situações que podem ocorrer durante a edição de um texto coletivo, uma vez que cada grupo, ou sujeito da EAD coletivo, tem uma forma diferente de conviver no virtual e de construir coletivamente. Macedo (2010, p. 25) sugere, nesse sentido, que os planejamentos favoreçam a liberdade entre os participantes:

> Liberdade para questionar, posicionar-se, contra-argumentar. Dessa forma, novos temas e novas soluções poderão emergir dos debates, favorecendo a continuidade no processo de troca e construção de novos saberes.

Assim, a escrita coletiva não contempla somente o processo cognitivo, mas também o processo social. Da mesma forma, não abrange somente o sujeito da EAD individual, mas também o sujeito da EAD coletivo em suas relações com as tecnologias digitais necessárias à escrita coletiva a distância. A próxima seção apresenta o ETC, uma ferramenta para apoiar o desenvolvimento da ECD.

EDITOR DE TEXTO COLETIVO

O ETC começou a ser desenvolvido no final de 2001 pelo Núcleo de Tecnologia Digital aplicada à Educação da Universidade Federal do Rio Grande do Sul (NUTED/UFRGS). Sua primeira versão foi aplicada nos anos de 2002 e 2003 no curso de Pedagogia da Faculdade de Educação e nos cursos de pós-graduação em Educação e em Informática na Educação da UFRGS (ZANK, 2016).

Desde então, vem sendo utilizado em diferentes cursos e disciplinas. Com base nessas experiências, são feitas alterações no ambiente de modo a sanar as dificuldades encontradas pelos alunos que o utilizam e implementar sugestões baseadas na prática de discentes e docentes. Para tanto, conta com uma equipe interdisciplinar composta por profissionais de diferentes áreas, como educação, computação e *webdesign* (ZANK, 2016).

É composto por um conjunto de ferramentas ou funcionalidades que dão suporte às interações e às atividades de trabalho (ZANK, 2016). Seu principal espaço de trabalho, o editor, permite que o texto possa ser visto e editado integralmente e ainda possa ser escrito por diferentes usuários de forma simultânea.

As ferramentas de interação e comunicação que oferecem suporte à ECD são: a) mensagem: permite que os participantes enviem mensagens via *e-mail* uns para os outros; b) comentários: ferramenta localizada na tela de edição de texto, permite que os usuários deixem recados uns para os outros ou façam observações sobre a escrita; c) comunicador: ferramenta que exibe os usuários *on-line*, permitindo que conversem em tempo real e simultaneamente à edição. Essas ferramentas podem ser visualizadas na Figura 6.1.

Destaca-se, ainda, a ferramenta fórum, a qual conta com os modos de visualização em árvore e em ordem cronológica. A visualização em árvore permite ver como os diálogos estão encadeados. Já as visualizações em ordem cronológica facilitam ver as últimas postagens e fazer o controle da participação dos alunos. Outra vantagem do fórum do ETC é que, na visualização em árvore (Fig. 6.2), ele mostra as postagens que não foram lidas, permitindo ao professor direcionar suas ações com maior rapidez sem perder as relações entre as postagens. Além disso, os tópicos com novas mensagens são marcados em negrito, e o primeiro tópico da lista é aquele em que foi publicada a última postagem.

O ETC oferece, ainda, diversas funcionalidades de apoio à edição, as quais podem ser visualizadas na Figura 6.3.

A seguir, é apresentado o RecETC, o qual se refere a uma das funcionalidades integradas ao ETC. Além disso, aborda o planejamento dos principais elementos e ações do RecETC, as tecnologias empregadas e seu processo de funcionamento.

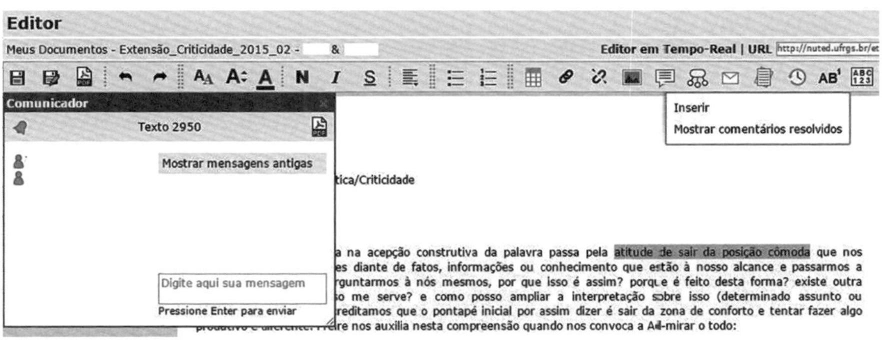

Figura 6.1 Ferramentas de interação do ETC.

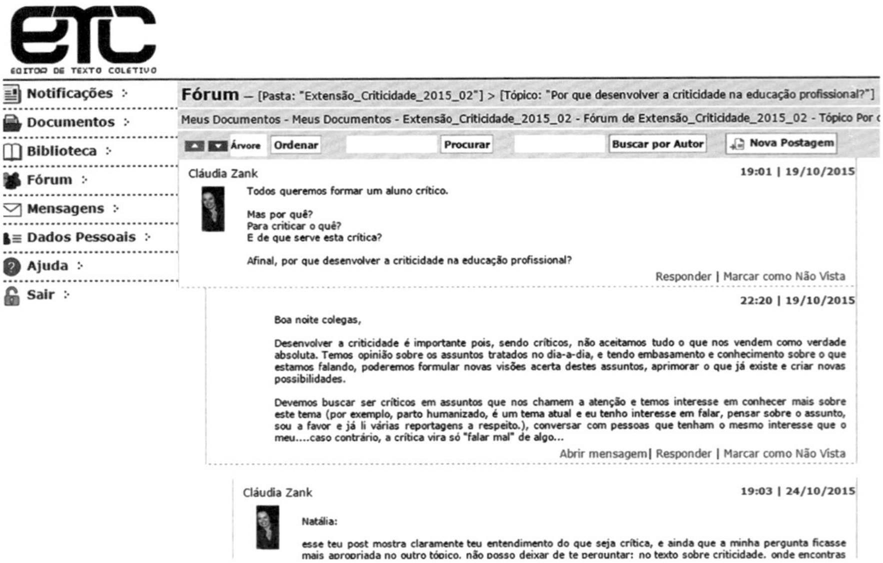

Figura 6.2 Fórum do ETC.

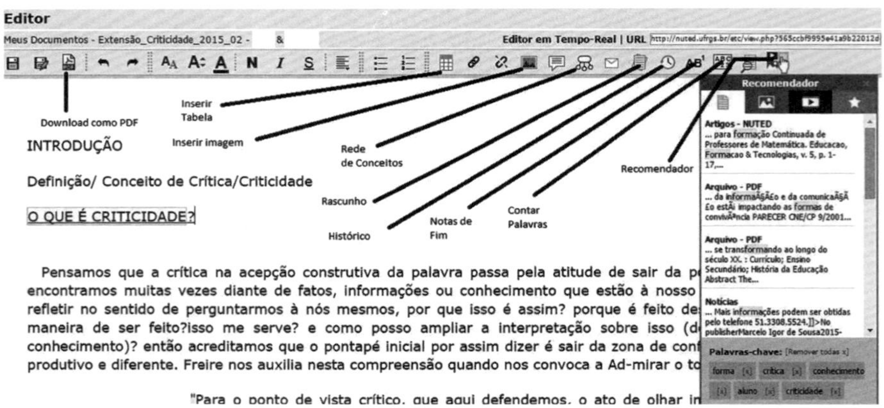

Figura 6.3 Funcionalidades do ETC.

RecETC: O RECOMENDADOR DE CONTEÚDOS DO EDITOR DE TEXTO COLETIVO

A escrita coletiva é utilizada na prática docente como um recurso pedagógico. Quando o professor opta por propor esse tipo de atividade, ele tem conhecimento acerca das contribuições que essa tarefa pode favorecer a seus alunos.

Com o apoio das tecnologias digitais, as possibilidades são ampliadas, pois nelas há diferentes recursos, que oferecem suporte ao processo de escrita, aos meios para interação e comunicação, ao acompanhamento do professor e ao acesso a diferentes formatos e fontes de materiais.

Em meio ao avanço tecnológico, os ambientes voltados para a escrita coletiva começam a ganhar novas funcionalidades, buscando facilitar a usabilidade e a integração com outros recursos e sistemas, oferecendo controle de edição, versões e revisões. Sob esse aspecto, há também interesse em favorecer um ambiente cada vez mais personalizado para o usuário, tendo em vista as possibilidades de atender às necessidades específicas e até mesmo de sugerir possíveis trajetórias de interação e de aprendizagem.

Nessa direção é que os SRs podem apresentar contribuições significativas para apoiar a ECD. Portanto, o RecETC surgiu a partir da necessidade dos usuários do ETC em receber indicações personalizadas de materiais (textos, imagens e vídeos) relacionados com o assunto que estão produzindo textualmente. Ele utiliza a técnica de mineração de textos para extrair os termos mais frequentes, visando a identificar o assunto que está sendo tratado no texto. A partir disso, o RecETC seleciona materiais que possam ser do interesse dos participantes e os recomenda, com o propósito de auxiliá-los com fontes de apoio relacionados.

No entanto, quando se planeja um SR para esse fim, é preciso refletir sobre as características e a dinâmica que permeia a ECD, com o intuito de compreender que elas precisam estar relacionadas com seu funcionamento. Segundo Maria (2017), o processo de escrita coletiva é visto como uma atividade complexa, devido às inúmeras características que a compõem e por necessitar da articulação de vários autores para que tenha sucesso.

Logo, contemplar as características que mobilizam a ECD significa considerar o contexto no qual o SR deve atuar. A respeito das principais características, Maria (2017) destaca que se referem aos elementos evidenciados na Figura 6.4.

Ao explorar os elementos que impulsionam o processo de ECD, torna-se possível refletir sobre as ações de um SR. Para o contexto do desenvolvimento e funcionamento do RecETC, foi definido um planejamento que contemplasse:

- o objetivo da recomendação;
- a solicitação da recomendação (mecanismo de partida);
- o produto da recomendação;
- a personalização da recomendação pelo usuário;
- a constituição de um espaço coletivo.

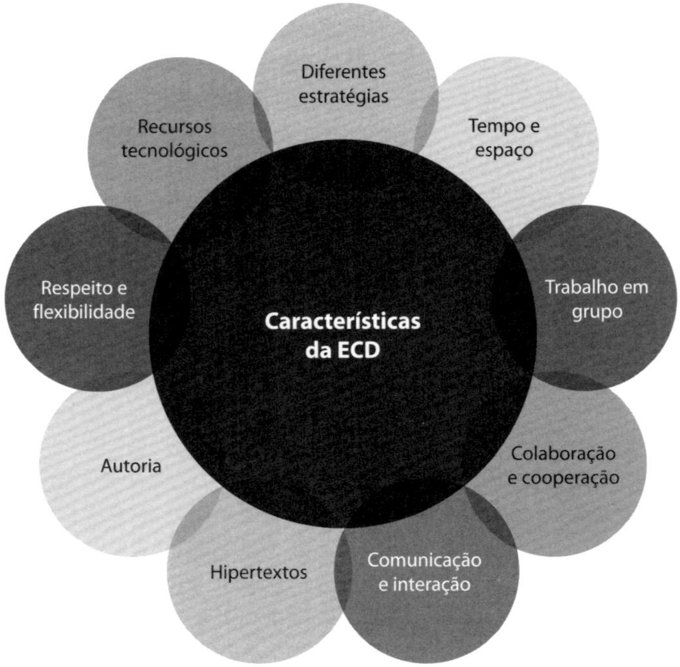

Figura 6.4 Características da ECD.
Fonte: Maria (2017).

O **objetivo da recomendação**, nesse contexto, está associado a uma necessidade do usuário em buscar referências para apoiar seus estudos e possivelmente qualificar a escrita. Além disso, contribui com a filtragem de informações em um contexto em que muitos materiais estão disponíveis na *web*. A recomendação como apoio ao sujeito da EAD individual e/ou coletivo pode potencializar os processos de autoria, assim como flexibilizar o espaço para novas ideias e argumentos, também oriundos da relação de respeito e interdependência estabelecida entre as pessoas.

A **solicitação da recomendação (mecanismo de partida)** para que as recomendações sejam oferecidas aos sujeitos está condicionada à ação do usuário por meio de um clique no botão "RecETC", pois, como dito anteriormente, compreende-se que a recomendação parte da necessidade do usuário. Logo, expor recomendações automáticas nesse contexto poderia representar uma inconveniência, uma vez que a elaboração textual apresenta necessidades específicas, como, por exemplo, o respeito ao limite de tempo para a criação e organização de ideias.

Outro aspecto que se refere ao processo inicial da recomendação trata-se da necessidade de uma produção textual mínima que deve ser feita pelos sujeitos. Isso se torna essencial para que o RecETC consiga filtrar os termos mais frequentes e, a partir deles, apresentar recomendações. Diante disso, o RecETC analisa o texto produzido por meio do processo de mineração textual, visando a compreender o contexto em que se encontra, ou seja, considera quais temas estão sendo tratados e sua evolução até o momento em que a recomendação é solicitada. Quando o texto é modificado, as recomendações também são atualizadas considerando as novas alterações. Logo, o RecETC contempla as ações provenientes do processo de colaboração e/ou cooperação estabelecidas, pois o mecanismo de recomendação está atrelado ao contexto da produção textual.

Tendo em vista os objetivos do processo de recomendação, o **produto da recomendação** foi planejado considerando os principais materiais de apoio utilizados no processo de escrita: texto, imagens e vídeos. De acordo com os dados estatísticos do Banco Internacional de Objetos Educacionais do Ministério da Educação (MEC),[2] o qual tem como foco o armazenamento de objetos de aprendizagem (OAs), os materiais do tipo vídeo e imagem referem-se a aproximadamente 40% do total de materiais disponibilizados no portal, conforme ilustra a Figura 6.5. Os dados representam valores desde a constituição do portal até outubro de 2017.

Já o portal Domínio Público,[3] uma das referências em materiais educacionais para professores e alunos, mostra a quantidade total de *downloads* realizados por tipo de material. Nesse caso, evidencia o material do tipo texto como um dos formatos mais visitados nesse *site*. Além disso, apresenta um volume significativo para os materiais do tipo imagem e vídeo (Fig. 6.6).

Além dos dados quantitativos que mostram que os três formatos de materiais (textos, imagens e vídeos) estão sendo muito utilizados, é importante considerar que a exposição diversificada de formatos pode resultar em maior interesse do usuário.

Para o caso do material textual, os usuários podem imprimi-lo, ler parte do conteúdo ou todo ele, retomar a leitura sempre que necessário, realizar destaques de trechos significativos, compartilhar com outros usuários, refletir sobre o conteúdo escrito permitindo o estudo em ritmo próprio e instigar o aprofundamento de materiais e conteúdos relacionados, entre

[2] Disponível em: http://objetoseducacionais2.mec.gov.br. Acesso em: 07 out. 2017.

[3] Disponível em: www.dominiopublico.gov.br. Acesso em: 07 out. 2017.

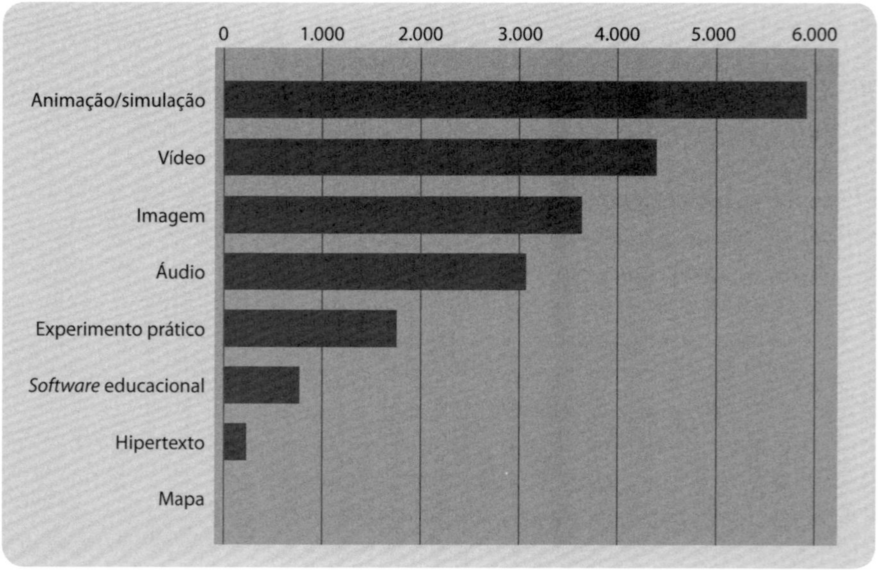

Figura 6.5 Quantitativo de recursos.
Fonte: Banco Internacional de Objetos Educacionais.

Mídia	Total
Textos	73.997.561
Imagens	5.900.377
Sons	5.809.120
Vídeos	5.917.122
Total	**91.624.180**

Figura 6.6 Total de acessos por tipo de mídia.
Fonte: Portal Domínio Público.

outros. De acordo com Vargas (2001), ao ler, o indivíduo estará produzindo sentidos sobre os sentidos já produzidos pelo autor.

Os materiais do tipo imagem carregam consigo diversas funções que podem oferecer benefícios para a construção de significados. Segundo Souza (2009), a imagem é vista como um recurso muito atrativo, já que, a partir dela, o estudante pode formar um leque de significados e significantes e, dessa forma, atingir o objetivo pedagógico final, que é a aquisição de conhecimentos e a aprendizagem. Além disso, é possível explorar a construção e a representação de conceitos, visualizar trajetórias (caminhos e aprendizagem, por exemplo), observar características estáticas e dinâmicas, simbólicas, abstratas, reais, em formato de figura, cena, fotografia, ilustração, gravura, desenho e ícone, entre outros.

Por sua vez, os conteúdos em formato de vídeo permitem aproximar o usuário de situações mais concretas, geralmente vividas no cotidiano. Por meio desse formato, o usuário poderá assistir à apresentação sobre um determinado assunto, ilustração de fatos reais, combinação de imagens e vídeos e simulações, teorias, como meio motivacional ou orientador.

Dessa forma, os usuários podem exercer autonomia na escolha do material mais adequado a suas necessidades tendo em vista a possibilidade de acesso a diferentes formatos, que ampliam os meios como um determinado conteúdo pode ser explorado. Além disso, no tocante à prática pedagógica, o professor poderá fazer uso de estratégias educacionais que visem a aproveitar o potencial de cada formato de material.

Outro aspecto considerado nesse processo é a **personalização da recomendação pelo usuário**. Ao fazer uso de um SR no contexto da escrita coletiva, é importante que o usuário tenha autonomia para refinar os resultados apresentados. Embora o próprio SR realize uma filtragem baseada na construção coletiva, essa também pode ser customizada. Para isso, o RecETC foi flexibilizado permitindo que novas palavras-chave fossem inseridas ou desconsideradas pelo processo de recomendação. Dessa maneira, o usuário identifica a mineração textual realizada de forma automática e, então, realiza as devidas adequações, caso sinta necessidade. A cada interação despendida pelo usuário em relação às palavras-chave, a atualização das recomendações é feita automaticamente.

Por fim, foi planejado um **espaço coletivo**, considerando a necessidade de promover a interação entre os sujeitos da EAD e a interatividade com os recursos tecnológicos do próprio SR. Nesse sentido, os sujeitos podem guardar o *link* dos materiais visitados ou identificados como mais interessantes. Cada material, independentemente do formato, sinaliza, por meio do ícone representado pelo sinal de uma estrela, a possibilidade de ser inserido nesse espaço, denominado de "favoritos". Além disso, os materiais registrados podem ser acessados a qualquer momento pelos sujeitos do grupo, e estes também conseguem excluí-los, caso considerem que não são mais do interesse coletivo.

A partir desse planejamento, a construção do RecETC foi idealizada considerando o uso das técnicas de recomendação denominadas filtragem baseada em conteúdo (FBC) e filtragem colaborativa (FC), conforme descrito no Capítulo 2. O RecETC foi implementado a partir do funcionamento de três subsistemas, conforme ilustra a Figura 6.7.

O minerador de textos foi desenvolvido para atender aos propósitos da ECD e do contexto da recomendação. A base de seu funcionamento está relacionada com a frequência das palavras no texto. No entanto, antes de efetivar esse processo, as ações realizadas por ele são as seguintes:

- **Preparação do texto** — O minerador percorre todo o texto e executa tarefas, como, por exemplo, remover símbolos e caracteres especiais, alterar todo o texto para minúsculo e aplicar a exclusão de uma lista de palavras do tipo *stopwords*.
- **Mineração do texto** — Após a etapa de preparação, o minerador inicia a contagem das palavras. Ele faz isso com todas as palavras, porém, exibe na interface do RecETC apenas as cinco mais frequentes.

O minerador de textos não é, entretanto, o único meio de destacar palavras-chave. Se o usuário do ETC achar conveniente, ele pode informar suas próprias palavras, e o sistema as define como prioridade. Em ambos os casos, as palavras-chave são apresentadas junto à interface do RecETC, conforme mostra a Figura 6.8.

Nesse espaço, o usuário pode remover as palavras que não lhe interessam (destacadas no retângulo)[4] e acrescentar outras (palavras sublinhadas),[5] conforme mostra a Figura 6.8.

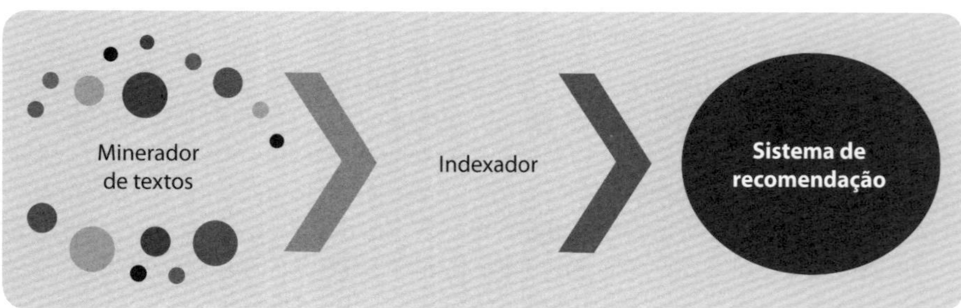

Figura 6.7 Subsistemas do RecETC.
Fonte: Maria (2017).

[4] No sistema, elas são destacadas em vermelho

[5] No sistema, elas são destacadas em azul.

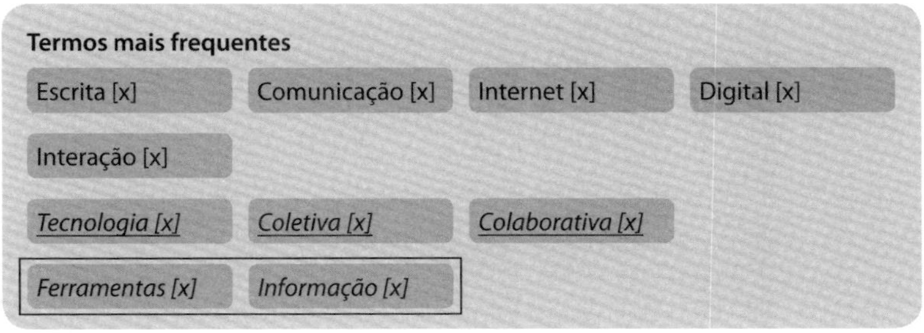

Figura 6.8 Exemplo de palavras-chave destacadas no RecETC.
Fonte: Maria (2017).

O **indexador** tem a função de armazenar, em uma base de dados própria, materiais disponibilizados no Repositório Digital LUME[6] da UFRGS. A população da base de dados com textos e imagens é realizada por meio do uso de uma interface de programação de aplicações (API), que faz a conexão com os dados armazenados no LUME (Fig. 6.9).

Atualmente, a execução do indexador é realizada de forma manual, por meio do acesso a uma URL que repassa como parâmetro as datas inicial e final, que serão utilizadas como limitadores para a indexação dos dados. Logo, a API retorna todos os itens que tiveram alterações no período em formato XML, no qual são imediatamente inseridas na base de dados do RecETC.

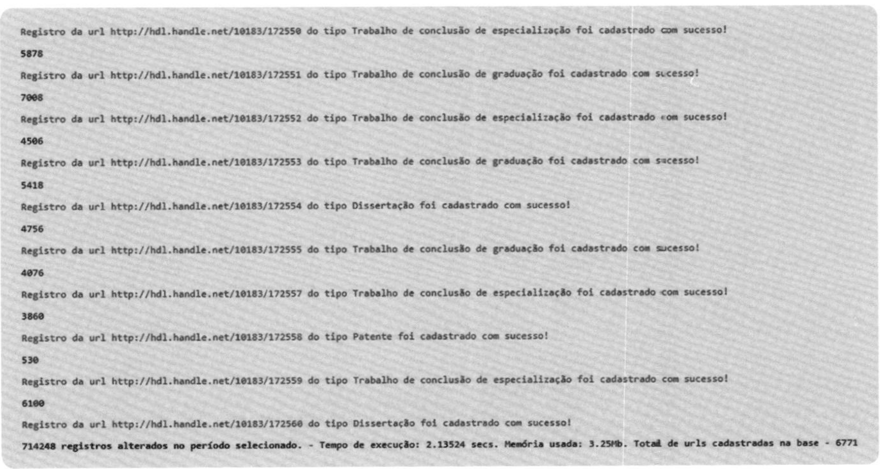
Registro da url http://hdl.handle.net/10183/172550 do tipo Trabalho de conclusão de especialização foi cadastrado com sucesso!
5878
Registro da url http://hdl.handle.net/10183/172551 do tipo Trabalho de conclusão de graduação foi cadastrado com sucesso!
7008
Registro da url http://hdl.handle.net/10183/172552 do tipo Trabalho de conclusão de especialização foi cadastrado com sucesso!
4506
Registro da url http://hdl.handle.net/10183/172553 do tipo Trabalho de conclusão de graduação foi cadastrado com sucesso!
5418
Registro da url http://hdl.handle.net/10183/172554 do tipo Dissertação foi cadastrado com sucesso!
4756
Registro da url http://hdl.handle.net/10183/172555 do tipo Trabalho de conclusão de graduação foi cadastrado com sucesso!
4076
Registro da url http://hdl.handle.net/10183/172557 do tipo Trabalho de conclusão de especialização foi cadastrado com sucesso!
3860
Registro da url http://hdl.handle.net/10183/172558 do tipo Patente foi cadastrado com sucesso!
530
Registro da url http://hdl.handle.net/10183/172559 do tipo Trabalho de conclusão de especialização foi cadastrado com sucesso!
6100
Registro da url http://hdl.handle.net/10183/172560 do tipo Dissertação foi cadastrado com sucesso!
714248 registros alterados no período selecionado. - Tempo de execução: 2.13524 secs. Memória usada: 3.25Mb. Total de urls cadastradas na base - 6771

Figura 6.9 Interface do indexador.
Fonte: Maria (2017).

[6] Disponível em: http://lume.ufrgs.br.

O **RecETC** realiza a indicação de três tipos de materiais: textos, imagens e vídeos. Os materiais recomendados partem das cinco palavras-chave mineradas ou informadas pelo usuário e, por sua vez, a consulta por materiais relacionados é feita em uma base de dados. Para que o RecETC recomende conteúdo, é necessário que o usuário tenha escrito uma parte do texto, ou seja, o suficiente para que o minerador possa identificar as palavras-chave mais frequentes, pois o ponto de partida da recomendação é a produção textual. Nesse processo, estão implementadas as técnicas de FBC e FC, oriundas da área de SRs, personalizando os resultados apresentados.

O RecETC encontra-se disponível no ETC e necessita da ação do usuário para ser executado. Para tanto, basta clicar sobre o botão "RecETC" que as recomendações, baseadas no texto, começam a ser sugeridas. A Figura 6.10 ilustra o botão e a localização da interface do RecETC.

Sempre que o usuário solicitar uma recomendação por meio do RecETC, este apresentará, em abas separadas, uma lista com três formatos diferentes de materiais: texto (*sites*/artigos), imagem e vídeo, conforme destaca a Figura 6.11. A última aba, caracterizada pelo ícone de uma estrela, refere-se

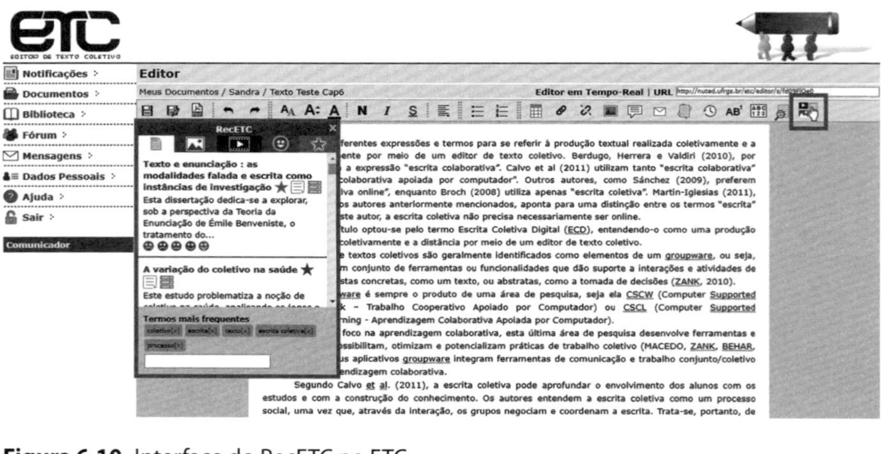

Figura 6.10 Interface do RecETC no ETC.
Fonte: Maria (2017).

Figura 6.11 Tipos de formatos em abas do RecETC.
Fonte: Maria (2017).

à área de favoritos, e a aba que ilustra um sorriso se refere às avaliações realizadas pelos usuários.

Na primeira aba, ficam disponíveis as recomendações de textos relacionados com o tema da escrita que está sendo produzida. Estas são mostradas em formato de lista, apresentando o título do *site*/artigo e parte da descrição textual do conteúdo. Ao clicar sobre um dos resultados, o usuário é redirecionado para o conteúdo completo. Esse conteúdo pode ser inserido na aba favoritos clicando no ícone da estrela, que fica posicionado junto ao texto recomendado. Um exemplo da recomendação de textos pode ser visualizado por meio da Figura 6.12.

Na aba seguinte, ficam as recomendações de imagens. Posicionando o *mouse* sobre uma imagem, o RecETC disponibiliza quatro opções: inserir a imagem no texto, fazer o *download*, realizar uma pré-visualização e adicionar à aba favoritos, conforme pode ser observado na Figura 6.13.

Na aba seguinte, estão as recomendações de vídeos (oriundos do YouTube). Ao clicar sobre o vídeo recomendado, ele é carregado ao lado, facilitando a visualização do conteúdo. A Figura 6.14 apresenta a lista de recomendações de vídeos, bem como um exemplo de pré-visualização.

Para cada texto recomendado, é possível realizar uma avaliação. As avaliações registradas são individuais, portanto, não ficam visíveis para os

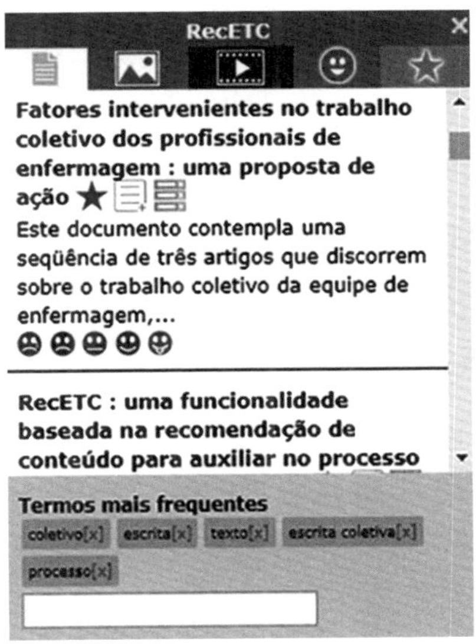

Figura 6.12 Recomendação de textos.
Fonte: Maria (2017).

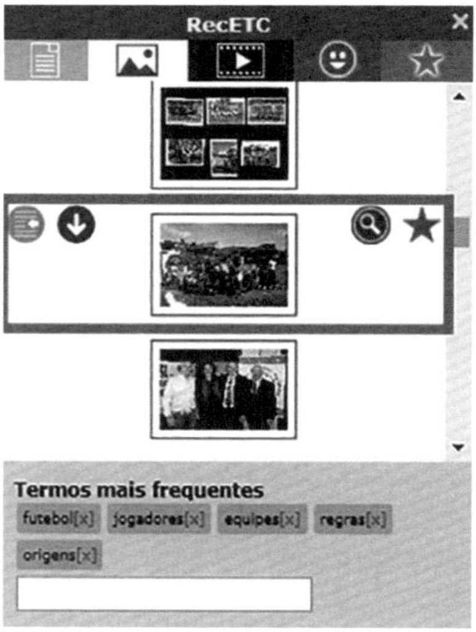

Figura 6.13 Recomendação de imagens.
Fonte: Maria (2017).

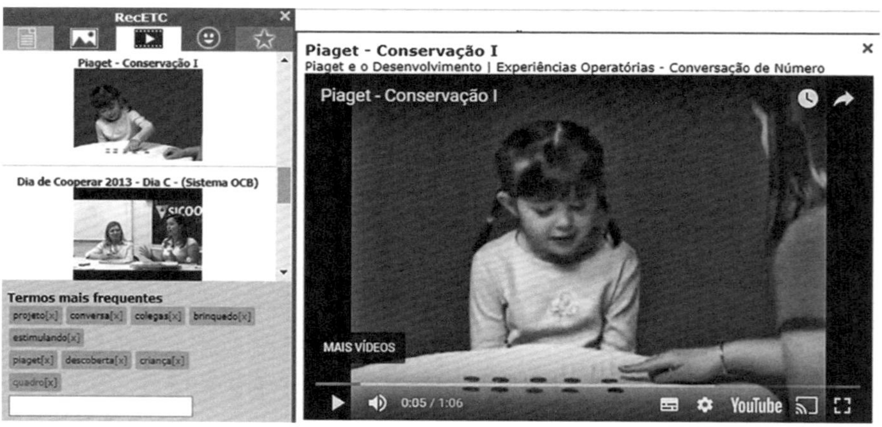

Figura 6.14 Recomendação de vídeos e pré-visualização.
Fonte: Maria (2017).

demais integrantes do grupo. O usuário pode escolher entre avaliar um texto como ruim, irrelevante, regular, relevante e bom, que são representados por expressões (de triste a muito feliz), as quais têm um valor que varia de 1 a 5, sendo o texto ruim classificado como 1 e o bom como 5. Essas avaliações têm implicações no texto que os usuários estão produzindo e nas recomendações dos demais integrantes do grupo, e não no sistema como um todo. A Figura 6.15 ilustra um exemplo de texto avaliado.

A área de favoritos, disponível na última aba do RecETC, tem o intuito de guardar todos os materiais sinalizados nas abas de textos e imagens. Ela pode ser interpretada pelo grupo como um recurso que foi utilizado como referência para a construção do texto ou como um material a ser estudado. Por se tratar de um texto coletivo, esse recurso se torna um espaço de uso comum entre os integrantes. A Figura 6.16 destaca um exemplo de materiais definidos como favoritos por um grupo de participantes de um texto.

Salienta-se que o conteúdo é selecionado a partir do que já está indexado no banco de dados. Logo, quanto mais o indexador for executado e mais páginas forem inseridas, mais alternativas poderão ser apresentadas ao usuário nas três abas de recomendação.

Dessa forma, os autores, munidos de novos recursos que apoiam o processo de ECD por meio do SR, têm os elementos necessários para dinamizar essa atividade e estabelecer trocas sociais.

A próxima seção trata de possíveis implicações que as recomendações oriundas do RecETC podem refletir em sua utilização por professores e alunos.

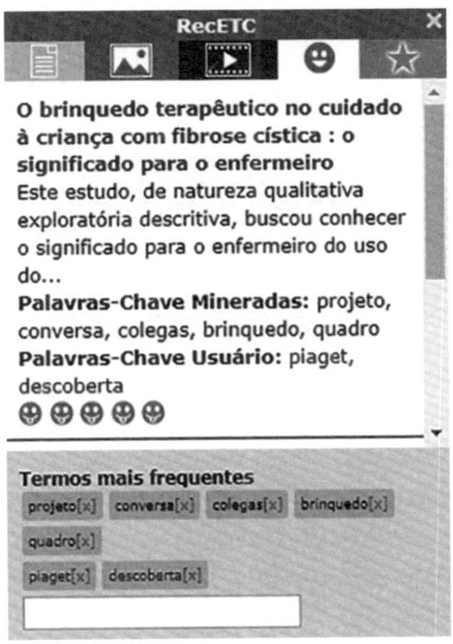

Figura 6.15 Avaliações.
Fonte: Maria (2017).

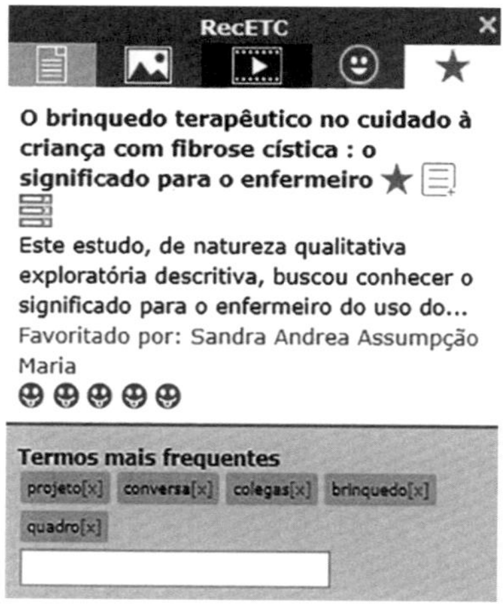

Figura 6.16 Área de favoritos.
Fonte: Maria (2017).

RecETC: POSSÍVEIS IMPLICAÇÕES DA RECOMENDAÇÃO DE CONTEÚDOS

O RecETC tem relação direta com a recomendação pedagógica (RecPed),[7] uma vez que sugere aos autores materiais para apoiar a ECD. O conteúdo é um dos componentes da arquitetura que faz parte do modelo pedagógico.[8] O objetivo dessa recomendação é sugerir diferentes formatos de materiais (vídeos, textos e imagens), a fim de ampliar as possibilidades de consulta e, assim, criar condições para uma produção escrita de melhor qualidade.

A recomendação de conteúdo não tem um fim em si mesma, pois ela pode refletir, de forma direta, nas relações que os alunos estabelecem entre o conhecimento já construído e as novas referências apresentadas pelo RecETC. Além disso, as práticas pedagógicas propostas pelo professor também podem sofrer adaptações a partir do conteúdo recomendado. Novos conhecimentos podem ser construídos, novas necessidades podem ser identificadas ao longo do processo e, assim, novas ações e intervenções podem ser realizadas tanto pelo professor, para com o grupo de alunos, quanto pelos alunos entre si, a fim de atender a demandas específicas da escrita. Para aprofundar e entender essas proposições, a seguir será feito um detalhamento de cada uma dessas instâncias.

---

[7] Para mais detalhes sobre RecPed, ver o Capítulo 1.
[8] Para detalhes sobre modelo pedagógico, ver o Capítulo 1.

Implicações do conteúdo gerado pelo RecETC para alunos no processo de escrita coletiva

Entende-se que uma qualificada seleção de conteúdos advindos da *web* seja fundamental para sustentar e auxiliar o desenvolvimento da escrita. Tal seleção é um dos componentes base da RecPed.

Durante um processo de escrita, os alunos são entendidos como sujeitos individuais. A função do RecETC é, a partir da construção do texto, mesmo que ainda parcial ou a partir dos termos cadastrados pelos usuários, recomendar materiais que possam servir de referências.

O diferencial desse processo é que, além das relações que os alunos estabelecem com o novo conteúdo recomendado, existem outras que se constituem entre os próprios alunos, nesse caso, os sujeitos coletivos, já que se trata de uma escrita coletiva. Assim, o conteúdo sugerido é interpretado a partir de diferentes perspectivas, que devem ser articuladas entre si para compor um todo coerente e conciso. Tais perspectivas podem ser analisadas, avaliadas e valorizadas a partir de diferentes escalas de valores. Isso tem relação direta com as vivências e as relações já estabelecidas por cada aluno. O valor virtual que cada conteúdo recomendado pelo RecETC receberá de cada sujeito individual poderá ser significativamente diferente. Assim, a inclusão de determinados argumentos, fundamentações e pontos de vista em uma produção coletiva poderá sofrer certo desequilíbrio entre os envolvidos e, por conseguinte, poderá demandar etapas de negociações entre eles.

Outra situação que pode exigir trocas entre sujeitos individuais é quando estes avaliam uma recomendação feita pelo RecETC. Um mesmo conteúdo pode ser muito valorizado e recomendado pelo sujeito da EAD individual "A" e desconsiderado pelo sujeito da EAD individual "B". Nesse caso, quando não há uma escala comum de valores, os sujeitos individuais precisam negociar e ponderar as diferentes proposições acerca do mesmo tema. O resultado pode ser uma troca equilibrada ou não.

O sucesso dessas situações pode ter estreita relação com a capacidade de empatia de cada sujeito individual, isto é, a capacidade que cada um tem de se colocar no lugar do outro e ponderar os motivos e critérios que levaram o colega a considerar e valorizar determinada recomendação. Quanto maior for a empatia em dada situação, maior poderá ser o sucesso da articulação entre os diferentes pontos de vista propostos por cada um dos sujeitos individuais em um mesmo texto. Além disso, maior poderá ser, também, o equilíbrio nas trocas sociais, o que favorecerá o aumento da qualidade da produção textual.

A complexidade dessas relações retrata o sujeito da EAD coletivo, que, nesse contexto, está imerso em um sistema digital que possibilita a produção coletiva a distância apoiada por um SR de conteúdo. Para tanto, cada sujeito individual precisa articular suas características particulares: a de sujeito biofisiológico, que garante as condições necessárias para a constituição de sua existência; a de sujeito cognitivo, que constrói novos conhecimentos a partir das interações com o objeto de conhecimento; a de sujeito social, que precisa compreender e agir a partir de hábitos, regras e interditos sociais; a do sujeito afetivo, que necessita administrar as emoções e os sentimentos frutos das relações que estabelece tanto com o objeto de conhecimento quanto com seus pares; além do sujeito tecnológico, necessário para a comunicação e a pertinência nos ambientes virtuais, conforme definição dos sujeitos no Capítulo 1.

A Figura 6.17 mostra a relação entre os diferentes sujeitos em interação com os conteúdos recomendados pelo RecETC e a ECD.

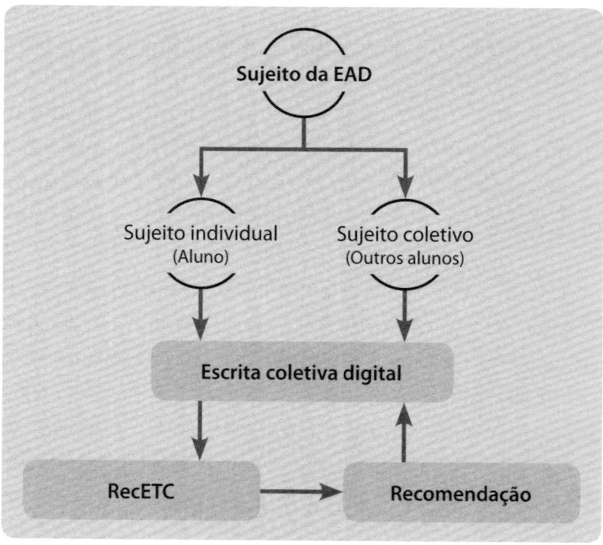

Figura 6.17 RecETC e sua relação com os diferentes sujeitos.

IMPLICAÇÕES DO CONTEÚDO GERADO PELO RECETC PARA PROFESSORES NO PROCESSO DE ESCRITA COLETIVA

Este estudo entende o professor, que é um sujeito individual e também faz parte do sujeito da EAD coletivo, como um orientador do processo de aprendizagem do aluno. Nesse sentido, sabe-se que ele tem a preocupação de avaliar os materiais retornados pelo recomendador para identificar se atendem às necessidades dos alunos. Se o professor identificar lacunas entre o material oferecido pelo recomendador e as necessidades advindas dos alunos, ele poderá cadastrar novos materiais, utilizando o indexador, a fim de aprimorar a personalização dos resultados, de forma que os usuários recebam referências que melhor atendam às suas necessidades.

Além de receber indicações do recomendador, o professor será, também, um avaliador dessas indicações e fará seu julgamento a partir de sua escala de valores. Essa escala poderá, ou não, ser equilibrada em relação às avaliações feitas pelos alunos. Esse cenário poderá demandar do professor intervenções tanto em relação aos materiais quanto em relação aos usuários. O mais importante é que ele tenha ciência dessas diferentes perspectivas e que as articule de acordo com as intenções e necessidades dos alunos, e não considerando apenas seu ponto de vista.

Outra situação que poderá ser identificada é o desequilíbrio nas trocas entre os integrantes de um grupo. Nessas condições, tenderá a ser mais difícil construir uma produção coletiva que tenha coerência e concisão do que uma baseada no equilíbrio coletivo. Aqui, o professor pode agir tanto na mediação das trocas entre os alunos quanto na busca e na adaptação de referências que qualifiquem e ajustem os materiais recomendados, a fim de que estes facilitem o entendimento coletivo e proporcionem discussões sob novos pontos de vista. Essa ação também pode ser eficiente em situações em que há desequilíbrio em relação à avaliação e à recomendação dos materiais feitas entre os colegas.

O foco de todo esse processo é buscar, na recomendação de conteúdos, e considerando sua possibilidade de adaptação, melhores condições para qualificar as trocas sociais, atingindo sempre maiores patamares qualitativos de produções textuais coletivas.

CONSIDERAÇÕES FINAIS

Os SRs estão fazendo parte de vários segmentos, sejam eles corporativos, acadêmicos ou pessoais, e muitos benefícios podem ser aproveitados quando há uma aplicação adequada.

Na educação, em especial, tem-se muito a explorar diante das iniciativas que já existem cooperando significativamente com os processos de ensino e de aprendizagem. No âmbito da ECD, os SRs podem ser utilizados como mecanismos de apoio à produção textual, visando a favorecer as relações interpessoais, a organização de ideias e a construção de conceitos.

Nesse sentido, torna-se importante qualificar o processo de recomendação com vistas a oferecer auxílio à escrita coletiva evitando, assim, que o usuário precise recorrer a fontes externas para a consulta de materiais. Nessa vertente, uma das propostas futuras do RecETC é a qualificação da base de dados, por meio da integração com outros repositórios, ampliando a oferta de conteúdo de forma quantitativa e qualitativa.

Com o intuito de auxiliar a ECD, também é apontada a possibilidade de explorar dicas e orientações pedagógicas para o professor em relação às possibilidades de fomentar as trocas sociais e a utilização do RecETC.

Cabe enfatizar que mais do que recomendar, o foco do RecETC está em poder articular sujeitos individuais e coletivos, para que encontrem, nos diferentes materiais indicados, o suporte necessário para construírem e aprimorarem suas escritas.

REFERÊNCIAS

BERDUGO, M.; HERRERA, O. E.; VALDIRI, V. El desarrollo de la escritura académica en el ambiente virtual Lingweb: realidades y desafios. *Revista Lenguaje*, [S.l.], v. 38, n. 2, p. 351-386, 2010.

BROCH, I. K. *Escrita coletiva de texto teatral em língua inglesa em ambiente virtual de aprendizagem:* o foco do aluno no processo. 2008. Dissertação (Mestrado em Linguística Aplicada) - Instituto de Letras, Universidade Federal do Rio Grande do Sul, Porto Alegre, 2008.

CALVO, R. A. et al. Collaborative writing support tools on the cloud. *IEEE Transactions On Learning Technologies*, Los Alamitos, v. 4, n. 1, p. 88-97, 2011.

MACEDO, A. L. *Rede de conceitos:* uma ferramenta para contribuir com a prática pedagógica no acompanhamento da produção textual coletiva. 2010. Tese (Doutorado em Informática na Educação) - Centro Interdisciplinar de Novas Tecnologias na Educação, Universidade Federal do Rio Grande do Sul, Porto Alegre, 2010.

MACEDO, A. L.; ZANK, C.; BEHAR, P. A. Domínio sociocultural: foco no trabalho em equipe. In: BEHAR, Patricia Alejandra (Org). *Competências em educação a distância.* Porto Alegre: Penso, 2013. p. 107-134.

MARIA, S. A. A. *RecETC:* uma funcionalidade baseada na recomendação de conteúdo para auxiliar no processo de escrita coletiva digital. 2017. 271 f. Tese (Doutorado em Informática na Educação) - Centro Interdisciplinar de Novas Tecnologias na Educação, Universidade Federal do Rio Grande do Sul, Porto Alegre, 2017.

MARTIN-IGLESIAS, R. Hacia un nuevo paradigma de diseño colaborativo. In: XV CONGRESO DE LA SOCIEDAD IBEROAMERICANA DE GRÁFICA DIGITAL, 15., 2011, Santa Fe. *Proceedings...* [S.l.]: SIGraDi, 2011.

SÁNCHEZ, A. B. Escritura colaborativa en línea: un estudio preliminar orientado al analisis del proceso de coautoría. *Revista Iberoamericana de Educación*, Madrid, v. 12, n. 2, p. 33-55, 2009.

SOUZA, C. N. M. A importância da mediação pedagógica transdisciplinar em EAD que se utiliza de imagens para a busca do conhecimento e da efetivação do aprendizado. *Visão Global*, Joaçaba, v. 12, n. 2, p. 251-266, 2009.

VARGAS, D. J. *A orientação acadêmica na educação a distância:* o trabalho do leitor intermediário. 2001. Dissertação (Mestrado em Educação) - Universidade de Cuiabá, Cuiabá, 2001.

ZANK, C. *Contribuições do editor de texto coletivo (ETC) para o desenvolvimento da competência para o trabalho em equipe.* 2010. 200 f. Dissertação (Mestrado em Educação) - Faculdade de Educação, Universidade Federal do Rio Grande do Sul, Porto Alegre, 2010.

ZANK, C. *Criticidade na educação profissional:* prática e ferramentas dialógicas. 2016. 234 f. Tese (Doutorado em Educação) - Faculdade de Educação, Universidade Federal do Rio Grande do Sul, Porto Alegre, 2016.

7

SISTEMAS DE RECOMENDAÇÃO DE E PARA GRUPOS

Ana Carolina Ribeiro Ribeiro | Fátima Weber Rosas
Gislaine Rossetti Ferreira | Patricia Alejandra Behar

Este capítulo trata de sistemas de recomendação (SRs) para a formação de grupos e para grupos existentes, tanto no contexto da educação a distância (EAD) quanto em outros âmbitos.

Entende-se que a contribuição de SRs na EAD é evidenciada tendo em vista que um grupo é formado por diferentes perfis e que a união dos sujeitos individuais resulta em um novo perfil, o do grupo. Diante disso, novas necessidades e novos interesses emergem, fruto das trocas desses sujeitos, da busca de um objetivo comum e do confronto de diferentes ideias, entre outras possibilidades. Essas questões são ainda mais complexas nessa modalidade de educação em que os alunos, na maioria das vezes, não se conhecem e necessitam se aproximar para a realização de atividades e discussões ao longo de determinado curso.

Com base no exposto, ressalta-se a importância da recomendação tanto para a formação de um grupo, a partir de seus perfis, quanto para a identificação de estratégias e materiais para grupos já existentes. Dessa forma, a seguir será abordada a definição de grupos e suas características. Após, será apresentado o processo de recomendação de e para grupos na EAD, bem como os SRs para formar tais grupos. Por fim, serão elencados os SRs de materiais e recursos para os grupos, bem como as considerações que encerram o capítulo.

GRUPOS NA EDUCAÇÃO: DEFINIÇÕES E CARACTERÍSTICAS

A presença de grupos pode ser observada nos mais diversos âmbitos da vida. Carvalho e Macedo (2014, p. 80) compreendem por grupo um conjunto de relações sociais e interações recorrentes entre seus sujeitos, ou seja,

> [...] uma coleção de várias pessoas que compartilham certas características, interagem uns com os outros, aceitam direitos e obrigações como sócios do grupo e compartilham uma identidade comum — para haver um grupo social, é preciso que os indivíduos se percebam de alguma forma afiliados ao grupo.

A partir dessa definição de grupo, entende-se que essa interação abrange a ocorrência e a prática de determinados direitos e obrigações que podem ser identificados, principalmente, nos relacionamentos criados por meio de um interesse em comum ou do compartilhamento de certas características. Nessa questão, observa-se que, por mais que os sujeitos façam parte de grupos sociais já ao nascer, outros são formados ao longo da vida, de acordo com suas vivências e interesses.

No início do século XX, o sociólogo norte-americano Charles Cooley (1902) definiu a existência de dois principais tipos de grupos: os primários e os secundários. Os primários caracterizam-se por terem relações estreitas e pessoais com a presença do altruísmo. Esse tipo é vivenciado muito cedo na vida de um indivíduo e tem um importante papel no desenvolvimento da identidade. Um exemplo é a família. Já os secundários têm relações impessoais com objetivos orientados, nos quais ocorre a presença de interações. Eles aparecem mais tardiamente na vida e têm menor influência na formação da identidade. Como exemplo, citam-se os colegas de uma sala de aula, que o autor sustenta que podem se tornar primários, mesmo sendo formados no decorrer da formação do indivíduo.

Entre as diversas definições de grupos existentes, observa-se que a principal razão para a reunião de indivíduos seria a busca coletiva de se alcançar um objetivo em comum. Verifica-se essa definição nos grupos educacionais, principalmente quando os alunos têm de agir de forma colaborativa, a fim de cumprir os desafios propostos pelo professor. Dessa forma, torna-se importante atentar, não somente na forma pela qual o processo social se ajusta às contribuições individuais, mas, também, como responde ao coletivo. Esta acontece a partir das contribuições particulares que influenciam esse contexto até a finalização da tarefa (DAVIS, 2009). Para tanto, em um grupo bem constituído, todos são responsáveis pelo alcance das metas, pois existe uma colaboração mútua que se estabelece, a fim de facilitar a interação. Dessa forma, os membros ultrapassam suas limitações e participam do processo evolutivo.

Na educação, a coordenação de pontos de vista na busca de um objetivo em comum se dá por meio dos trabalhos em grupo. No entanto, isso não implica apenas promover a junção de um determinado número de alunos, ainda mais quando se busca a cooperação. É importante atentar que os membros de um grupo se diferenciam pelos interesses, motivações, valores e atitudes, entre outros, sendo que cada indivíduo contribui com forças positivas e/ou negativas, explícitas e/ou implícitas no desenvolvimento das tarefas. Já durante o processo de troca dentro desse coletivo, novas forças podem surgir, resultantes das interações existentes. Devido à complexidade destas no âmbito da EAD, reconhece-se a importância de tecnologias que possam auxiliar no processo de recomendação, como destacado a seguir.

PROCESSO DE RECOMENDAÇÃO DE E PARA GRUPOS NA EDUCAÇÃO A DISTÂNCIA

Na EAD, para que os alunos possam se sentir pertencentes a um grupo no meio virtual, deve haver a conciliação dos interesses racionais (compreensão dos conteúdos, disciplinas, etc.) e o acompanhamento do envolvimento afetivo[1] desse indivíduo diante de outros integrantes (empatia, sentimentos, etc.). Além dessas questões, há a influência da distância física entre os sujeitos, pois, presencialmente, as questões do tipo psicológicas e emocionais são naturalmente identificadas, enquanto, no meio virtual, são difíceis de serem observadas. Outro fator conflitante é o processo de seleção dos grupos, que necessitam de um ajuste no ambiente, a fim de contemplar o estabelecimento de critérios (perfil dos participantes, heterogeneidade necessária, etc.) e que, diante desses parâmetros, os indivíduos consigam trabalhar em grupo.

Paloff e Pratt (2015) entendem que o conhecimento da dinâmica de grupos[2] pode ajudar professores e tutores a ajustar suas estratégias para lidar com problemas específicos, tais como a pouca participação dos alunos ou dificuldades de relacionamento. Dessa forma, o conhecimento de tais

---

[1] A influência dos aspectos afetivos na educação é abordada no Capítulo 3.

[2] Para Minicucci (2007), a dinâmica de grupo é considerada uma ciência que estuda a natureza e o desempenho dos grupos, a partir das interações e relações interpessoais existentes entre seus membros.

dinâmicas evita intervenções docentes desnecessárias ou até mesmo prejudiciais ao desenvolvimento de um grupo. De acordo com Lima e Weber (2010, p. 197), os estudos que vêm sendo realizados sobre essa prática em ambientes virtuais analisam a "complexidade da combinação de características pessoais, das formas de comunicação existentes; a importância da interação; os papéis que os indivíduos assumem dentro dos grupos e os tipos de tarefas a serem realizadas". Para os autores, é importante ponderar que, na EAD, como destacou-se anteriormente, intensifica-se a complexidade da formação de grupos, por haver dificuldades quanto à diversidade na comunicação, como também na escolha das técnicas e dos recursos tecnológicos. Geralmente, nas dinâmicas de grupo, considera-se somente a colaboração, sem levar em conta os seus aspectos estruturais. Assim, é fundamental a análise do perfil dos sujeitos para que eles possam identificar parceiros de trabalho em potencial, de modo a formar grupos que sejam enriquecedores para seus membros. Esse tipo de mapeamento e combinação de perfis pode ser observado por meio de alguns SRs já existentes e em uso tanto para a educação quanto para o entretenimento e a formação de grupos de trabalho. Podem ser identificados, nessa perspectiva, a recomendação de uma coleção de músicas para uma festa, a recomendação de restaurantes para um almoço ou janta, algumas dicas de destino para viajar, assim como recursos educacionais para uma turma de alunos (MASTHOFF, 2011).

Jaques et al. (2012) destacam que, como não se tem contato direto com as características psicológicas dos participantes, e sendo elas fundamentais ao desenvolvimento do trabalho em grupo, a implementação de um sistema que realize essas combinações seria de grande relevância para o aumento da qualidade da EAD. Conforme os autores,

> [...] grupos que são mais homogêneos em termos socioemocionais e de personalidade despendem menos tempo em interações socioemocionais necessárias para manter a coesão do grupo e, portanto, concentram-se mais nas interações que são relevantes para a resolução de tarefas. Por outro lado, grupos incompatíveis em termos de características sociais e emocionais têm mais problemas para atingir a resolução de tarefas e despendem muito mais tempo com problemas socioemocionais. Além de que membros em grupos compatíveis são, na maioria dos casos, mais satisfeitos com as interações do grupo [...]. (JAQUES et al., 2012, p. 56).

Atentando a questões como essas, destacam-se os SRs que, quando voltados para a recomendação de pessoas e para a formação de grupos, também são chamados de sistemas de combinação social (CAZELLA et al., 2010), conforme mencionado no Capítulo 4. Neles, o perfil dos usuários é cuidadosamente descrito e efetivamente mais complexo em relação aos modelos mais utilizados em SRs. Dessa forma, inclui informações sobre aspectos psicossociais da identidade do usuário, tais como aspectos de personalidade, emoção, familiaridade e aspectos sociais.

Uma vez formado o grupo, um dos trabalhos dos SRs é a recomendação de materiais e estratégias pedagógicas, de modo a atender ao interesse e às necessidades de seus membros. Por isso, entende-se que são exemplos de SRs pedagógica para grupos.

Tendo em vista que cada membro de um grupo apresenta determinadas visões, vontades e características, é um desafio oferecer uma recomendação que seja do interesse de todos os integrantes. Assim, torna-se necessário o uso de estratégias de agregação de perfis e escolhas de materiais que sejam relevantes para todos, ou, pelo menos, para a maior parte desse grupo. Com base nessas questões, Carvalho e Macedo (2014) realizaram um levantamento sobre as estratégias de recomendação para grupos. Elas representam os critérios utilizados em cada um dos casos e que geram as recomendações para o grupo de um determinado item. Algumas são destacadas a seguir:

- ***Average:*** nessa estratégia de agregação, é assumida a mesma importância para todos os membros e computada uma média da satisfação.
- ***Least Misery:*** é utilizada a avaliação do membro menos satisfeito.
- ***Most Pleasure:*** é assumida a avaliação do membro mais satisfeito.
- ***Average Without Misery:*** nessa estratégia, é gerada uma lista de avaliações que tem as médias das avaliações individuais dos membros do grupo, retirando os itens que tenham uma avaliação abaixo de um determinado valor.
- ***Fairness:*** são selecionados os itens que apresentem maior preferência para cada um dos membros do grupo.
- ***Dictatorship ou Most Respected Person***: nessa estratégia, são utilizadas as preferências dos indivíduos com gostos mais próximos.

As estratégias demonstram a existência de três categorias (CARVALHO; MACEDO, 2014):

1. **Estratégias baseadas em consenso** — em que são consideradas as preferências dos membros do grupo.

2. **Estratégias baseadas em maioria** — em que são utilizados os itens mais populares entre os membros do grupo.
3. **Estratégias *borderline*** — em que é considerado somente um subconjunto de itens, de acordo com os perfis individuais.

Nesse sentido, a recomendação para grupos implica, necessariamente, o uso de uma estratégia que atingirá mais ou menos membros. O uso dessas estratégias, por sua vez, implica escolhas e apresenta grandes desafios no processo de recomendação.

Com base nessas questões, entende-se que os SRs para grupos são desenvolvidos por meio das combinações de perfis, que são realizadas das mais diversas formas. Conforme referenciado no Capítulo 1, o sujeito da EAD refere-se aos indivíduos que atuam na EAD, como alunos, professores e tutores que interagem entre si em um ambiente virtual de aprendizagem (AVA). As interações entre dois ou mais sujeitos individuais estabelecem o que se chama de sujeito da EAD coletivo, definido como um "conjunto de sujeitos que fazem parte de um todo com características próprias construídas ou reconstruídas através da participação em grupo, e que se refletem no mesmo" (BEHAR, 1998, p. 56). Destaca-se, ainda, que o sujeito da EAD coletivo é a composição de outros sujeitos da EAD individuais e/ou de outros sujeitos da EAD coletivo. Diante dessas definições, é importante entender que o que está em eminência é a relação que existe entre as pessoas, ou seja, a ação que envolve os indivíduos quando se relacionam.

O sujeito da EAD coletivo é constituído por meio da interação entre sujeitos individuais, refletindo sobre ideias, aceitando diferenças e pontos de vista. Dessa forma, a construção do conhecimento ocorre nas trocas, de forma individual ou em grupos (PIAGET, 1973). Para Piaget (1973; 2005), o desenvolvimento das operações lógicas no indivíduo corresponde, simultaneamente, a seu processo de socialização. Portanto, além de ser processual na vida do sujeito, ocorre a partir de interações com os outros, também chamadas trocas sociais. A Figura 7.1 apresenta as trocas sociais que podem ocorrer entre os diversos sujeitos da EAD individuais.

Na Figura 7.1, vários sujeitos da EAD individuais, representados pelas siglas SEAD-i 1, SEAD-i 2 e SEAD-i 3, interagem entre si. Essas interações sociais estão representadas por setas bidirecionadas. Conforme Piaget (1973), é durante essas interações que a cooperação pode (ou não) ocorrer. Nelas, por exemplo, estão implícitos sentimentos, emoções, interesses,

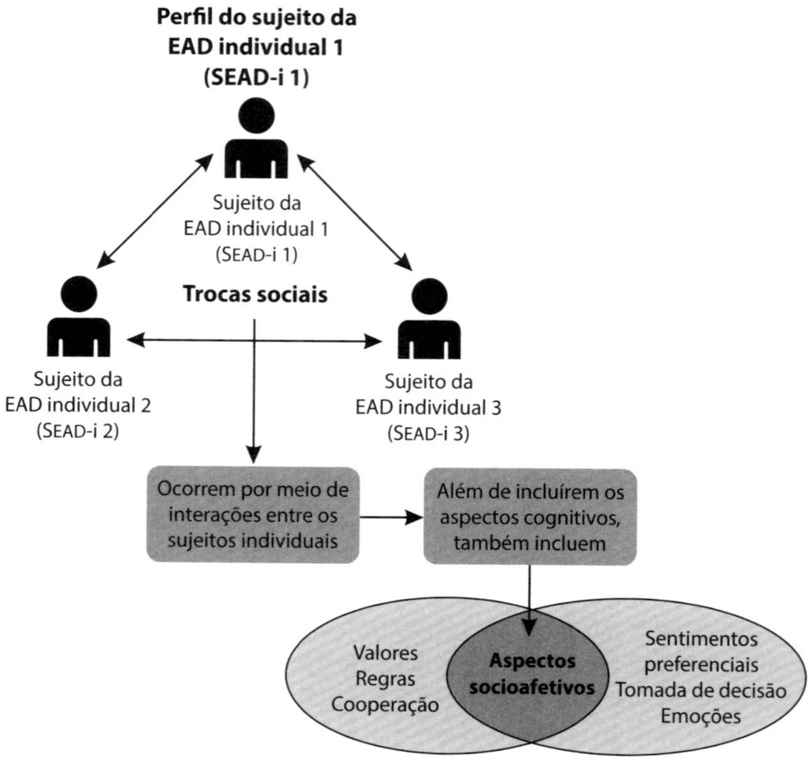

Figura 7.1 Representação das trocas sociais entre os diversos sujeitos da EAD individuais.

preferências, valores, regras, capacidade de cooperar e tomada de decisões, constituindo os aspectos socioafetivos dos indivíduos.

Essas questões revelam-se importantes também para a compreensão da convivência em grupos e como isso influencia a constituição dos sujeitos e suas ações em determinado contexto. Já o sujeito da EAD coletivo é caracterizado a partir das interações entre os sujeitos da EAD individuais, que conduzem a uma construção coletiva do conhecimento por meio da cooperação e do confronto de ideias entre integrantes de um grupo. A Figura 7.2 representa como é formado o perfil do sujeito da EAD coletivo a partir da captura dos dados sobre o perfil dos sujeitos da EAD individuais em um AVA.

Assim, conforme a Figura 7.2, o perfil do sujeito da EAD coletivo é constituído a partir da combinação de perfis de um ou mais sujeitos da EAD individuais ou coletivos, caracterizando, assim, sua função ou papel

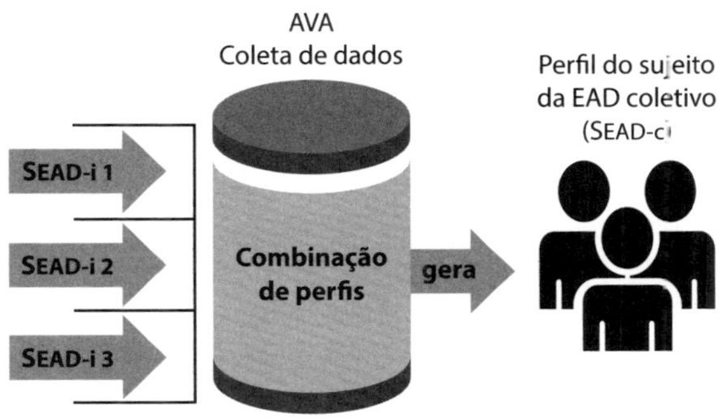

Figura 7.2 Representação da formação do perfil do sujeito da EAD coletivo a partir da combinação dos perfis dos sujeitos da EAD individuais em um AVA.

dentro de um grupo. Como pode ser observado, é no AVA que as interações são registradas e utilizadas para gerar o perfil individual dos sujeitos. Ao combinar os diferentes perfis individuais (grupos de três ou mais indivíduos), o perfil do sujeito da EAD coletivo pode ser definido. Dessa forma, é possível obter o perfil social de um grupo. Portanto, como dito anteriormente, no contexto educacional, um SR pode indicar materiais e estratégias pedagógicas (EPs) para grupos já existentes ou para indivíduos com perfis semelhantes, a fim de formar grupos, conforme é mostrado na Figura 7.3.

Como pode ser observado nas Figuras 7.2 e 7.3, o SR combina os perfis dos sujeitos da EAD individual e coletivo. A partir dessa combinação, pode ser gerada uma recomendação, em forma de estratégias, recursos ou materiais educacionais digitais (MEDs). Ressalta-se que a recomendação pode ser realizada para grupos já formados ou, ainda, para a indicação de pessoas visando à formação de um grupo. Esses MEDs recomendados podem vir a integrar, por exemplo, os aspectos de conteúdo ou tecnológicos de uma arquitetura pedagógica (AP), conforme explicitado no Capítulo 1. Já a recomendação de indivíduos pode auxiliar na (re)estruturação das estratégias para a formação de grupos. A Figura 7.4 apresenta de forma mais ampla o processo de recomendação de e para grupos, integrando as Figuras 7.1, 7.2 e 7.3.

Destaca-se, por fim, que o funcionamento desse SR é cíclico, pois, além de estar fundamentado nos perfis dos sujeitos da EAD, a partir da recomendação, ele pode auxiliar os professores na reestruturação de uma AP. A seguir, são citados exemplos de sistemas que utilizam a combinação desses perfis para gerar recomendações para a formação de grupos visando a diferentes finalidades.

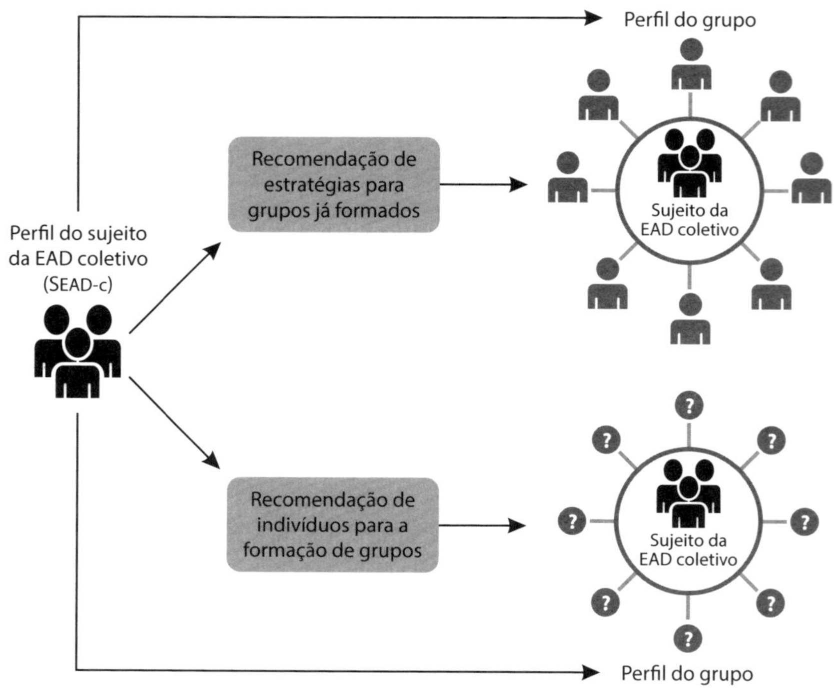

Figura 7.3 Representação da recomendação de estratégias para grupos já formados ou de indivíduos para a formação de grupos a partir do perfil do sujeito da EAD coletivo.

SISTEMAS DE RECOMENDAÇÃO PARA A FORMAÇÃO DE GRUPOS

Os sistemas baseados em combinações de perfis já se fazem presentes em diferentes programas e áreas, principalmente aquelas voltadas à educação e ao entretenimento.

Um exemplo de SR de pessoas e de formação de grupos é o Group Recommender. Esse sistema realiza a indicação de pessoas para a formação de grupos na EAD baseado no modelo dos cinco grandes fatores[3] e nos traços de personalidade.[4] Por meio da inclusão de sujeitos com diferentes características, como pode ser visto na Figura 7.5, são formados grupos mais homogêneos ou heterogêneos.

---

[3] Em psicologia, é um modelo para avaliar a personalidade. Refere-se aos cinco grandes fatores da personalidade. No Brasil, eles são conhecidos como: extroversão, neuroticismo, socialização, realização e abertura à experiência (SILVA; NAKANO, 2011).

[4] Os traços de personalidade são abordados no Capítulo 3.

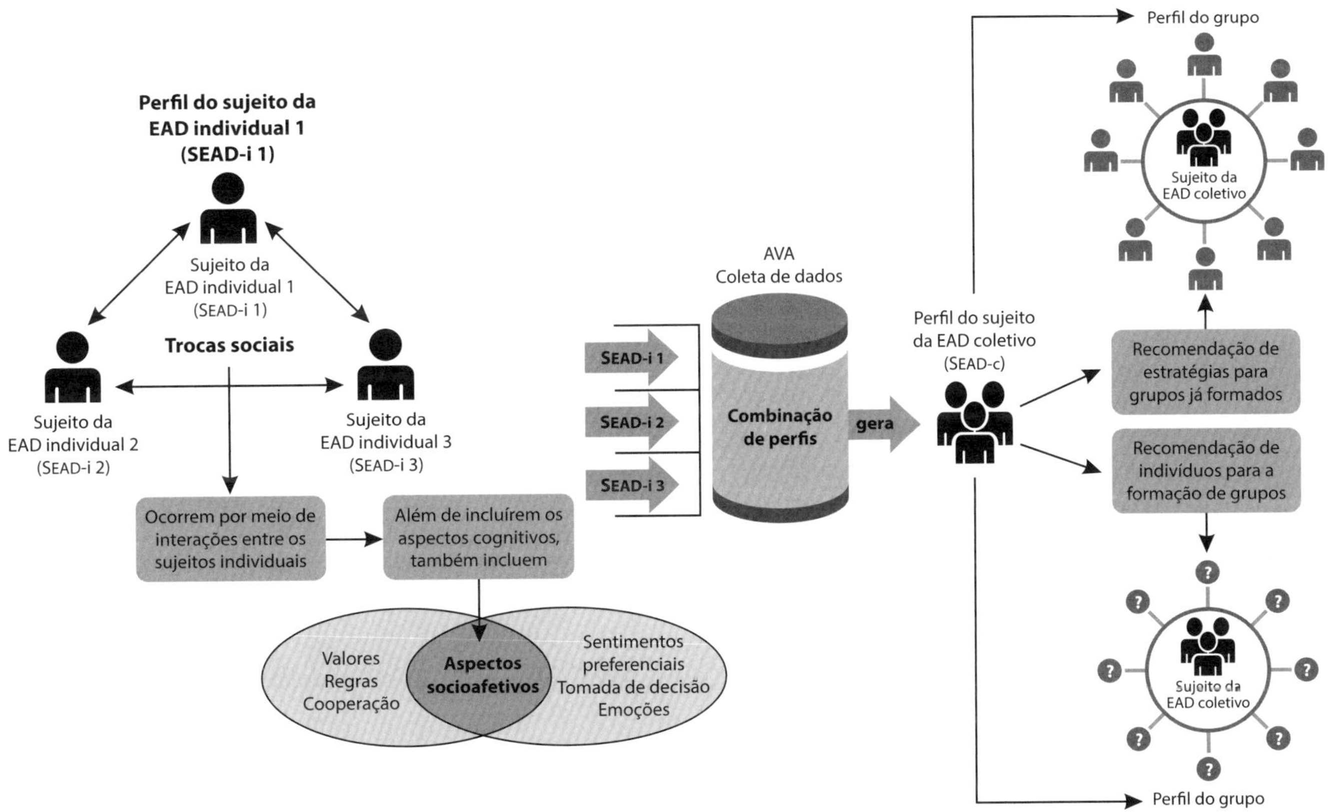

Figura 7.4 Exemplo de um SR de e para grupos.

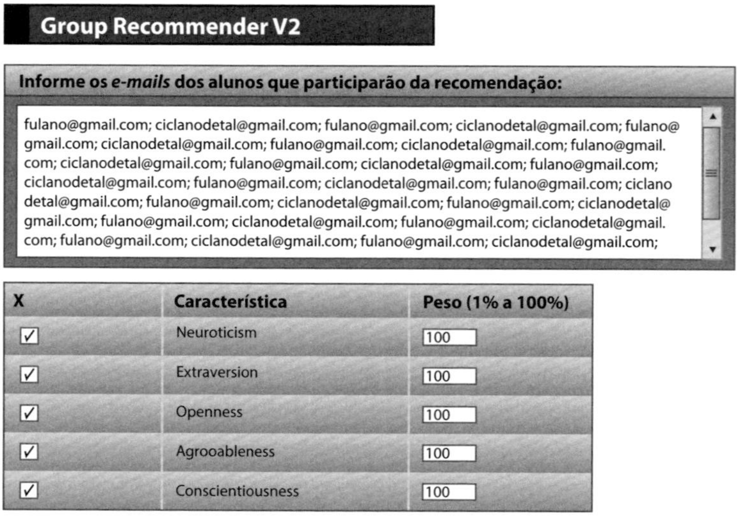

Figura 7.5 Tela de criação de grupos do Group Recommender v.2.
Fonte: adaptada de Nunes (2012).

O foco dessa ferramenta é a formação de equipes de trabalho coordenadas por tutores em cursos a distância com um número muito grande de alunos. Sua função é recomendar equipes de trabalho que levam em conta as similaridades entre os traços de personalidade dos alunos e as características do tutor. Conforme Nunes et al. (2010), tais traços são um entre os aspectos socioafetivos que passaram a ser levados em conta na atualidade em sistemas computacionais.

Outro sistema que pode ser destacado é o Smart Chat Group, que, por meio de agentes inteligentes, realiza a sugestão, a formação e o acompanhamento de grupos voltados à aprendizagem por meio de informações de contexto dos usuários (MESSIAS, 2010). Dessa forma, possibilita ao professor a observação de diferentes arranjos, além do acompanhamento do coletivo e dos integrantes durante as interações. A partir de um personagem animado, o agente de interface realiza uma recomendação pedagógica que fornece materiais, mensagens e *feedback* aos participantes. É também disponibilizado ao integrante relatórios de seu desempenho em relação aos outros, com o intuito de motivá-lo a participar das discussões, por intermédio do agente companheiro, gerando uma classificação em relação aos demais. Por fim, o agente formador de grupos realiza recomendações e formações de grupos baseado em contextos primário e secundário: o primeiro refere-se aos dados pessoais, e o segundo, às informações inferidas pela ferramenta, como classificação e reputação. Assim, na Figura 7.6, encontra-se o modelo de arquitetura do Smart Chat Group.

Já o modelo Oraculous (FELICIO; OLIVEIRA; MOTTA, 2015) parte da questão de que as pessoas interagem colaborativamente nas redes sociais, aprendendo e compartilhando conhecimentos. Dessa forma, os mecanismos de combinação social buscam ampliar essas interações, tendo em vista que as pessoas "podem encontrar outras levando em conta informações explícitas sobre seu domínio de conhecimento e ainda utilizam seus pares como modelo cognitivo para auxiliar o processo de aprendizagem" (FELICIO; OLIVEIRA; MOTTA, 2015, p. 124). O Oraculous se utiliza das anotações realizadas em páginas da internet para combinar indivíduos, estabelecendo uma rede de relacionamentos entre eles, de acordo com critérios de combinação.

O funcionamento desse sistema de combinação social se dá em agregação a ambientes já existentes que, por meio da interação entre os indivíduos, obtém dados de interesse e gostos para a sugestão de combinação.

A seguir, são tratados os SRs de materiais ou recursos para grupos já existentes.

SISTEMAS DE RECOMENDAÇÃO DE MATERIAIS E/OU RECURSOS PARA GRUPOS FORMADOS

Como destacado anteriormente, existem SRs cuja atribuição não é a combinação social (a recomendação de pessoas para a formação de grupos), mas, sim, a recomendação de materiais ou recursos para grupos já formados. Quijano-Sanchez, Recio-Garcia e Diaz-Agudo (2014) discorrem sobre a recomendação para grupos de usuários empregando diferentes formas de combinar as preferências de diferentes indivíduos. Eles propõem uma abordagem que considera o comportamento social dentro de um grupo. Um entre os métodos mencionados é o de previsão fundamentado em delegação. Este inclui uma análise das características do grupo, tais como tamanho, estrutura, personalidade e confiança entre os membros.

Os autores também atentam para a utilização da informação social disponível na *web* para reforçar recomendações diversas para grupos. Nessa perspectiva, mencionam uma arquitetura geral de recomendação chamada arquitetura para recomendações incluindo elementos sociais (ARISE),[5] conforme apresenta a Figura 7.7.

[5] Tradução livre das autoras de Architecture for Recommendations Including Social Elements — ARISE (QUIJANO-SANCHEZ; RECIO-GARCIA; DIAZ-AGUDO, 2014, p. 733).

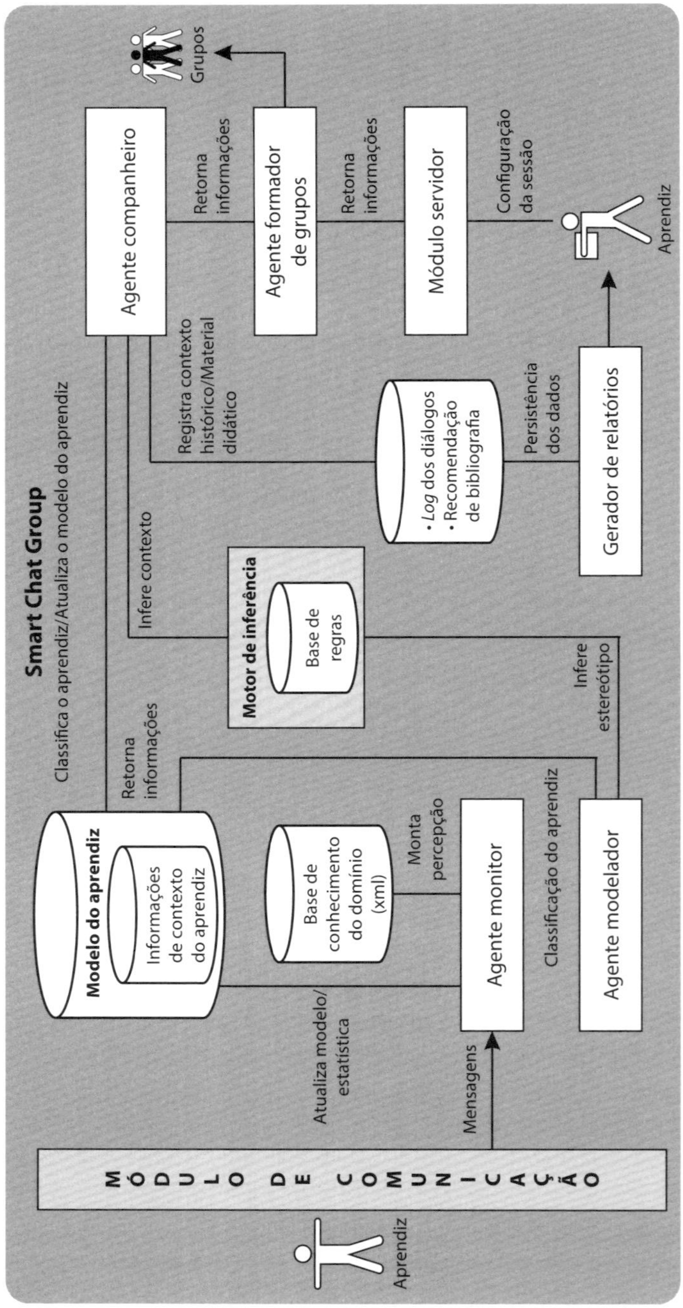

Figura 7.6 Arquitetura do Smart Chat Group.
Fonte: Zildomar Carlos Felix e Patrícia Azevedo Tedesco.

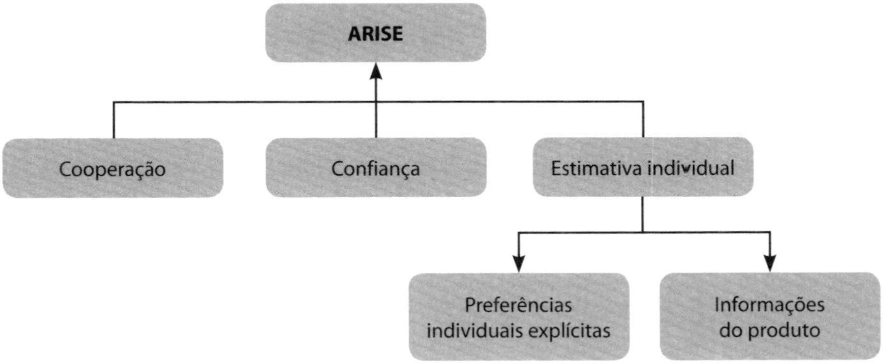

Figura 7.7 Visão geral do ARISE.[6]
Fonte: Quijano-Sanchez, Recio-Garcia e Diaz-Agudo (2014, p. 735).

A arquitetura ARISE foi aplicada em estudos de caso junto com o uso de um aplicativo integrado ao Facebook, intitulado HappyMovie. Essa ferramenta é um SR, cuja função é recomendar filmes de cinema para grupos. A avaliação baseia-se no desempenho de diferentes recomendadores que utilizam níveis crescentes para o conhecimento do comportamento social.[6]

Conforme a Figura 7.7, a ARISE encontra-se dividida em cinco módulos: (1) cooperação, (2) confiança, (3) estimativa individual, (4) preferências individuais explícitas e (5) informações do produto.

No módulo cooperação, foram estudados os comportamentos que os membros de um grupo assumem em situações de conflito, de acordo com sua personalidade. Esse módulo tem a função de obter um valor para a personalidade, representado pela sigla PU, que vai de 0 a 1, sendo 0 uma pessoa muito cooperativa e 1 uma pessoa muito egoísta.

Já o módulo confiança baseia-se no fato de que as pessoas tendem a confiar mais nas recomendações de pessoas em que elas confiam, como, por exemplo, os amigos. Tais recomendações têm maior valor do que as anônimas, o que está diretamente relacionado com a força dos laços estabelecidos.[7] Esse bloco, portanto, cumpre a tarefa de obter os valores de confiança, representados pela sigla TU, entre todos os usuários perten-

[6] Tradução livre das autoras de "Overview of ARISE", contendo os termos em inglês "Cooperation, Trust, Individual Estimation, Explicit Individual Preferences, Product Data" (QUIJANO-SANCHEZ; RECIO-GARCIA; DIAZ-AGUDO, 2014, p. 735).

[7] Granovetter (1973), em seu estudo pioneiro "The strenght of weak ties", dividiu as relações sociais entre dois tipos: os laços fortes e os laços fracos. Os fortes são caracterizados pela presença de vínculo com pessoas próximas a seu círculo social, como, por exemplo, o familiar. Já os fracos referem-se às relações sociais com pessoas não próximas ou distantes de seu círculo social.

centes ao grupo ao qual está sendo recomendado. A variação ocorre entre 0 e 1, em que 0 é para o indivíduo não confiável e 1 para o altamente confiável.

A estimativa individual prevê a classificação de cada usuário, atribuindo cada item em um catálogo para, em seguida, agregar as estimativas obtidas, a fim de ter um prognóstico para o grupo. Existem duas principais abordagens colaborativas: em uma delas, os recomendadores utilizam classificações para produtos atribuídas por outros usuários e, na outra, os usuários são selecionados de acordo com suas semelhanças. A partir de então, é feita uma comparação das classificações dadas aos produtos.

Independentemente da abordagem utilizada, a arquitetura ARISE tem dois componentes: preferências individuais explícitas e dados/informações do produto. A partir das classificações obtidas por esses dois componentes, são apresentadas novas classificações, apoiadas na abordagem baseada em conteúdo ou na colaborativa. Assim, o módulo de informações do produto cumpre a função de fornecer informações sobre os itens do catálogo que devem ser recomendados ao grupo.

Outros exemplos de SR para grupos de filmes e músicas são o jMovies-GroupRecommendation e o jMusicGroupRecommender. Conforme Christensen e Schiaffino (2011), ambos possuem seu funcionamento baseado em um *framework* intitulado GroupRecommendation. As abordagens utilizadas para a recomendação para grupos nesses sistemas consistem na mescla das recomendações individuais, por meio da agregação das classificações individuais, a fim de construir um modelo das preferências do coletivo. As técnicas utilizadas são explícitas e implícitas e envolvem agregação, mescla e definição de um modelo para o grupo.

Em trabalho mais recente, Vitório (2016) propõe a criação de um aplicativo *on-line* que agregue as preferências de usuários de acordo com suas *playlists* criadas no Spotify. Essa ferramenta consiste em um serviço de música digital que, por meio de um cadastro e do pagamento de uma mensalidade, disponibiliza a seus usuários o acesso aos mais diversos tipos de músicas e artistas. Por intermédio do aplicativo, são compartilhadas informações e *playlists* que, com base em diferentes possibilidades de filtragem, formarão uma lista de músicas comuns a um grupo com base em seu contexto e localização.

Já Lu et al. (2015) destacam os SRs fundamentados na análise das redes sociais. Por meio dessa análise, é fornecido aos usuários a possibilidade de interação social. Essa interação baseia-se nos laços sociais construídos a partir das relações estabelecidas, especialmente em sistemas cujos dados de classificação são muito escassos para que seja realizada a filtragem colaborativa (FC).[8]

Quijano-Sanchez, Recio-Garcia e Diaz-Agudo (2014), em concordância com Lu et al. (2015), salientam a importância da dimensão social em SRs para grupos. Conforme os autores, esses sistemas não são um simples agregado das preferências individuais, ou seja, cada indivíduo tem um comportamento social que causa uma influência no processo de tomada de decisão nos grupos aos quais pertence. Quijano-Sanchez, Recio-Garcia e Diaz-Agudo (2014) sustentam que pesquisas mais antigas sobre esse tipo de recomendação consideravam as preferências de cada membro com o mesmo grau de importância quanto à sua satisfação. Entretanto, aspectos socioafetivos, tais como contágio emocional,[9] confiança e personalidade, devem ser incluídos em um modelo de recomendação para representar plenamente o comportamento do grupo quanto às escolhas a serem realizadas.

Contudo, em situações de conflito, o grau de conformidade do indivíduo pode variar e até mesmo se opor aos demais. Isso ocorre devido à influência de fatores, como a personalidade. Os autores também atestam que não é fácil inferir os fatores sociais. Até recentemente, esses fatores eram obtidos por meio de vários questionários, que acabavam por importunar os usuários.

Wang, Zhang e Lu (2016) mencionam que o desenvolvimento de SRs para grupos requer novos modelos que satisfaçam todos os membros de um grupo. Uma entre as possibilidades é uma recomendação baseada na contribuição de cada membro de acordo com o grau de importância. Esse modelo é intitulado pelos autores de "*member contribution score* (MCS)", ou *contribuição dos membros por pontuação*.[10] Conforme Wang, Zhang e Lu (2016), existem dois tipos de grupos em SRs: o estável e o aleatório. No primeiro, os membros são mais ativos e interconectados, de forma que as preferências do grupo podem ser mais facilmente percebidas. Por outro lado, no segundo tipo, os indivíduos são menos ativos e geralmente não têm a oportunidade de demonstrar suas preferências ou de negociá-las com os outros.

---

[8] A FC é um conjunto de sistemas que realizam o processo de recomendação por meio do auxílio humano, decorrente da colaboração de grupos que se interessam por aquele elemento (ROSAS; SILVA; BEHAR, 2016, p. 100).

[9] O contágio emocional é um fenômeno multiplicador que engloba características psicológicas, fisiológicas, comportamentais e sociais. Este é processado em variados níveis, fazendo a emoção ser percebida e interpretada por outro(s), desencadeando uma experiência emocional correspondente ou complementar, de forma a suscitar uma sincronia emocional tanto para grupos como para indivíduos (LONGHI et al., 2016).

[10] Tradução livre das autoras (WANG; ZHANG; LU et. al., 2016, p. 80).

A abordagem de recomendação para grupos baseada na contribuição dos membros,[11] proposta por Wang, Zhang e Lu (2016), tem duas fases. Uma chamada de gerador de perfil de grupo, e outra, de gerador de recomendações. A primeira busca tratar todos os membros individuais de forma a gerar um perfil do grupo. Os autores acreditam que cada membro contribui de forma diferente, de acordo com sua pontuação ou escore de representatividade, definido numericamente. A segunda, o gerador de recomendações, baseia-se na média local. Para isso, é utilizado um modelo que captura a classificação média do grupo, a fim de melhorar a previsão da recomendação, diminuindo, assim, a larga probabilidade.

Como já mencionado, os SRs também estão presentes no contexto educacional, configurando-se como SR pedagógico. Nesse caso, cita-se um SR para *e-learning*, que tem o objetivo de recomendar recursos para estudantes ou todos aqueles que desejam aprender algo. Dwivedi e Bharadwaj (2013) destacam o e-Learning Group Recommender System (eL_GRS), ou SR para grupos em *e-learning*.

Um esquema da arquitetura desse SR encontra-se na Figura 7.8.

Conforme a Figura 7.8, o eL_GRS recomenda recursos para grupos de alunos e está fundamentado no estilo de aprendizagem, objetivos, nível de conhecimento, habilidades e comportamento dos estudantes durante o processo de aprendizagem. A abordagem utilizada é a do perfil do grupo gerado por meio da combinação de perfis individuais dos alunos (Perf_Al) e de suas preferências. Após a fusão dos perfis individuais, tais como estilos de aprendizagem, níveis de conhecimento e padrões de classificação obtidos, é recomendado um número *n* de recursos para o grupo, baseado no perfil coletivo.

Conforme já apresentado em capítulos anteriores, outro exemplo voltado especificamente à RecPed é o recomendador de editor de texto coletivo (RecETC),[12] que tem por objetivo a indicação de materiais como artigos, imagens e vídeos durante o processo de escrita coletiva por meio do editor. Com base nas palavras adicionadas no momento de criação do texto, são identificadas palavras-chave que subsidiam as indicações realizadas ao longo da construção do texto.

Nesse contexto, outra ferramenta citada é o mapa social,[13] que identifica os grupos registrados no AVA Rede Cooperativa de Aprendizagem (ROODA),

---

[11] Tradução livre das autoras de "Member contribution-based group recommendation approach" (WANG; ZHANG; LU, 2016, p. 83).

[12] Para mais informações sobre essa ferramenta, ver Capítulo 6.

[13] Para mais informações a respeito do mapa social, ver Capítulo 4.

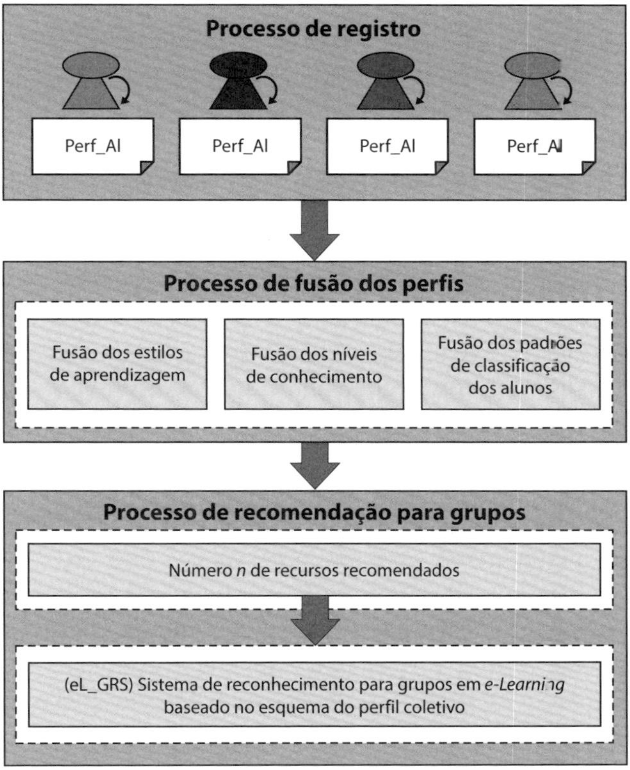

Figura 7.8 e-Learning Group Recommender System (eL_GRS).
Fonte: Dwivedi; Bharadwaj (2015, p. 266).

além de agrupamentos que emergem espontaneamente. A partir da seleção da visualização de grupos, é mostrada uma lista dos que estão cadastrados no ambiente. Para a visualização do sociograma, o professor pode escolher um, dois ou mais grupos, a fim de identificar as interações ocorridas entre eles. A partir da análise do grafo gerado, é possível obter recomendações pedagógicas visando a aprimorar essas trocas ou, ainda, favorecê-las a toda a turma.

Diante dessas constatações, percebe-se a importância de se considerar a dimensão social em processos educacionais apoiados pelas tecnologias digitais, conforme foi apontado no Capítulo 4. Por meio das constantes trocas sociais entre os sujeitos e do conhecimento do perfil individual e coletivo, torna-se possível uma recomendação voltada não somente para o indivíduo, mas também para grupos. Tal recomendação torna-se essencial, tendo em vista a grande quantidade de MEDs disponibilizados na rede e a diversidade de necessidades e interesses a serem atendidos em um grupo de estudantes.

CONSIDERAÇÕES NÃO FINAIS

Este capítulo apresentou a importância dos grupos para a educação e os SRs que auxiliam tanto na formação quanto na realização de atividades projetadas para grupos já formados.

No que diz respeito à formação desses grupos, o desafio é realizar a combinação de sujeitos de modo a coordenar pontos de vista, interesses e necessidades, entre outras questões. É importante atentar, no entanto, que a indicação de pessoas com vínculo muito próximo não prejudique as atividades em grupo, preservando a troca de ideias e a construção coletiva.

Em termos de recomendação para os grupos que já estão formados, é importante pensar a indicação de materiais e/ou estratégias que atendam ao perfil do sujeito da EAD coletivo, tendo em vista que ela é realizada a partir do mapeamento dos sujeitos da EAD individuais, conforme abordado no início do capítulo. O mesmo equivale para a avaliação dos materiais e das estratégias recomendadas, que, mesmo direcionada ao grupo, em geral é realizada individualmente por seus integrantes

Como destacado anteriormente, os SRs propiciam formas de combinação social que permitem o trabalho em grupo de maneira mais efetiva e construtiva a seus membros. Na EAD, principalmente, constata-se que várias informações quanto ao perfil, aos interesses e às preferências dos usuários podem ser detectadas por meio das interações que ocorrem entre os membros de um grupo. Assim, usuários se organizam em grupos de interesse e buscam, ao mesmo tempo, recursos educacionais que atendam a esses fatores, seja de forma individual ou coletiva.

Ao longo dos anos, diferentes estratégias e técnicas foram desenvolvidas, buscando aprimorar a educação com o apoio das tecnologias. Nesse sentido, os SRs surgem como uma importante ferramenta, unindo formas de mapeamento do perfil que levem em consideração os aspectos afetivos e sociais, além da possibilidade de formação de grupos, visando a uma maior colaboração entre seus membros. Dessa forma, configuram-se como grandes aliados na busca de uma maior personalização do ensino e na atenção ao processo de construção do conhecimento tanto do sujeito da EAD individual quanto do sujeito da EAD coletivo.

REFERÊNCIAS

BEHAR, P. A. *Análise operatória de ferramentas computacionais de uso individual e cooperativo.* 1998. 139 f. Tese (Doutorado em Ciência da Informação) - Instituto de Informática, Universidade Federal do Rio Grande do Sul, Porto Alegre, 1998.

CARVALHO, L. A. M. C; MACEDO, H. T. Introdução aos sistemas de recomendação para grupos. *Revista de Informática Teórica e Aplicada*, Porto Alegre, v. 21, n. 1, p. 77-109, 2014. Disponível em: <http://seer.ufrgs.br/index.php/rita/article/view/CARVALHO--RITA-VOL21-NR1/29000>. Acesso em: 17 jun. 2017.

CAZELLA, S.C. et al. Ciência da opinião: estado da arte em sistemas de recomendação. In: CONGRESSO DA SOCIEDADE BRASILEIRA DE COMPUTAÇÃO, 30., 2010, Belo Horizonte. *Anais...* Porto Alegre: SBC, 2010.

CHRISTENSEN, I. A.; SCHIAFFINO, S. Entertainment recommender systems for group of users. *Expert Systems with Applications*, [S.l.], v. 38, n. 11, p. 14127-14135, 2011. Disponível em: <http://ac.els-cdn.com/S0957417411007482/1-s2.0-S0957417411007482-main.pdf?_tid=ba23ba52-9eec-11e7-af95-00000aab0f26&acdnat=1506012703_21c67a-42610a66342cafef0b2c5ca181>. Acesso em: 17 ago. 2017.

COOLEY, C. *Human nature and the social order.* New York: Scribner, 1902.

DAVIS, B. G. *Tools for teaching.* 2nd ed. San Francisco: Jossey-Bass Publishers, 2009.

DWIVEDI, P.; BHARADWAJ, K. K. Effective trust-aware e-learning recommender system based on learning styles and knowledge levels. *Journal of Educational Technology & Society*, [S.l.], v. 16, n. 4, p. 201–216, 2013.

DWIVEDI, P.; BHARADWAJ, K. K. e-Learning recommender system for a group of learners based on the unified learner profile approach. <*Expert Systems*>, v. 32, n. 2, p. 264-276, 2015.

FELICIO, S. P. A. S.; OLIVEIRA, C. E. T.; MOTTA, C. L. R. Promovendo a aprendizagem através das redes sociais apoiada por um modelo de combinação social. *Revista Brasileira de Informática na Educação*, Porto Alegre, v. 23, n. 1, p. 122-138, 2015.

GRANOVETTER, M. The strength of weak ties: a network theory revisited. *Sociological Theory*, New Jersey, v. 1, p. 2001-2233, 1983.

HATFIELD, E.; CACIOPPO, J.; RAPSON R. Emotional contagion. *Current Directions in Psychological Science*, Washington, DC, v. 2, n. 3, p. 96-99, 1993.

JAQUES, P. A. et al. Computação afetiva aplicada à educação: dotando sistemas tutores inteligentes de habilidades sociais. In: WORKSHOP DE DESAFIOS DA COMPUTAÇÃO APLICADA À EDUCAÇÃO, 2012, Curitiba. *Anais...* Porto Alegre: SBC, 2012. p. 50-59.

LIMA, M. F. W. P.; WEBER, C. G. A formação de grupos em ambientes digitais/virtuais. In: VALENTINI, C. B.; SOARES, E. M. S. (Org.). *Aprendizagem em ambientes virtuais:* compartilhando ideias e construindo cenários. 2. ed. Caxias do Sul, RS: Educs, 2010. Cap. 10, p. 192-210.

LONGHI, M. T. et al. Social interactions and emotional contagion in virtual learning environments: An interdisciplinary approach. In: EURO AMERICAN CONFERENCE ON TELEMATICS AND INFORMATION SYSTEMS, 8., 2016, Cartagena. *Proceedings...* Los Alamitos: IEEE, 2016.

LU, J. et al. Recommender system application developments: a survey. *Decision Support Systems*, Amsterdam, v. 74, p. 12-32, 2015.

MASTHOFF, J. Group recommender systems: combining individual models. In: RICCI, F. et al. *Recommender systems handbook*. Boston, MA: Springer, 2011. p. 677-702.

MESSIAS, V. R. *Uso de agentes inteligentes para auxiliar no processo de ensino-aprendizagem*. 2010. Trabalho apresentado como requisito parcial para aprovação na disciplina Introdução à Teoria de Agentes, a Faculdade de Engenharia Elétrica e de Computação, Universidade Estadual de Campinas, Campinas, 2010. Disponível em: <http://www.dca.fee.unicamp.br/~gudwin/courses/IA009/artigos/IA009_2010_20.pdf>. Acesso em: 08 ago. 2017.

MINICUCCI, A. *Psicologia aplicada à administração*. 5. ed. São Paulo: Atlas, 2007.

NUNES, M. A. S. N. Computação afetiva personalizando interfaces, interações e recomendações de produtos, serviços e pessoas em ambientes comutacionais. In: NUNES, M. A. S. N.; OLIVEIRA, A. A.; ORDONEZ, E. D. M. (Org.). *Projetos e pesquisas em Ciência da Computação no DCOMP/PROCC/UFS*. São Cristóvão: UFS, 2012. v. 1. p. 113-149.

NUNES, M. A. S. N. et al. Computação afetiva e sua influência na personalização de ambientes educacionais: gerando equipes compatíveis para uso em AVA na EaD. In: MACHADO, G. J. C. (Org.). *Educação e ciberespaço:* estudos, propostas e desafios. Aracaju: Virtus, 2010. p. 308-347.

PALLOFF, R. M.; PRATT, K. *Lições da sala de aula virtual:* as realidades do ensino on-line. 2. ed. Porto Alegre: Penso, 2015.

PIAGET, J. *Estudos sociológicos*. Rio de Janeiro: Forense, 1973.

PIAGET, J. *Inteligencia y afectividad*. Buenos Aires: Aique, 2005.

QUIJANO-SANCHEZ, L.; RECIO-GARCIA, J. A.; DIAZ-AGUDO, B. An architecture and functional description to integrate social behaviour knowledge into group recommender systems. *Applied Intelligence*, v. 40, n. 4, p. 732-748, 2014.

ROSAS, F. W.; SILVA, K. K. A.; BEHAR, P. A. Estudo de trajetórias de aprendizagem a partir de um sistema de recomendação baseado em competências. In: LIMA, J. V. et al. *Trajetórias de aprendizagem:* teoria e prática. Porto Alegre: Create Space, 2016. cap. 5, p. 89-119.

SILVA, I. B.; NAKANO, T. C. Modelo dos cinco grandes fatores da personalidade: análises e pesquisas. *Avaliação Psicológica*, Porto Alegre, v. 10, n. 1, 2011.

VITÓRIO, J. G. B. A. *Sistema de recomendação de música para ambientes compartilhados*. 2016. 25 f. Proposta de Trabalho de Conclusão de Curso, Departamento de Computação, Universidade Tecnológica Federal do Paraná. Cornélio Procópio, 2016.

WANG, W.; ZHANG, G.; LU, J. Member contribution-based group recommender system. *Decision Support Systems*, Amsterdam, v. 87, p. 80-93, 2016.

LEITURA COMPLEMENTAR

ALMEIDA, R. F. *Recomendação de recursos educacionais para grupos em redes sociais*. 2016. Dissertação (Mestrado em Ciência da Computação) - Instituto de Ciências Exatas, Universidade Federal de Juiz de Fora, Juiz de Fora, 2016.

8

AVALIAÇÃO DA RECOMENDAÇÃO PEDAGÓGICA NA EDUCAÇÃO A DISTÂNCIA

Ketia Kellen Araújo da Silva | Maira Bernardi
Patricia Alejandra Behar

A recomendação pedagógica em educação a distância (RecPed-EAD), como já conceituada no Capítulo 1, é a indicação de um ou mais elementos do modelo pedagógico, formado pela arquitetura pedagógica (AP), por estratégias pedagógicas (EPs) e pelos sujeitos da EAD (individual e/ou coletivo). Assim, o usuário precisa ser capaz de realizar uma avaliação da recomendação recebida analisando a qualidade do material recomendado e se condiz (ou não) com a proposta a ser aplicada.

Mesmo sendo uma das atribuições do docente operacionalizar o modelo pedagógico para um curso EAD, nem todos têm conhecimentos para apurar a natureza dos materiais a serem utilizados. Sabe-se que, na maioria das vezes, já existe um modelo predefinido pela instituição, que possui planejamento, conteúdo, metodologia e ferramentas tecnológicas já delineados (BEHAR et al., 2009). Portanto, o docente precisa considerar não apenas os aspectos da AP, mas também os sujeitos e as estratégias de aprendizagem.[1] Para isso, pode ser necessário realizar ajustes na arquitetura, conforme o perfil dos sujeitos (individual e/ou coletivo) e por meio da RecPed. Nesse contexto, realizar uma avaliação com critérios estabelecidos para os diferentes elementos do modelo torna-se uma atividade de extrema importância.

---

[1] Conforme abordado no Capítulo 1.

Assim, o objetivo deste capítulo é discutir a avaliação da RecPed-EAD. Para isso, primeiramente, são abordadas as concepções de avaliação na educação e, em seguida, especificamente, na EAD, e o processo de avaliação dos elementos do modelo pedagógico. Logo depois, destaca-se a avaliação de sistemas de recomendação (SRs) e são apresentados exemplos educacionais. Por fim, são feitas as considerações em relação ao presente capítulo.

CONCEPÇÕES DE AVALIAÇÃO NA EDUCAÇÃO

Nesta seção, parte-se dos conceitos e das definições sobre avaliação na educação com base nos estudos de Luckesi (2001, 2002, 2005), Perrenoud (1999) e Hoffmann (2013). Luckesi (1998) trata a definição etimológica de avaliar, que deriva do latim (*a* + *valere*), e significa "dar valor a". Para o autor, o conceito parte da ação de "atribuir um valor ou qualidade a alguma coisa, ato ou curso de ação..." (LUCKESI, 1998, p. 76). Nesse sentido, supõe uma tomada de decisão, pois se assume uma posição positiva ou negativa ao que está sendo avaliado.

Dessa forma, a avaliação deve ser compreendida como a análise dos conhecimentos, influenciando a tomada de decisão do professor no sentido de melhorar a qualidade da aprendizagem do estudante (LUCKESI, 2002). Luckesi (2005) também faz um contraponto entre a avaliação e o que chama de verificação, que, para o autor, é a ação realizada no âmbito educacional. Normalmente, o que se pratica são exames que classificam em aprovados ou reprovados, sem que as dificuldades dos alunos sejam, de fato, detectadas e trabalhadas. Nesse sentido, um dos objetivos da avaliação é desenvolver uma proposta pedagógica focada no estudante. Para o autor, não se deveria apenas julgar e classificar, mas buscar a realização de um trabalho a favor da construção de conhecimento.

Para Perrenoud (1999), a avaliação é um processo mediador do currículo e se encontra intimamente relacionada com a gestão da aprendizagem dos alunos. O autor critica a avaliação para obtenção de certificado ou notas, pois, como uma ação mediadora, deve pressupor um exercício constante de investigação, análise e reflexão do professor em relação a seus alunos e do aluno, por sua vez, em relação a sua aprendizagem (PERRENOUD, 1999).

De acordo com Hoffmann (2013), a avaliação raramente é associada a algo de cunho positivo e é inerente e indissociável da aprendizagem concebida como problematização e questionamento sobre a ação. É uma reflexão permanente acerca da realidade e um acompanhamento passo a passo do educando em sua trajetória de construção do conhecimento. Nessa compreensão, trata-se de um procedimento contínuo com a intenção de acompanhar a forma como o sujeito constrói e reconstrói seu conhecimento. Considera-se, assim, a avaliação como uma das etapas dos processos de ensino e de aprendizagem que auxilia na seleção e na escolha de metodologias e de recursos pedagógicos, com a finalidade de buscar atender aos objetivos educacionais. Dessa forma, para Hoffmann (2013) a avaliação impulsiona o planejamento, a proposta pedagógica e a relação entre todos os elementos da ação educativa. Um professor que não avalia constantemente a ação educativa, no sentido indagativo e investigativo do termo, instala sua docência em verdades absolutas, pré-moldadas e terminais.

Assim, concorda-se com Hoffmann (2013) quando afirma que avaliar não é uma tarefa fácil. Exige que o docente adote critérios e indicadores e defina claramente os objetivos, assim como desenvolva a capacidade para julgar, interpretar e tomar decisões conforme cada caso.

Com base nas considerações apresentadas, compreende-se, neste capítulo, a avaliação como uma ação pedagógica mediadora desenvolvida no decorrer dos processos de ensino e de aprendizagem. Pressupõe um exercício constante de investigação voltado para a construção de novos conhecimentos, envolvendo um permanente movimento de reflexão do professor sobre sua prática pedagógica. Assim, torna-se importante analisar a avaliação do ponto de vista da EAD.

AVALIAÇÃO NA EDUCAÇÃO A DISTÂNCIA

O desenvolvimento de práticas educativas, contando com o suporte de recursos tecnológicos, tem oportunizado uma progressiva melhoria na orientação de suas ações. Essas práticas são observadas na modalidade de EAD, culminando na geração de novas experiências até então não presenciadas.

Acredita-se que um modelo de EAD deve contemplar uma proposta pedagógica apoiada em um planejamento organizado que permita o acompanhamento e a supervisão das atividades (BEHAR et al., 2009). Assim, entende-se que a relação constituída entre os elementos que compõem o planejamento e a prática de sua proposta metodológica podem intervir nos resultados obtidos. Esses resultados compõem a elaboração de um curso na modalidade a distância e são entendidos como aspectos de uma AP. Essa expressão tem recebido múltiplas interpretações na área educacional, que dependem da definição epistemológica que embasa sua proposta.

Quanto à avaliação na EAD, ela deve ocorrer de forma contínua e, de acordo com Polak (2009), diferentemente da presencial, o que se altera são as circunstâncias: o momento (quando avaliar); as funções (por que avaliar); os conteúdos (o que avaliar); os procedimentos e as ferramentas (como avaliar); e os agentes (quem avaliar). Com relação às ferramentas, existem inúmeros mecanismos de acompanhamento do processo de aprendizagem dos estudantes, mas, nesta abordagem, será dado foco aos ambientes virtuais de aprendizagem (AVAs).

Um AVA é constituído por uma plataforma computacional que pode ser formada por recursos de comunicação, interação, publicação de documentos, gerenciamento de informações, etc. A fim de acompanhar o aluno, é possível utilizar as ferramentas síncronas e assíncronas, como *chat*, mensagens, *e-mails* e fóruns. Logo, um curso ou uma disciplina EAD podem utilizar um AVA e suas ferramentas virtuais disponíveis. Por meio delas, pode-se viabilizar a interação entre os alunos, professores, tutores e demais sujeitos envolvidos nos processos de ensino e de aprendizagem (BERNARDI, 2011).

Entende-se, assim, que cabe ao professor a escolha dos recursos digitais e o emprego de metodologias para sua utilização. Entretanto, a atenção deve ser remetida à necessidade de estruturar uma proposta pedagógica, articulando os elementos para o alcance dos objetivos almejados. Compreende-se que a organização dessa proposta pode auxiliar a determinar as características da intervenção pedagógica pretendida. A ordenação do conjunto de elementos é determinada por Zabala (1999) como sequência didática ou de atividades (BERNARDI, 2011).

As avaliações realizadas por meio das ferramentas dos ambientes virtuais podem oportunizar a proposição de práticas avaliativas e dinâmicas, além da oferta de atividades de recuperação. De acordo com as Diretrizes e Normas Nacionais para a Oferta de Programas e Cursos de Educação Superior na Modalidade a Distância no Brasil (BRASIL, 2016), os sistemas de acompanhamento e avaliação da aprendizagem devem ser contínuos e efetivos. Esses sistemas, por sua vez, visam a propiciar o desenvolvimento e a autonomia do estudante nos processos de ensino e de aprendizagem. Dessa forma, essa prática demanda uma mudança de atitude do professor diante dos processos de ensino e de aprendizagem e da necessidade de estabelecer os critérios a serem avaliados.

No universo da EAD, os desafios da avaliação estão relacionados com as características dessa modalidade. Nesse sentido, busca-se a ampliação de suas potencialidades, sem desconsiderar a necessidade de seleção de métodos que levem em conta os tempos, os espaços e os perfis dos sujeitos envolvidos para o desenvolvimento da aprendizagem.

Com base nas ideias mencionadas, vislumbra-se que os resultados obtidos nas avaliações podem contribuir para a RecPed, apontando caminhos em favor da melhoria dos resultados do desempenho dos estudantes. No entanto, a avaliação do aluno depende do modelo pedagógico docente e da organização e do planejamento de um curso a distância. Dessa forma, entende-se que o processo de avaliação não é único sobre o aluno durante os processos de ensino e de aprendizagem, mas, sim, uma metodologia que deve subsidiar todas as etapas da construção do modelo pedagógico, ou seja, a seleção dos aspectos da AP, as EPs e a definição dos sujeitos. Assim, a seguir, serão abordadas a RecPed e a avaliação dos elementos do modelo pedagógico.

RECOMENDAÇÃO PEDAGÓGICA E AVALIAÇÃO DOS ELEMENTOS DO MODELO PEDAGÓGICO

Como já mencionado no Capítulo 1, a RecPed é compreendida como o ato de sugerir materiais educacionais e/ou EPs que possam apoiar os processos de ensino e de aprendizagem.

De acordo com Sanmartí (2007), avaliar é uma condição necessária para melhorar a qualidade do ensino. Na concepção defendida neste livro, o modelo pedagógico pessoal é construído pelos sujeitos por meio de reinterpretações das teorias de aprendizagem vigentes, a partir da compreensão individual. O desafio, portanto, é adaptá-lo, quando necessário, ao modelo definido pela instituição. Com base nisso, é detalhada a avaliação de cada elemento do modelo pedagógico. Como visto na Figura 8.1, existe um ciclo no qual o SR entrega para o sujeito recomendações com base no modelo. O sujeito, por sua vez, avalia a recomendação recebida, com base nos interesses e nas necessidades, podendo retornar para o SR, solicitando uma nova recomendação.

A seguir, será tratada a avaliação da AP, das EPs e, por fim, dos sujeitos da EAD (individual e/ou coletivo).

AVALIAÇÃO DOS ASPECTOS DA ARQUITETURA PEDAGÓGICA

Conforme já mencionado, a AP é compreendida como um conjunto de aspectos relacionados com o planejamento e a proposta pedagógica do professor. Nesta seção, será tratada a avaliação de cada elemento que compõe a AP: organização, conteúdo, metodologia, tecnologia e estratégias pedagógicas.

AVALIAÇÃO DO ASPECTO ORGANIZAÇÃO

A organização refere-se ao planejamento pedagógico, incluindo a definição dos objetivos, o tempo e o espaço, além dos direitos e deveres de

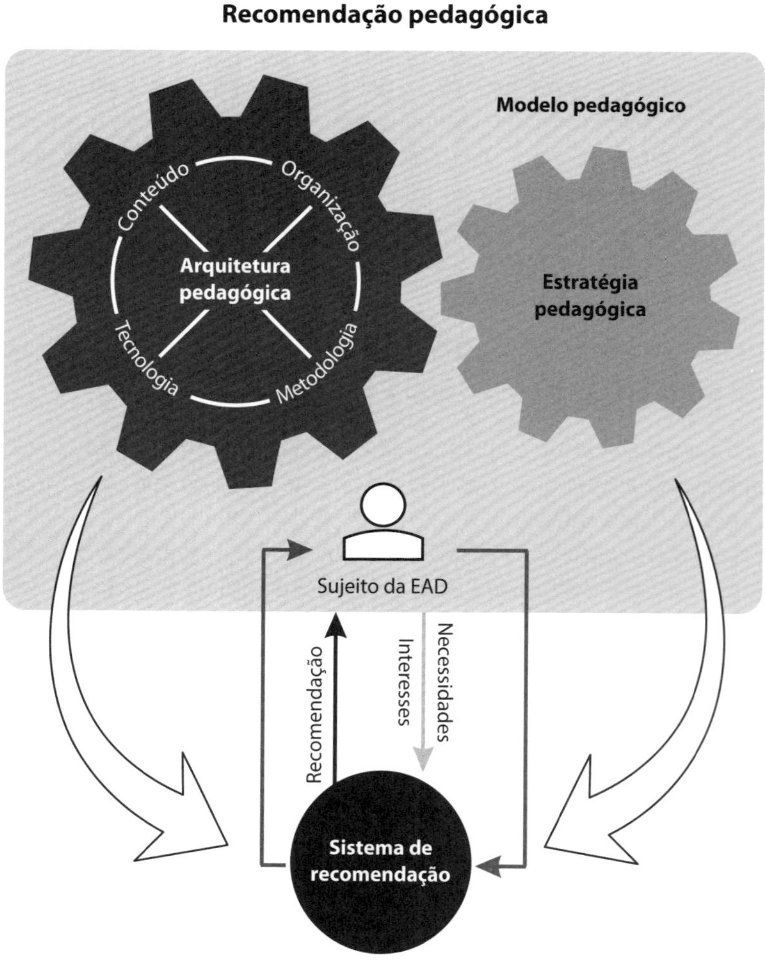

Figura 8.1 RecPed e avaliação da recomendação.

cada sujeito da EAD, seja gestor, professor, tutor ou aluno. Neste capítulo, Behar et al. (2009, p. 26) consideram que "o planejamento se caracteriza pela descrição específica, em termos operacionais, do objetivo pretendido para cada aula e/ou curso (fins) e se estabelecem os meios para atingi-lo".

Especificamente, ao tratar do planejamento de atividades para a modalidade a distância, considera-se a organização didática, que irá guiar e direcionar a seleção e a definição dos aspectos que compõe o planejamento de uma AP. Como aspectos do planejamento de uma AP, destacam-se: definição dos objetivos, dos conteúdos, dos procedimentos metodológicos, dos recursos tecnológicos e dos critérios e instrumentos de avaliação.

Essa organização precisa levar em conta o propósito do curso ou da disciplina e, também, o levantamento das necessidades e as possíveis mudanças e transformações que podem ser implementadas por meio do trabalho desenvolvido. Nesse contexto, é necessário ter o delineamento do perfil dos alunos, bem como de suas características e, ainda, a sistematização das condições de espaço (presencial e virtual) e de tempo disponíveis.

Seguem algumas questões norteadoras para a avaliação do aspecto de organização recomendado:

- Qual é o propósito do planejamento a ser elaborado?
- Que condições de tempo e espaço serão disponíveis e como serão sistematizados no planejamento?
- Qual é a definição de papéis dos sujeitos envolvidos?

A definição dos objetivos também integra a organização da AP. O levantamento das necessidades e intervenções almejadas para a realidade estudada é apresentado no planejamento por meio do propósito da aprendizagem e dos meios que serão utilizados para atingi-los. Sobre esse aspecto, destaca-se a importância de sua definição. É imprescindível que sejam: (1) viáveis, possíveis de serem atingidos no tempo previsto; (2) mensuráveis, permitindo sua medição e avaliação; e (3) determinantes, sendo possível estipular sua extensão e limites, esclarecendo as atividades a serem executadas, e prioritários, ou seja, realmente importantes de serem efetivados.

Por meio dos apontamentos destacados, pode-se considerar como exemplos de RecPed relacionadas com o aspecto da organização aquelas voltadas para a elaboração do planejamento, organização de espaço e tempo, constituição de grupos de trabalho e também para a definição dos objetivos de aprendizagem.

Avaliação do aspecto conteúdo

O conteúdo diz respeito à temática que está sendo proposta na AP, e não apenas aos tipos de materiais que serão utilizados, como, por exemplo, objetos de aprendizagem (OAs). Portanto, relaciona-se com a definição dos saberes necessários aos alunos e aos objetivos traçados. Estes deverão ser trabalhados por meio dos conteúdos da aprendizagem. Entretanto, alerta-se que a ação deve superar a mera seleção de informações. No contexto da EAD, a escolha, a elaboração e a sequência na proposição dos conteúdos precisa fornecer elementos e orientações que auxiliem os alunos na compreensão e ressignificação dos assuntos tratados. Dessa forma, entende-se que seja viabilizada a construção de novos conhecimentos que permitam uma aprendizagem efetiva.

Como exemplo de RecPed dos aspectos de conteúdo, podem ser destacados os OAs, as EPs e os materiais educacionais digitais (MEDs).

Para Wiley (2011), um OA é qualquer recurso digital que pode ser reutilizado para mediar a aprendizagem. Já o MED, de acordo com Torrezan (2009), é todo material voltado à aprendizagem que utiliza um ou mais recursos digitais em sua elaboração. Esse termo costuma ser usado quando não há a necessidade de se especificar a natureza do material e, ao mesmo tempo, quando se deseja abranger todas as naturezas dos materiais. Os mais utilizados atualmente são páginas da *web*, *blogs*, Wikis, *softwares* educacionais e OAs. Portanto, nesta abordagem, os OAs são considerados MEDs. Dessa forma, ao receber uma RecPed de um desses conteúdos, podem ser elencados alguns aspectos a serem levados em consideração:

- O que será trabalhado e como?
- Quais são os formatos (impresso, digitalizado, imagético) utilizados para a apresentação dos conteúdos?
- Quais são as proposições dos conteúdos?
- Que estratégias devem ser empregadas?
- Como esse conteúdo será utilizado — em partes ou no todo?
- Qual é adequação didática em relação ao planejamento?
- Qual é a qualidade, com relação a textos, vídeos e referencial que os embasa?
- Que ferramentas o aluno precisa ter em seu computador para acessar esse conteúdo?
- O conteúdo foi apresentado por meio de OAs? Será utilizado integralmente ou em partes? O OA tem uma metáfora? Tem qualidade nos aspectos de *design* que se relacionam com o conteúdo exposto?

Por meio da discussão realizada, salienta-se a importância na seleção e definição dos conteúdos, bem como a escolha das ferramentas e demais recursos digitais para seu acesso. Assim, a RecPed relacionada com os conteúdos pode auxiliar na forma e na disponibilização de recursos, buscando garantir sua relevância, favorecendo a mediação e sua coerência com os objetivos estabelecidos.

Avaliação do aspecto metodológico

O aspecto metodológico reporta-se à maneira como é trabalhada a delimitação dos conteúdos e as ações deles desencadeadas por meio das atividades nos processos de ensino e de aprendizagem. Incluem-se, também, as formas de associar os recursos tecnológicos, os objetivos, as técnicas e os procedimentos de aplicação, bem como as orientações e as propostas de avaliação. Entende-se, nesse sentido, que a sequência e as relações constituídas determinam, de maneira significativa, o modelo e as características adotadas para uma aula, uma disciplina ou um curso.

Nesse sentido, trata-se da escolha metodológica que deverá ser empregada na execução do planejamento, no sentido de desafiar e incentivar o processo de construção e reconstrução por parte dos alunos. Destaca-se a relevância de adotar metodologias que contemplem ou possam ser aplicadas por meio das tecnologias digitais, a fim de contribuir para a compreensão acerca das atividades propostas. O contexto da EAD, que passa por transformações rápidas, pressupõe a necessidade de constante atualização da metodologia, a fim de dar a base para o trabalho a ser realizado.

Portanto, na avaliação do aspecto metodológico, devem-se levar em consideração as atividades, as formas de interação e comunicação, os procedimentos de avaliação dos sujeitos e, principalmente, a sequência didática, por meio das técnicas recebidas e dos procedimentos e recursos a serem utilizados (BEHAR et al., 2009). Assim, entende-se que a avaliação desse aspecto está relacionada com os pressupostos didáticos definidos para a aplicação do planejamento pedagógico de um curso e, consequentemente, de suas disciplinas.

Seguem questões a serem consideradas na avaliação do aspecto metodológico recomendado:

- Quais são as formas de interação e comunicação?
- Qual é a organização e ordenação desses elementos?
- Como articular e estruturar a proposta a partir dos aspectos metodológicos? (Não se trata somente de técnicas, dos procedimentos e dos recursos informáticos que serão utilizados.)
- Qual será a intervenção pedagógica?
- Quais serão os procedimentos de avaliação adotados?
- A avaliação está de acordo com a legislação da EAD, contemplando uma atividade final a ser realizada presencialmente?

Com base nas considerações realizadas, é possível destacar a importância da RecPed relacionada com os aspectos metodológicos. Entende-se, assim, que esses aspectos poderão auxiliar na definição e no cumprimento dos objetivos estabelecidos, por meio da relação e estruturação de seus elementos constituintes.

AVALIAÇÃO DO ASPECTO TECNOLÓGICO

O aspecto tecnológico se refere às ferramentas digitais empregadas na EAD como recursos pedagógicos, podendo ser um AVA ou, conforme o foco desta obra, os SRs.

Assim, entendem-se como recursos pedagógicos materiais como textos, vídeos, fotos, imagens, mapas e esquemas que podem ser visualizados na rede pública ou em repositórios institucionais. O docente necessita saber selecionar os recursos compatíveis com as características da modalidade a distância. Nesse caso, orienta-se para a escolha de um ou mais formatos que agreguem novas informações, suporte aos procedimentos metodológicos adotados e aos objetivos estabelecidos. Como exemplo de recomendação dos aspectos tecnológicos, pode ser destacada a recomendação de funcionalidades de um AVA mais adequadas para o perfil do sujeito, de EPs para a construção de OAs e de aplicativos para *mobiles*.

A avaliação acerca das ferramentas digitais precisa estar alinhada com a proposição das atividades de aprendizagem. Entende-se que avaliá-las influencia todos os elementos do modelo pedagógico, tanto no planejamento e na execução quanto na finalização da atividade. Para isso, é preciso estabelecer critérios em relação à recomendação recebida. Por exemplo, no caso de um MED, podem-se avaliar a qualidade, a usabilidade e a interatividade.

Nesse caso, o docente, da mesma forma que se baseia em critérios para escolha de seus livros didáticos, também deveria adotar critérios para a escolha dos recursos tecnológicos. Portanto, na avaliação dos elementos tecnológicos recomendados, podem-se levar em conta as seguintes questões:

- Que tipos de recursos são utilizados (OAs, *softwares* educativos, páginas *web*, hipertextos)?
- Qual é a plataforma tecnológica selecionada?
- Quais são as funcionalidades da plataforma que vão ser utilizadas ao longo do curso?
- Qual é o tipo de AVA (centrado no usuário ou no curso?)
- O AVA atende aos elementos definidos da AP?
- O AVA tem mais funcionalidades visuais, como webconferências, ou mais recursos baseados na escrita?

- Se for um curso na área de exatas, existem ferramentas que deem suporte a esse tipo de comunicação?
- Quais são as ferramentas de comunicação e interação a serem utilizadas?

Por meio dos aspectos salientados, observa-se a relevância da avaliação das ferramentas tecnológicas. Por intermédio delas, é possível selecionar e definir as funcionalidades de um AVA, por exemplo, a fim de garantir a melhor maneira de apresentar os conteúdos, a realização das atividades propostas e o cumprimento dos objetivos traçados.

Avaliação de estratégias pedagógicas[2]

Com base nos aspectos da AP, observam-se diferentes questões que precisam ser consideradas na construção de uma AP. Entretanto, sua aplicação pode ser diferenciada pelas EPs empregadas por cada professor. Essas estratégias são compreendidas como o "ato didático que aponta para a articulação e o ajuste de uma arquitetura para uma situação de aprendizagem determinada" (BEHAR et al., 2009, p. 31). Dessa forma, consideram-se as estratégias como sequências de procedimentos ou atividades que se escolhem com o propósito de facilitar a aquisição, o armazenamento e/ou a utilização da informação. Nessa compreensão, são as estratégias de aplicação de uma AP que dão dinamicidade ao modelo pedagógico. Nesse contexto, podem ser levantadas as seguintes questões para avaliar a recomendação de estratégias:

- Quais estratégias devem ser empregadas para trabalhar os conteúdos do modelo pedagógico?
- As estratégias recomendadas estão relacionadas com o modelo pedagógico adotado?
- As estratégias favorecem a construção de conhecimentos necessários ao aprendizado?

A partir dos aspectos analisados para a avaliação da RecPed, acredita-se que está sendo proposto um olhar detalhado acerca dos elementos da AP e das estratégias para sua aplicação. No entanto, o modelo é composto também pelo sujeito da EAD, tanto o individual quanto o coletivo, que está solicitando a recomendação.

---

[2] O conceito de estratégias pedagógicas é definido no Capítulo 1.

Avaliação dos sujeitos da EAD

O aspecto a ser evidenciado é a avaliação dos papéis e deveres de cada ator envolvido nos processos de ensino e de aprendizagem para os quais está sendo constituído o planejamento. É importante ter clareza sobre as características e atribuições que são destinadas para cada perfil (gestor, professor, aluno e tutor). Na EAD, de acordo com Tarcia e Carlini (2010), entre os aspectos que podem ser avaliados, destaca-se, em linhas gerais, o desenvolvimento da autonomia e da fluência tecnológica. Essa última, segundo Behar et al. (2013 , p. 166), é compreendida como "a utilização da tecnologia de modo que o sujeito se sinta digitalmente ativo e engajado com os avanços tecnológicos. A fluência possibilita não só o uso, mas também a criação e produção de conteúdos/materiais". Quando se trata de uma recomendação de sujeitos na EAD, tanto individual quanto coletivo,[3] compreende-se que podem ser recomendados perfis de sujeitos que se relacionam por semelhanças e afinidades, bem como a recomendação do sujeito coletivo, por meio da busca por grupos de interesses com objetivos comuns.

A fim de auxiliar na avaliação da recomendação do sujeito da EAD individual e/ou coletivo, são apontadas, a seguir, questões norteadoras.

- O sujeito tem acesso às tecnologias e sabe utilizá-las, explorando suas potencialidades?
- Está preparado para compartilhar detalhes de sua vida, trabalho e outras experiências educacionais?
- Usa suas experiências no processo de aprendizagem?
- Demonstra comprometimento consigo próprio e com o grupo?
- Sabe trabalhar em conjunto com os colegas para atingir seus objetivos de aprendizagem e do curso?
- Tem automotivação e autodisciplina?
- Estabelece comunicação permanente com o professor e colegas?
- Dedica-se com tempo significativo a seus estudos?
- Possui capacidade de reflexão?
- Os sujeitos coletivos interagem e se comunicam?
- Têm interesses semelhantes?
- Trabalham de forma colaborativa e cooperativa?
- O sujeito coletivo é formado por objetivos comuns?

[3] Sujeitos da EAD individual e coletivo foram conceituados no Capítulo 1.

Com base no exposto no decorrer da seção, foi apresentado um desdobramento de questões norteadoras que podem auxiliar na avaliação da recomendação de cada um dos elementos do modelo pedagógico e dos sujeitos da EAD (individual e/ou coletivo). A ideia, portanto, foi problematizar e contribuir para uma análise acerca desse tema para, em seguida, tratar da avaliação de SRs.

AVALIAÇÃO DE SISTEMAS DE RECOMENDAÇÃO

Após discorrer sobre a avaliação acerca dos elementos do modelo pedagógico, do ponto de vista teórico, esta seção tem como objetivo apresentar alguns SRs que possuem aplicações avaliativas nos materiais recomendados.

Para isso, é preciso que o docente estabeleça critérios para a escolha do SR, a fim de verificar a qualidade das recomendações recebidas e sua adequação ao perfil do público e ao conteúdo estabelecido.

Dessa forma, ao avaliar um SR com foco na educação, é preciso averiguar como o sistema pode ser aplicado no planejamento docente e de que forma pode auxiliar o aluno em seus processos de ensino e de aprendizagem a distância. Essas questões incluem compreender se o SR selecionado se aproxima da proposta pedagógica adotada pelo professor.

Uma das principais preocupações na avaliação de um SR é com relação à recomendação recebida, referindo-se à satisfação do usuário. Segundo Reis (2012), o grau de aceitação das recomendações, ou seja, quantificar o número de aceitação ou rejeição dos utilizadores sobre os itens recomendados com o intuito de reconhecê-los.

Portanto, com relação à tecnologia, a avaliação enfatiza a realização de uma série de testes de classificação entre as recomendações previstas e as que o usuário realmente recebeu, a fim de verificar se o SR está chegando próximo à real necessidade do usuário. Para isso, é fundamental que se realize a avaliação do material recomendado, com o objetivo de comparar a predição realizada com as respectivas avaliações reais.

Para realizar os testes, são utilizadas métricas. Entre as mais difundidas, está, basicamente, a determinação da diferença entre a necessidade do perfil do usuário e o *feedback* dado pelo sistema, ou seja, a recomendação dada. Essas métricas são utilizadas com a intenção de melhorar os resultados, por meio da divisão que separa as boas das más recomendações, já que o objetivo do sistema é recomendar bons materiais.

Dessa forma, percebe-se a necessidade de avaliação do usuário sobre a recomendação recebida, já que esses fatores impactam significativamente para o sucesso do uso ou não da ferramenta.

Assim, na seção seguinte, pretende-se apresentar exemplos de avaliação da recomendação recebida, focando em sistemas de recomendação educacionais (SREs).

Exemplos de avaliação da recomendação recebida

Ao tratar da avaliação da recomendação recebida, cada SR possui uma forma de coletar esses dados, que, ao voltarem para o sistema, resultam em novas recomendações. Nesta seção, são apresentados alguns exemplos de SREs e suas formas de coleta de informações acerca da avaliação dos usuários.

Portal do Professor

O Portal do Professor recomenda sugestões de planejamentos de aula, que são categorizados por nível de ensino, modalidade, componente curricular, tema e unidade federativa ou, ainda, por ordem de classificação. O professor cria um perfil ao se cadastrar, e, a partir dele, são realizadas recomendações, como pode ser visto na Figura 8.2.

A sugestão baseia-se na relevância, ordem de publicação, maior número de comentários, melhor classificação, ordem alfabética e maior número de acesso, dando sugestões de aula, conforme a Figura 8.3. O portal foi lan-

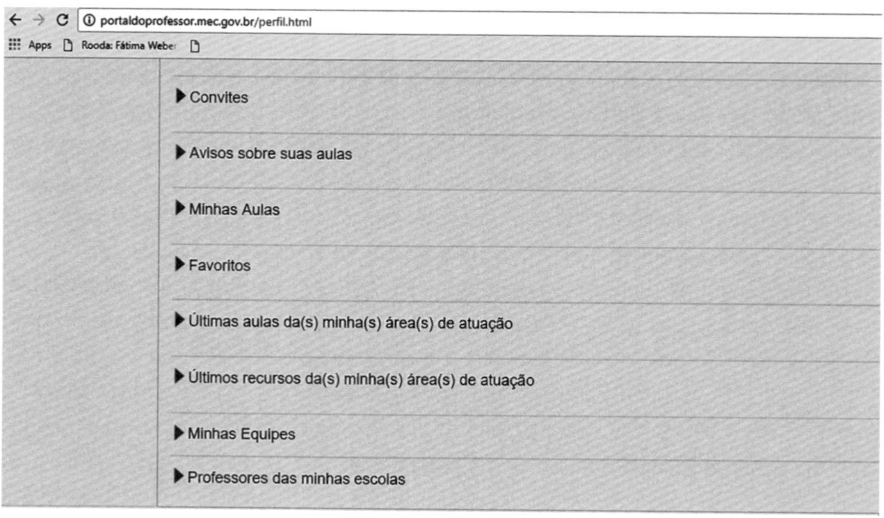

Figura 8.2 Perfil cadastrado no portal do professor.
Fonte: Brasil (2017).

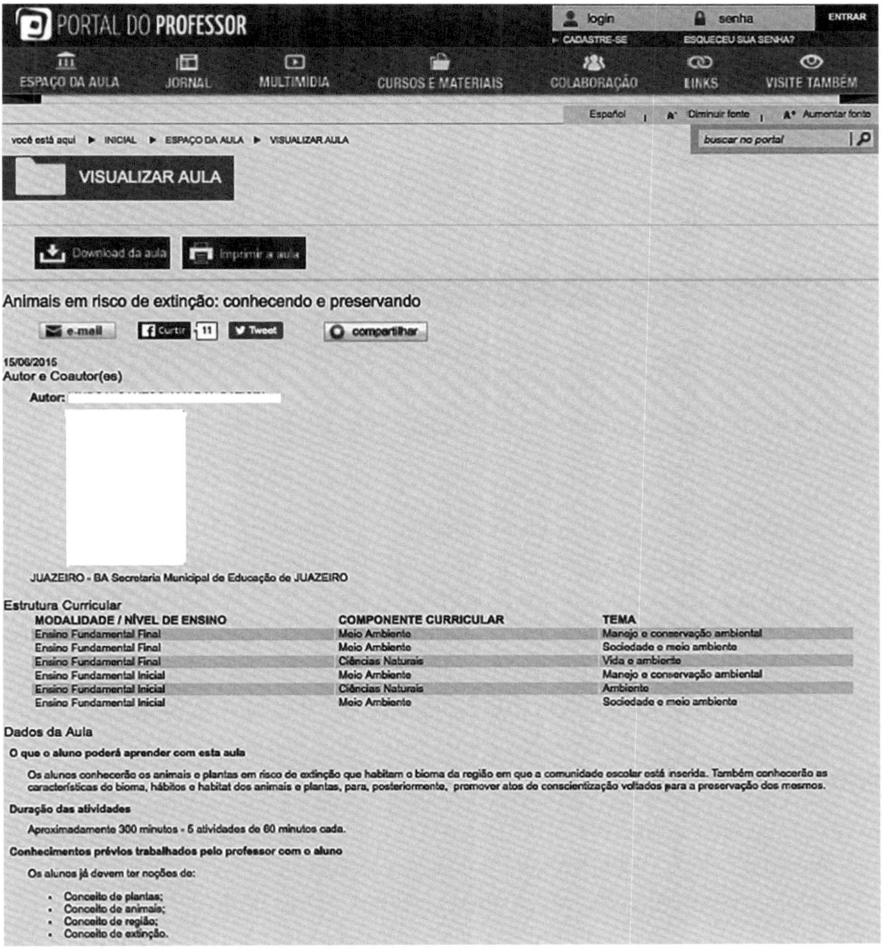

Figura 8.3 Sugestões de aula no Portal do Professor.
Fonte: Brasil (2017).

çado em 2008 em parceria com o Ministério da Ciência e Tecnologia. Seu objetivo é apoiar os processos de formação dos professores brasileiros e enriquecer sua prática pedagógica, sendo um espaço público e que pode ser acessado por todos os interessados.

Com relação à avaliação dos materiais, o sistema possibilita a classificação por meio de cinco estrelas por parte do usuário e a inserção de comentários, como pode ser visualizado na Figura 8.4. Essa avaliação pode focar aspectos como a organização, a metodologia ou as estratégias indicadas.

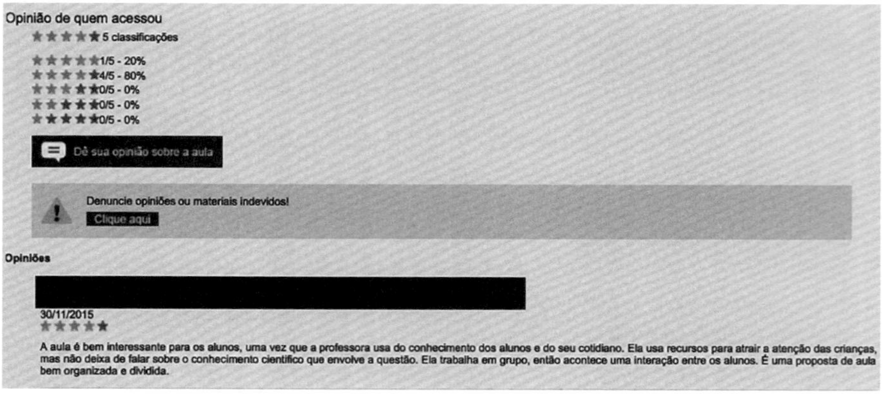

Figura 8.4 Classificação das sugestões de aula no Portal do Professor.
Fonte: Brasil (2017).

Entende-se que os materiais do Portal do Professor são compreendidos como aspectos organizacionais de uma AP, já que são recomendados planos de aula de acordo com as temáticas disponíveis.

Nesse caso, ainda há a possibilidade de comentários sobre os materiais recomendados, em que os docentes podem acrescentar as adaptações que realizaram nos planos de aula utilizados a partir da recomendação.

Sistema Comtella Discussions

O Comtella Discussions (COMTELLA-D) é um sistema *on-line* voltado para recomendações personalizadas com base nas discussões dos fóruns.

A avaliação é realizada nas postagens feitas pelos alunos e pode ser positiva ou negativa para cada publicação realizada nos fóruns. Quando a postagem tem mais classificações positivas, a cor da publicação vai automaticamente ficando mais clara. Quando a avaliação é negativa, a postagem fica com cor mais forte (na parte superior da imagem), conforme a Figura 8.5.

A avaliação dos estudantes tem como objetivo verificar a contribuição das trocas que estão sendo realizadas e traçar um perfil do usuário para recomendação de discussões em fóruns.

Sistema de recomendação personalizada de artigos científicos

O sistema de recomendação personalizada de artigos científicos (RecSalt) foi desenvolvido com o objetivo de recomendar artigos científicos na computação com base no perfil do sujeito, que é construído a partir das

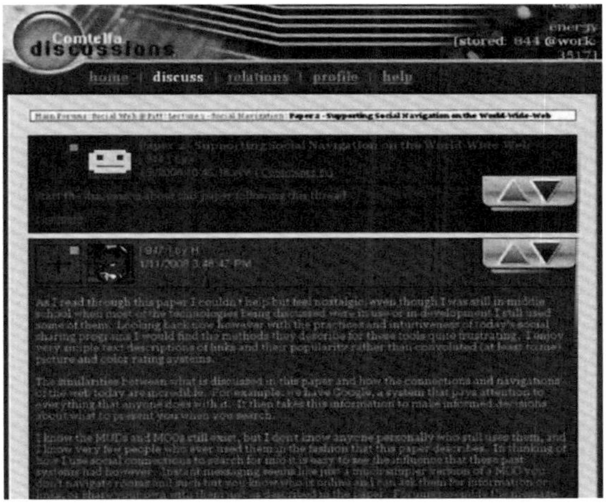

Figura 8.5 Exemplo de fórum com avaliação positiva e negativa.
Fonte: Abel et al. (2010, p. 168).

informações do Currículo Lattes, da plataforma Mendeley e da rede social LinkedIn. O usuário, portanto, obtém uma lista de artigos recomendados organizados pelos filtros "lidos", "para ler" e "recomendados".

O RecSalt tem uma avaliação do usuário por áreas de interesse, conforme apresenta a Figura 8.6, e uma avaliação dos artigos recebidos na recomendação, como mostra a Figura 8.7 — em ambas, o usuário faz uma classificação com base em cinco estrelas.

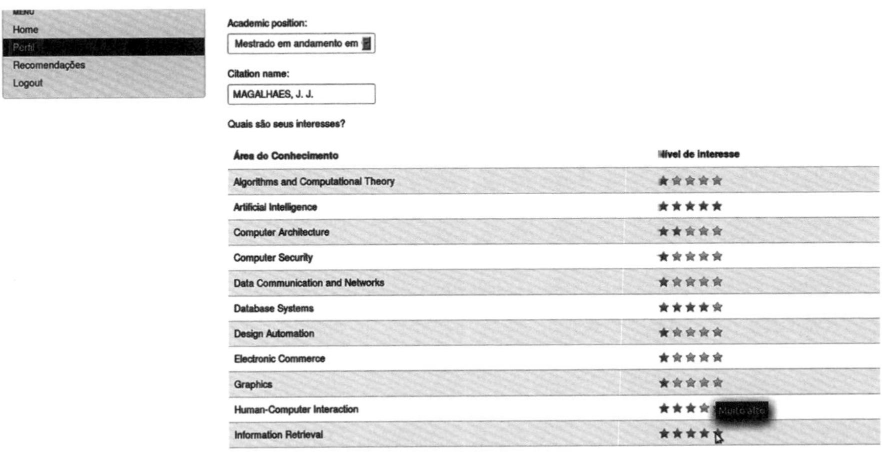

Figura 8.6 Avaliação do perfil de área de interesse.
Fonte: Costa, Aguiar, Magalhães (2013).

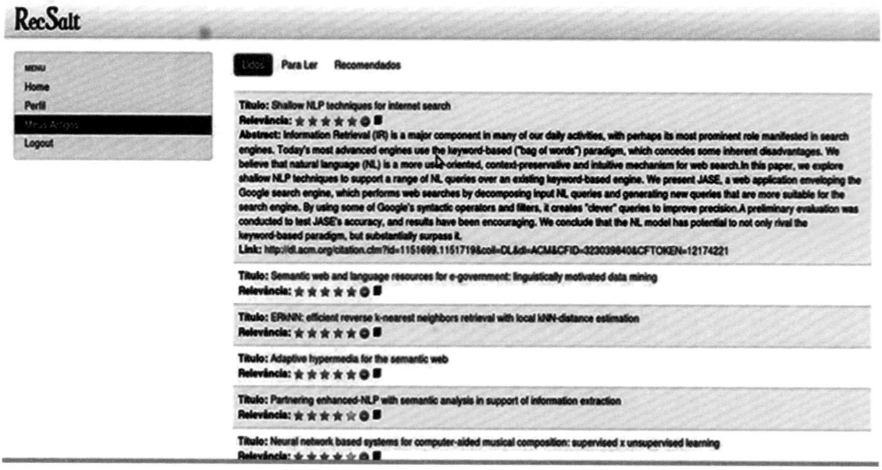

Figura 8.7 Exemplo de avaliação com relação à relevância do artigo recomendado.
Fonte: Costa, Aguiar, Magalhães (2013).

Entende-se que o RecSalt pode ser utilizado tanto por professores quanto por alunos na busca por organizar materiais para uma determinada área a partir do nível de interesse. Assim, a avaliação realizada pelo usuário acerca dos materiais recomendados tem como objetivo gerar novas recomendações, buscando cada vez mais reconhecer as necessidades reais do perfil do sujeito.

Recomendador do editor de texto coletivo

Conforme foi tratado no Capítulo 6, o recomendador do editor de texto coletivo (RecETC), é um sistema de recomendação inserido no editor de texto coletivo (ETC). Nesse caso, foca-se na avaliação dos materiais recomendados aos usuários durante a escrita de produções coletivas. Existe a avaliação dos materiais por meio de cinco opções de carinhas, conforme destacado na Figura 8.8, que vão da mais alegre (avaliação positiva) para a mais triste (avaliação negativa). Esses dados irão influenciar as recomendações futuras dos usuários.

Segundo Maria (2017), o usuário pode escolher entre avaliar um texto como ruim, irrelevante, regular, relevante e bom, os quais são representados por um valor que varia de 1 a 5, sendo o texto ruim como 1 e o bom como 5. Essas avaliações impactam nas recomendações dos integrantes do grupo e no texto que está sendo produzido.

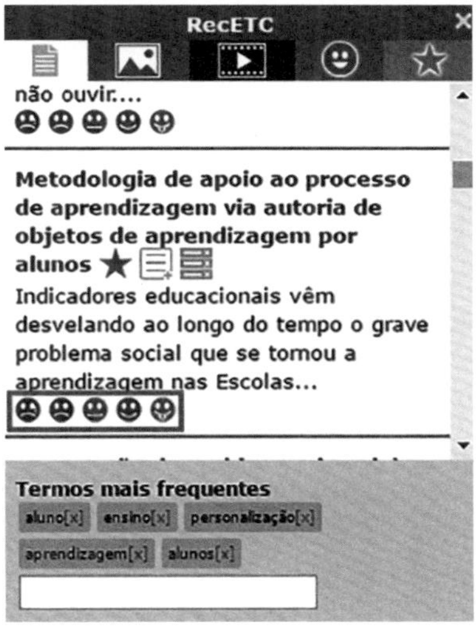

Figura 8.8 RecETC.
Fonte: RecETC (2017).

Quando um texto é avaliado, o sistema guarda, na base de dados, as seguintes informações:

- o nome do usuário que está realizando a avaliação;
- as palavras-chave que foram mineradas na ocasião da avaliação;
- as palavras adicionadas manualmente pelo usuário;
- a avaliação realizada no texto.

As próximas recomendações são baseadas no conjunto de palavras-chave mineradas do texto, na soma das avaliações dos materiais e no conjunto de palavras-chave pertencentes ao texto mais bem avaliado. Esses parâmetros foram determinados, pois se estima que, se um texto foi bem avaliado, pode significar que os usuários tenham interesse em visualizar novos textos do mesmo tipo. Do mesmo modo, os textos que tiveram avaliações ruins apresentam informações que não interessam aos usuários e, portanto, recomendações semelhantes a essas não são realizadas.

Modelo baseado na avaliação por competências no recomendador de objetos de aprendizagem baseado em competências

O recomendador de objetos de aprendizagem baseado em competências (RecOAComp), abordado no Capítulo 5, tem um tipo de avaliação quantitativa e qualitativa da satisfação do usuário com relação aos materiais recomendados. A avaliação quantitativa é representada com cinco estrelas, solicitando uma classificação, conforme a Figura 8.9.

Já a avaliação qualitativa é realizada por meio de uma pergunta com cinco opções objetivas. Além disso, existe a opção de o usuário acrescentar um pequeno comentário sobre o OA recomendado, como visto na Figura 8.9. A partir dessas avaliações, o professor poderá gerar relatórios, a fim de verificar os objetos mais utilizados, o índice de relevância, a maior rejeição e as estatísticas de acessos, conforme apresentam as Figuras 8.10, 8.11 e 8.12.

Conforme a Figura 8.11, o professor pode analisar o gráfico com os objetos utilizados na disciplina, no qual é possível verificar aqueles que tiveram mais e menos acessos. Os objetos com maior irrelevância podem ser analisados por meio do gráfico de índice de rejeição.

Assim, é possível ver o total do índice de rejeição dos objetos de aprendizagem utilizados pelos alunos. Todos os relatórios do sistema podem ser acessados por meio das estatísticas de acesso, conforme mostra a Figura 8.12.

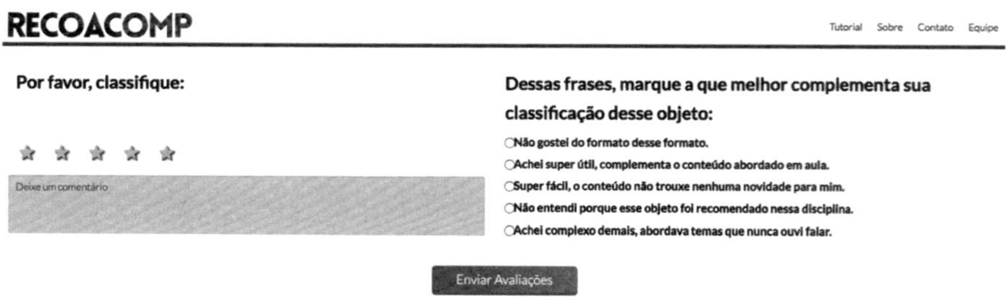

Figura 8.9 Exemplo de avaliação de OA.
Fonte: RecOAComp (2017).

$$\left(\frac{AcessosValidos}{AcessosValidosDoOAMaisAcessado} + \frac{TempoMedioAcesso}{TempoMedioTodosOAS}\right) * (1 - IndiceRejeicao)$$

Figura 8.10 Cálculo e gráfico com índice de relevância.
Fonte: RecOAComp (2017).

$$\frac{AcessosInvalidos}{AcessosTotais} * 100$$

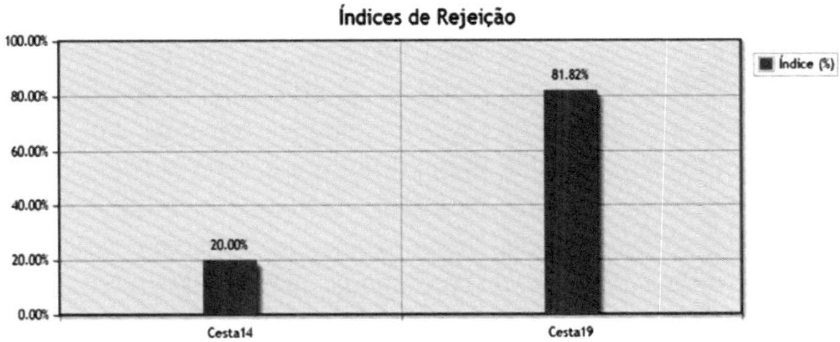

Figura 8.11 Cálculo e gráfico com índice de rejeição.
Fonte: RecOAComp (2017).

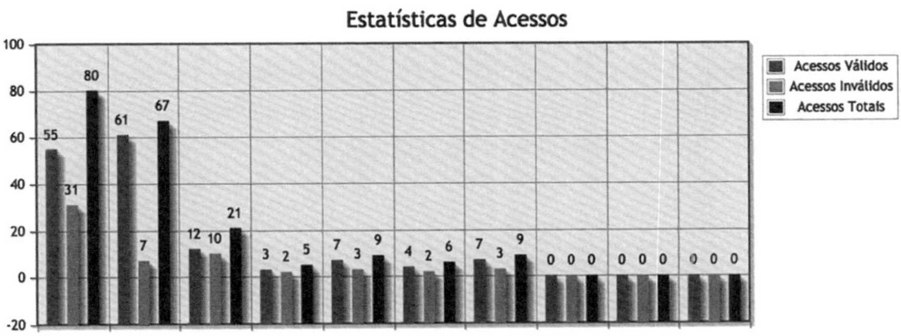

Figura 8.12 Estatísticas do sistema.
Fonte: RecOAComp (2017).

Por fim, as opções de avaliações dos OAs recomendados no RecOAComp têm como objetivo influenciar na filtragem colaborativa (FC) em futuras recomendações.

Assim, com base nos resultados obtidos, compreende-se que, na avaliação da RecPed, é necessário pensar em todos os critérios relacionados com o planejamento e a proposta pedagógica do professor. Nesse sentido, faz-se relevante evidenciar a escolha e a avaliação do sistema de recomendação educacional pelo docente, viabilizando a indicação de recursos que poderão auxiliar alunos da EAD em sua aprendizagem.

ABRINDO O LEQUE DA AVALIAÇÃO

A avaliação da RecPed-EAD pode ser compreendida como um processo de análise dos materiais recomendados por sua relevância, uma vez que favorece o *feedback* ao sistema e aos usuários. Esse retorno tem como objetivo direcionar materiais de melhor qualidade, já utilizados e classificados.

Dessa forma, compreendendo a complexidade do tema, inicialmente o capítulo buscou tratar da avaliação em diferentes aspectos educacionais, até chegar aos elementos do modelo pedagógico da EAD. Entende-se, portanto, que cada professor deve conhecer as vantagens e as limitações da RecPed, avaliando e analisando a utilização da recomendação recebida. Isso irá depender sempre do contexto, ou seja, do perfil da turma e da proposta metodológica.

Em síntese, o presente capítulo teve como objetivo apontar questões que possam auxiliar na avaliação das recomendações recebidas, fornecendo orientações necessárias ao planejamento de um modelo pedagógico para a EAD. A avaliação da RecPed ainda é um conceito em construção e que deve ser discutido a partir de experiências a serem realizadas pelas instituições e pelos docentes. Assim, com base nos aspectos de avaliação apresentados, percebe-se a importância de realizar uma análise das recomendações recebidas, utilizando-se de critérios preestabelecidos, na busca por melhores recomendações de materiais/recursos/estratégias.

REFERÊNCIAS

ABEL, F. et al. Recommendations in online discussion forums for e-learning systems. *IEEE Transactions on Learning Technologies*, Los Alamitos, v. 3, n. 2, p. 165–176, 2010.

BEHAR, P. A. et al. *Competências em educação a distância*. Porto Alegre: Artmed, 2013.

BEHAR, P. A. et al. *Modelos pedagógicos para a educação a distância*. Porto Alegre: Artmed, 2009.

BERNARDI, M. *Prática pedagógica em EAD:* uma proposta de arquitetura pedagógica para formação continuada de professores. 2011. Tese (Doutorado em Educação) – Faculdade de Educação, Universidade Federal do Rio Grande do Sul, Porto Alegre, 2011.

BRASIL. Ministério da Educação. Conselho Nacional de Educação. Resolução nº 1, de 11 de março de 2016. Estabelece diretrizes e normas nacionais para a oferta de programas e cursos de educação superior na modalidade a distância. *Diário Oficial da União*, Brasília, 14 de mar. 2016. Seção 1, p. 23-24.

BRASIL. Ministério da Educação. *Portal do professor.* Brasília, 2017. Disponível em: <http://portaldoprofessor.mec.gov.br/index.html>. Acesso em: 29 dez. 2017.

COSTA, E.; AGUIAR, J.; MAGALHÃES, J. Sistemas de recomendação de recursos educacionais: conceitos, técnicas e aplicações. In: CONGRESSO BRASILEIRO DE INFORMÁTICA NA EDUCAÇÃo, 2., 2013, Limeira, SP. *Anais...* Porto Alegre: SBC, 2013. p. 57-78.

HOFFMANN, J. *Avaliação:* mito & desafio: uma perspectiva construtivista. 43. ed. Porto Alegre: Mediação, 2013. 160 p.

LUCKESI, C. C. *Verificação ou avaliação*: o que pratica a escola? São Paulo: FDE, 1998. p. 71-80. (Ideias, 8).

MARIA, S. A. A. *RecETC:* uma funcionalidade baseada na recomendação de conteúdo para auxiliar no processo de escrita coletiva digital. 2017. 271 f. Tese (Doutorado em Informática na Educação) - Centro de Estudos Interdisciplinares em Novas Tecnologias da Educação, Universidade Federal do Rio Grande do Sul, Porto Alegre, 2017.

MENEGOLLA, M.; SANT'ANNA, I. M. *Por que planejar? Como planejar?* 10. ed. Petrópolis, RJ: Vozes, 2001.

NISBET, J.; SHUCKSMITH, J. *Estrategias de aprendizaje.* Madrid: Santillana, 1987.

PADILHA, P. R. *Planejamento dialógico:* como construir o projeto político-pedagógico da escola. São Paulo: Cortez, 2001.

PETERS, O. *A educação a distância em transição*: tendências e desafios. São Leopoldo: Unisinos, 2003.

PIAGET, J. *A tomada de consciência.* São Paulo: Melhoramentos, 1977.

POLAK, Y. A avaliação do aprendiz em EAD. In: LITTO, F.; FORMIGA, M. (Orgs.). Educação à distância: o estado da arte. São Paulo: Pearson, 2009.

POZO, J. I. Estratégias de aprendizagem In: COLL, C.; PALÁCIOS, J.; MARCHESI, Á. (Org). *Desenvolvimento psicológico e educação:* psicologia da educação escolar. Porto Alegre: Artmed, 1996.

RECOACOMP. 2017. Disponível em: <http://www.recomendadorcomp.ufrgs.br/>. Acesso em: 29 jan. 2017.

RecETC. 2017. Disponível em: <http://nuted.ufrgs.br/etc/>. Acesso em: 29 dez. 2017.

RÉGNIER, J. C. A autoavaliação na prática pedagógica. *Revista Diálogo Educacional*, Curitiba, v. 3, n. 6, p. 53-68, 2002.

SANT'ANNA, I. M. *Por que avaliar? Como avaliar?*: critérios e instrumentos. Petrópolis, RJ: Vozes, 1995.

SANTOS, M. B.; SILVA, J. M. C. Avaliação de um sistema de recomendação para objetos de Aprendizagem OBAA. In: CONFERÊNCIA INTERNACIONAL SOBRE INFORMÁTICA NA EUCAÇÃO, 19., 2014, Fortaleza. *Nuevas ideas en informática educativa...* Fortaleza: UFC, 2014. Disponível em: <http://www.tise.cl/volumen10/TISE2014/tise2014_submission_225.pdf>. Acesso em: 04 jan. 2018.

SILVA, C. R. *Bases pedagógicas e ergonômicas para concepção e avaliação de produtos educacionais informatizados.* 1998. Dissertação (Mestrado em Engenharia de Produção) – Universidade Federal de Santa Catarina, Florianópolis, 1998.

TARCIA, R. M.; CARLINI, A. *20% a distância: e agora?* Orientações práticas para o uso de tecnologia de educação a distância. São Paulo: Pearson Education do Brasil, 2010. p.177.

TORREZZAN, C. A. W. *Design Pedagógico:* um olhar na construção de materiais educacionais digitais. 2009. Dissertação (Mestrado em Educação) – Universidade Federal do Rio Grande do Sul, Porto Alegre, 2009.

TENDÊNCIAS TECNOLÓGICAS E EDUCACIONAIS EM SISTEMAS DE RECOMENDAÇÃO

Anna Helena Silveira Sonego | Tássia Priscila Fagundes Grande
Patricia Alejandra Behar | Sílvio César Cazella

Os sistemas de recomendação (SRs) constituem-se em soluções com ampla aplicação em diferentes domínios, entre eles o educacional. Esta obra apontou algumas iniciativas, o que pode provocar muitas indagações e expectativas sobre seu uso na educação.

Desse modo, este capítulo tem o intuito de abordar as tendências na utilização de SRs, tanto no âmbito educacional quanto em outros meios. Para isso, foram realizadas pesquisas nacionais e internacionais. As reflexões apresentadas se baseiam na experiência e nos cenários de estudos consolidados na área. Dessa forma, o conteúdo referido busca ser o mais abrangente possível, porém, outros prováveis tópicos de igual importância para a área de SRs podem não ter sido elencados.

A partir de um levantamento,[1] em diferentes bases de busca internacionais, sobre os temas "Recommender Systems" e "Educational Recom-

[1] Ao pesquisar publicações sobre "Recommender Systems" na base indexada Scopus (https://www-scopus.ez41.periodicos.capes.gov.br), verifica-se um total de 15.144 documentos indexados disponíveis sobre o tema. Já na base do Google Acadêmico (https://scholar.google.com.br), procedendo a mesma busca, foram obtidos 63.500 documentos indexados, iniciando nos anos 1980 as publicações. Ainda, nessas mesmas bases, porém, sobre "Educational Recommender Systems", verificou-se um total de 403 documentos indexados disponíveis na base indexada Scopus, e, na base do Google Acadêmico, obtiveram-se 376 documentos, a partir de publicações de 2009.

mender Systems", feito para reforçar a importância dos estudos sobre SRs, percebeu-se um crescente interesse de pesquisadores em relação aos referidos assuntos.

Um SR com foco na educação, além de considerar as necessidades e o perfil dos usuários, pode ser capaz de recomendar materiais educacionais. Estes podem ser utilizados em um ambiente virtual de aprendizagem (AVA), *software* ou mesmo de forma independente, como é o caso de muitos *sites* que fazem recomendações a partir dos interesses do usuário. Assim, os resultados de uma busca *on-line* podem ser disponibilizados em distintas situações, promovendo novas possibilidades para os processos de ensino e de aprendizagem. O estudo de SRs traz consigo alguns temas e conceitos que devem ser citados, pois tratam de áreas em expansão, como a personalização de ambientes virtuais, o uso de *software* em um contexto de *mobile learning* (*M-Learning*), ou referente à aprendizagem sensível ao contexto, computação ubíqua e internet das coisas (IoT, do inglês *internet of things*), entre outros.

Desse modo, este capítulo está organizado em quatro seções. Na segunda seção, são descritas algumas tendências tecnológicas em relação aos SRs. Na terceira, são apresentadas as tendências e os impactos que podem ser gerados no meio educacional, e, por fim, são elencadas as considerações finais deste capítulo.

OS SISTEMAS DE RECOMENDAÇÃO E AS TENDÊNCIAS TECNOLÓGICAS

Abdollahpouri, Burke e Mobasher (2017) afirmam que os SRs apresentam um importante papel no processo de aproximação de usuários e conteúdos relevantes. Isso significa que têm o intuito de recomendar para o sujeito conteúdos que melhor atendam às suas necessidades. Para tanto, esse tipo de sistema combina várias técnicas computacionais com capacidade de indicar conteúdos e pessoas com base nos perfis dos usuários, levando em consideração seu contexto (RICCI; ROKACH; SHAPIRA, 2011).

Desse modo, livros, filmes, notícias, música, vídeos, anúncios, *links* patrocinados, páginas de internet, produtos de uma loja virtual ou serviços disponibilizados em empresas como Amazon, Netflix, Google e Facebook são identificados como exemplos de aplicações de SRs. Assim, um SR pode ser caracterizado por apresentar alternativas para respostas, busca de um conteúdo, pessoas ou produto, conforme a necessidade do sujeito que irá utilizá-lo (GOTARDO; CEREDA; HRUSCHKA JUNIOR, 2013). Um exemplo disso é a rede social Facebook, que se apresenta como uma possibilidade para incentivar e motivar a discussão de conteúdos de cunho pessoal, informativo e/ou científico, por meio de postagens ou do bate-papo por uma ferramenta específica dessa rede social (JOHNSON et al., 2016). Desse modo, percebe-se que esse recurso de comunicação pode gerar a construção e o compartilhamento de conteúdos e informações. Ainda, de acordo com Johnson et al. (2016), o Facebook pode ser considerado um espaço para a aprendizagem informal. A partir disso, ocorrem conexões entre estudantes e especialistas da área educacional de distintas localidades, empresas e instituições de ensino, potencializando o diálogo e possíveis recomendações de materiais pedagógicos e informativos conforme o perfil e o interesse de cada usuário.

Para compreender o contexto das tendências e pesquisas sobre SRs, é imprescindível realizar uma análise das várias publicações provenientes de um dos maiores eventos da atualidade focado em SRs, o The ACM Conference Series on Recommender Systems (RecSys).[2] O evento teve sua primeira edição em 2007, na cidade de Minessota, nos Estados Unidos, na qual se encontra um dos maiores grupos de pesquisa dessa área, o GroupLens.[3] A seguir, são citadas algumas tendências tecnológicas que podem ser aplicadas em SRs.

WEB SEMÂNTICA

O crescimento e a expansão da internet propiciaram que usuários de todo o mundo pudessem alimentar repositórios e base de dados com seus conteúdos, disponibilizando uma enorme quantidade de dados (BEX et al., 2014).

Como já foi comentado, a recomendação de conteúdos constitui-se em um desafio para a área de SRs, devido a essa diversidade de dados e metadados para representar um conteúdo. Como as máquinas não interpretam o assunto que é descrito, a recomendação pode recair na apresentação de conteúdo baseado na sintaxe, porém, fora do contexto semântico.

No entanto, a questão é que esse conteúdo tem significado para os seres humanos, e não para as máquinas, então como utilizá-lo de forma efetiva? Assim, os *sites* de busca utilizavam apenas a sintaxe, e não a semântica, para apresentarem seus resultados. Por exemplo, uma busca por conteúdo realizada utilizando como palavra-chave o termo "aluno" possivelmente não apresentará resultados contendo o termo "discente".

---

[2] Disponível em: <https://recsys.acm.org/>.

[3] Disponível em: <http://grouplens.org/>.

Em síntese, o objetivo é propiciar um significado sobre os dados, aplicando técnicas para estruturar informações por meio de metadados, atribuindo semântica. Para ilustrar essa questão, pode-se idealizar um *site* com informações sobre tecnologias no qual os leitores comentam sobre esse tema. No momento da recuperação dessas informações, alguns motores de busca são falhos, por não preverem metadados que podem possibilitar a identificação da página ou do conteúdo que está sendo buscado, considerando somente a sintaxe das palavras, e não a semântica.

A *web* semântica trata de propostas que podem facilitar a interoperabilidade dos dados e, assim, apoiar a criação de repositórios, vocabulários e regras para auxiliá-los. Esta conta com o apoio e a iniciativa de instituições, entre elas o consórcio W3C[4] e seus grupos de trabalho.

É possível descrever conteúdos de forma padronizada e de fácil compreensão para a máquina. Para isso, faz-se o uso da *web* semântica em conjunto com as ontologias, uma vez que estas representam linguagens para expressar informações de forma processável pela máquina. Além disso, no SR, pode ser aplicada uma filtragem baseada em conteúdo (FBC), com o intuito de melhorar a seleção de conteúdo que será recomendado ao usuário, uma vez que será provida semântica para a máquina.

Dessa forma, conteúdos relacionados com domínios que utilizam o mesmo termo, mas diferentes significados, não são alvo de filtro, e sim aqueles conteúdos diretamente relacionados com o domínio desejado pelo usuário.

Ontologias

O termo *ontologia* teve origem no campo da filosofia, uma teoria da natureza existente, como, por exemplo, a ontologia de Aristóteles, que oferecia categorias primitivas, como substância e qualidade (GRUBER, 2009). O termo é utilizado em diferentes áreas, e sua definição passou por inúmeras mudanças desde sua criação até os dias atuais. Na área de informática e ciência da computação, "a ontologia é um termo técnico que apresenta um artefato que é projetado para um propósito, que é permitir a modelagem de conhecimento sobre algum domínio, real ou imaginado" (GRUBER, 2009, p. 1). No contexto de banco de dados, o mesmo autor afirma que:

> [...] a ontologia pode ser vista como um nível de abstração de modelos de dados, análogos a modelos hierárquicos e relacionais, mas destinados a modelar o conhecimento sobre indivíduos, seus atributos e suas relações com outros indivíduos. (GRUBER, 2009, p. 1).

[4] Disponível em: http://grouplens.org/.

As bases de dados podem ser codificadas por meio da linguagem Ontology Web Language (OWL), sendo recomendada pela W3C para o uso na *web* semântica (GRUBER, 2009).

Vickery (1997) destaca, em seu trabalho, que esse tipo de modelo tem potencial semântico e também uma versatilidade de aplicações nas mais diversas áreas.

As ontologias têm um papel fundamental em relação ao banco de dados, que é o de:

> [...] especificar uma representação de modelagem de dados em um nível de abstração acima de projetos de banco de dados específicos (lógicos ou físicos), de modo que os dados possam ser exportados, traduzidos, consultados e unificados em sistemas desenvolvidos independentemente. (GRUBER, 2009, p. 4).

Atualmente, as ontologias estão sendo usadas em diferentes estudos nas mais variadas áreas, como no processo de recuperação da informação em ambientes semânticos, conforme a pesquisa de Coneglian e Fusco (2015). Segundo os autores, a:

> [...] pesquisa tem como objetivo a implementação de um agente de extração semântica no contexto da *web* que permita a localização, tratamento e recuperação de informações no contexto do Big Data. [...] A utilização de ontologia vem para agregar semântica ao processo de recuperação e apresentação dos resultados obtidos aos usuários, conseguindo desta forma atender suas necessidades. (CONEGLIAN; FUSCO, 2015, p. 30).

As ontologias podem ser empregadas para prover suporte no meio acadêmico, no que se refere tanto à produção de conteúdos quanto à organização de documentos, como é apresentado por Sérgio, Silva e Gonçalves (2016). No trabalho, eles apresentam uma modelagem embasada na ontologia de fundamentação unificada — Unified Foundational Ontology (UFO). Segundo os autores, "[...] o objetivo é prover clareza dos eventos que geram publicação e a participação dos discentes, docentes e organizações na produção acadêmica, bem como os possíveis documentos gerados" (SÉRGIO; SILVA; GONÇALVES, 2016, p. 61). A Figura 9.1 ilustra um fragmento da UFO.

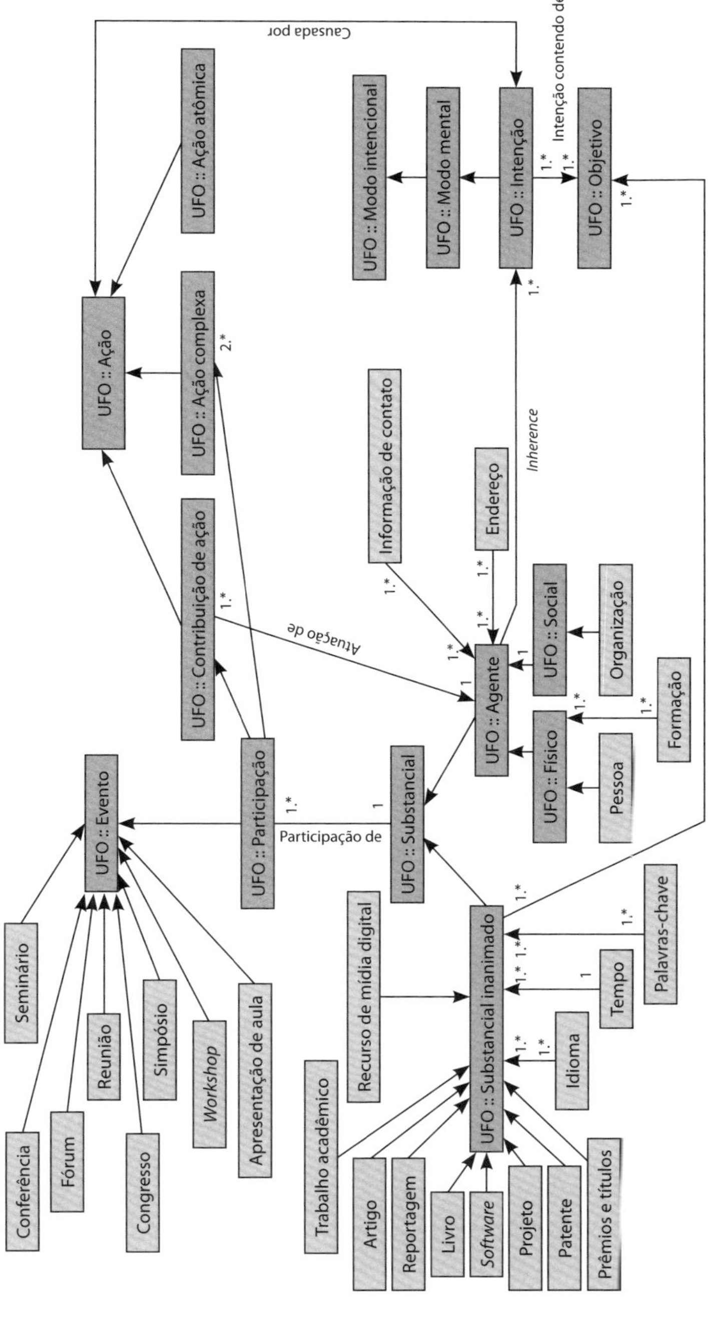

Figura 9.1 Fragmento geral da ontologia de conteúdo alinhado à UFO.
Fonte: Sérgio, Silva e Golçalves (2016).

No que diz respeito às ferramentas, o Protégé[5] é uma das mais populares para a edição e a manipulação de ontologias. Pelo fato de ser uma ferramenta gratuita e de código aberto, possui arquitetura modular, o que permite a inserção de novos recursos por meio de *plugins*. É de fácil utilização, por conta de sua aparência amigável, e amplamente utilizada e difundida. A versão 5.0 foi desenvolvida na escola de medicina da Universidade de Stanford, pelo Stanford Medical Informatics. Essa ferramenta tem uma interface gráfica para a edição de ontologias e uma arquitetura para a criação de ferramentas com base em conhecimento, apresentadas nas Figuras 9.2 e 9.3. A Protégé pode ser usada tanto por desenvolvedores de sistemas como também por especialistas, permitindo representar facilmente o conhecimento de uma área.

Para tanto, o uso de ontologias vem crescendo e ganhando proporções maiores, tendo destaque também na área educacional, como em bibliotecas digitais baseadas em ontologias e também em estudos sobre SRs. Nesse sentido, destaca-se o exemplo de Simon (2017), que propõe, em sua pesquisa, o uso de ontologias na educação, como uma proposta de aplicação em SRs. Outro tema que vem sendo difundido são os SRs, que serão apresentados em mais detalhes a seguir.

OS SISTEMAS DE RECOMENDAÇÃO E AS TENDÊNCIAS EDUCACIONAIS

Atualmente, discute-se muito sobre tendências educacionais, o que propicia alguns questionamentos:

- Como os SRs podem contribuir para a expansão, a seleção de informações e os conteúdos educacionais?
- Quais são as tendências educacionais no momento e como serão utilizadas a partir dos SRs?
- Quais são os desafios e as possibilidades do uso dos dispositivos móveis na educação?

Na tentativa de mais informações e exemplificações acerca dessas temáticas, buscou-se apoio teórico no "The NMC Horizon Report: 2016 Higher Education Edition" (JOHNSON et al., 2016).

Para Johnson et al. (2016), as tendências educacionais estão relacionadas diretamente com o modo de planejar e conduzir a inserção de tecno-

[5] Disponível em: http://protege.stanford.edu.

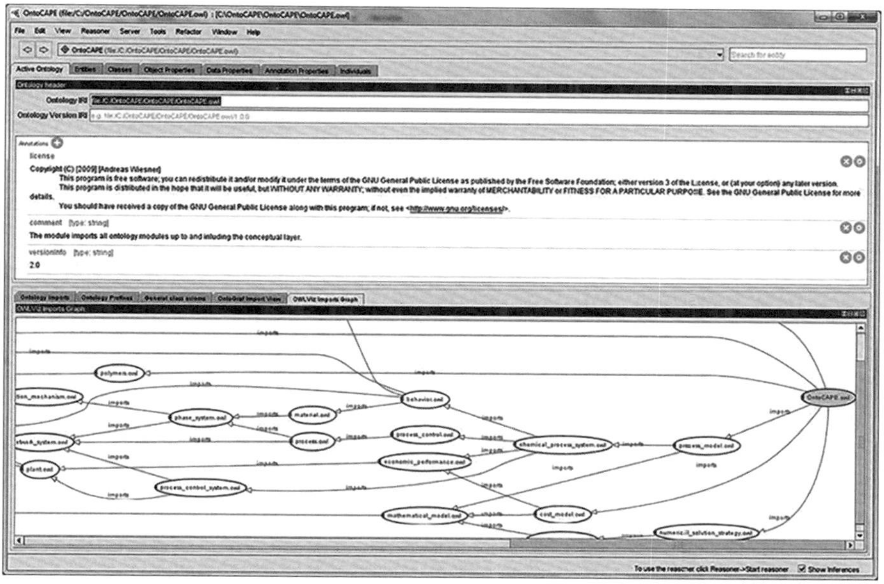

Figura 9.2 Interface do Protégé.

Fonte: Stanford Center for Biomedical Informatics Research (c2016).

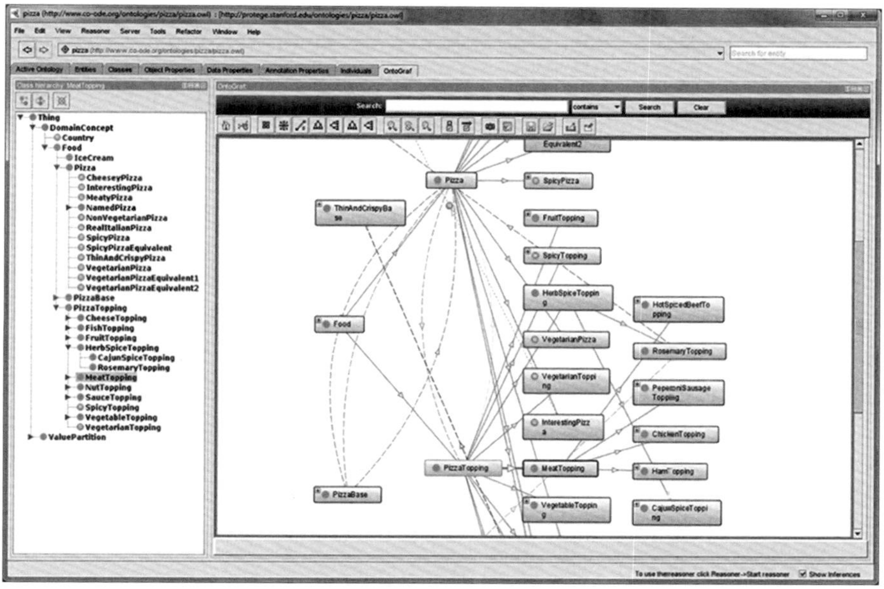

Figura 9.3 Interface do Protégé com as classes de uma ontologia.

Fonte: Stanford Center for Biomedical Informatics Research (c2016).

logias contemporâneas. A implementação já é uma realidade, porém, de acordo com os autores, seu desenvolvimento e propagação serão ampliados ao longo dos próximos cinco anos, inclusive no contexto brasileiro. Assim, considera-se que a integração dos dispositivos móveis na educação, conjuntamente com os SRs, pode ser inserida em todos os níveis de ensino, criando situações de inovação tanto tecnológica quanto pedagógica.

De acordo com uma pesquisa realizada na Ball State University durante três anos, foi diagnosticado que os estudantes se tornam mais envolvidos nos processos de ensino e de aprendizagem quando estão inseridos em situações de inovação (JOHNSON et al., 2016). Nesse sentido, os SRs são constituídos de informações imprescindíveis e relevantes para o usuário. No contexto educacional, os SRs permitem aos sujeitos encontrarem conteúdos que se encaixam mais com seu perfil, já que possibilita coletar as informações por meio de diferentes recursos.

Para a recomendação, são considerados os interesses e as necessidades do sujeito e de pessoas que fazem parte de sua rede de contato, localização e, algumas vezes, até os aspectos psicológicos. O próprio sistema possibilita um refinamento de conteúdo digital de acordo com as necessidades do usuário, incluindo o método de seleção e os objetivos. Assim, também será capaz de recomendar materiais e estratégias pedagógicas para o sujeito conforme suas necessidades indicadas no sistema. Entretanto, ainda poderá possibilitar a mobilidade, a personalização de ambientes virtuais, aplicativos para *M-Learning*, referente à aprendizagem sensível ao contexto, ubíqua e IoT, por exemplo. Essas são algumas temáticas importantes para a discussão sobre os SRs na educação, conforme será apresentado a seguir.

Mobilidade

O uso de dispositivos móveis vem tendo um desdobramento na sociedade, e isso está diretamente associado a questões referentes à mobilidade. A pesquisa Tecnologias da Informação e Comunicação (TIC) Domicílio (2015)[6] destacou: "[...] o telefone celular como o dispositivo mais usado para acessar a internet (89%), com mais menções do que o computador de mesa (39%), o *notebook* (39%), o *tablet* (19%), a televisão (13%) e o *videogame* (8%)". O mesmo estudo apontou também que "o telefone celular está presente em 93% dos domicílios, sendo o segundo equipamento das TICs mais

[6] COMITÊ GESTOR DA INTERNET NO BRASIL. *TIC domicílios 2015*: pesquisa sobre o uso das tecnologias da informação e comunicação nos domicílios brasileiros. São Paulo: Cetic.br, 2015. Disponível em: <www.cetic.br/tics/domicilios/2015/domicilios/A/>. Acesso em: 22 maio 2016.

comum nas residências brasileiras [...]". Cerca de 89% de brasileiros com 10 anos de idade ou mais possuem telefone celular. As principais atividades destacadas pelo mesmo estudo no uso do celular/*smartphone* foram: 1. efetuar e receber chamadas telefônicas; 2. tirar fotos; 3. enviar mensagens; 4. ouvir músicas; 5. acessar redes sociais; 6. compartilhar fotos, vídeos e textos; 7. assistir a vídeos; 8. buscar informações; 9. jogar; 10. baixar aplicativos; 11. acessar páginas e *sites*; 12. acessar *e-mail*.

Atualmente, existe um aumento na busca e no uso de dispositivos móveis como *smartphones* e *tablets* com acesso à internet. Desse modo, surgem possibilidades de inserção dessas tecnologias em diferentes atividades no dia a dia, tanto escolares quanto de trabalho ou lazer. Esses aparelhos funcionam por meio das tecnologias móveis, que possuem abrangência maior, como é o caso das conexões *wireless, bluetooth*, 3G ou 4G, por exemplo (GRANDE, 2016). A conectividade sem fio possibilita procurar informações, enviar e receber mensagens, arquivos e/ou seu compartilhamento, entre outras coisas. A Organização das Nações Unidas para a Educação, a Ciência e a Cultura (Unesco) (2014b) aponta que dispositivos sem fio irão se tornar significativamente mais baratos e acessíveis até 2030 e que os dados móveis estarão disponíveis de maneira fluída em todos.

Dessa forma, existe a possibilidade de receber, por meio de um dispositivo, recomendações focadas em sua localização física, como sugestões de locais perto dos mais frequentados pelo sujeito ou de sua residência. Como, por exemplo, parques e estabelecimentos comerciais. Assim, tornam-se uma forte tendência as recomendações de locais mais frequentados por conhecidos do sujeito, denominada de recomendação colaborativa.

Outro tipo de recomendação é a de aplicativos, que são programas elaborados especificamente para plataformas móveis, como *smartphones* e *tablets* (SANTOS; FREITAS, 2015). A recomendação relacionada com os aplicativos pode ser de dois tipos: o primeiro, com base no interesse do usuário, ou seja, a sugestão de aplicativos semelhantes aos que já foram baixados por ele; e a segunda alternativa é baseada no interesse dos contatos do usuário, no qual o sistema recomenda aqueles que foram baixados por pessoas da rede de relações do sujeito. Portanto, a recomendação inclui desde itens de consumo até possíveis atividades de entretenimento, bem como pessoas próximas que tenham os mesmos interesses.

Na próxima seção, serão apresentadas algumas *M-Learning* como uma possível tendência, bem como suas inovações na educação.

M-LEARNING

A utilização das tecnologias citadas anteriormente e dos dispositivos móveis também engloba os conceitos de *M-Learning* ou, ainda, em sua tradução livre, aprendizagem móvel. Considera-se que esse tipo de aprendizagem é uma realidade viável nos processos de ensino e de aprendizagem, apresentando-se como uma tendência atual e com perspectivas futuras no âmbito educacional. Desse modo, essa aprendizagem é definida como "o uso de tecnologias móveis, isoladamente ou em combinação com outras TICs, a fim de permitir a aprendizagem a qualquer hora e em qualquer lugar" (UNESCO, 2014a, p. 7). Além de proporcionar possibilidades de comunicação e interação para os usuários, pode oferecer oportunidades para compartilhar conteúdos, conhecimento e informação dentro ou fora de um ambiente escolar. Nesse caso, considera-se que a *M-Learning* pode ocorrer em ambientes formais ou informais. A aprendizagem formal ocorre sob a supervisão e orientação de um professor, com base em um planejamento docente (JIUGEN; RUONAN; XIAOQIANG, 2011). Já na informal, o aluno é responsável pelo seu aprendizado, beneficiando-se de informações cotidianas de seu ambiente (WANG; SHEN, 2012). Para tanto, acredita-se que esta poderá ser desenvolvida em todas as fases da vida, tendo como principais características a autonomia, o conhecimento e a diversidade, sem a imposição de um local preestabelecido para seu desenvolvimento.

Desse modo, considera-se que a *M-Learning* pode ser entendida como a união entre a aprendizagem formal e a informal. Assim, leva-se em conta que as características dessa aprendizagem permitem gerar situações de inovação nas práticas pedagógicas em todas as áreas do conhecimento, transcorrendo por movimentos de experimentação, utilização e exploração das tecnologias. Dessa forma, podem ser criadas situações para distintas possibilidades e desafios nos processos de ensino e de aprendizagem, considerando o contexto social, econômico e cultural da sociedade atual, que está cercada de equipamentos móveis conectados.

Segundo Johnson et al. (2016), a internet proporciona infinitas formas de uso, incluindo a aprendizagem autônoma. Isso possibilita uma relação das experiências de vida com a aprendizagem informal, com o envolvimento dos alunos, incentivando-os a seguir seus interesses de estudo, mas de uma forma orientada. Assim, considera-se que as combinações de métodos formais e informais de aprendizagem podem gerar um ambiente que promova a experimentação, a curiosidade e, acima de tudo, a criatividade dos estudantes e professores com o uso dos dispositivos móveis.

Dessa forma, a aprendizagem móvel pode ocorrer de diferentes formas, em conformidade com os referenciais apontados pela Unesco (2014a, p. 7), segundo os quais "as pessoas podem usar aparelhos móveis para acessar recursos educacionais, conectar-se a outras pessoas ou criar conteúdos, dentro ou fora da sala de aula". Com tal característica, é possível apoiar-se nas atividades de estudo, aumentar a interação e a comunicação entre professores e alunos com o uso de dispositivos móveis. Batista (2011) ressalta que esse tipo de aprendizagem apresenta perspectivas para agrupar pessoas tanto em mundos reais quanto em virtuais. Desse modo, a *M-Learning* e os SRs têm potencial para o âmbito escolar nas modalidades presenciais e de EAD.

Os aplicativos também são boas alternativas para trabalhar na *M-Learning*, "[...] já que podem vir a ser utilizados em sala de aula como recurso pedagógico" (BENTO; CAVALCANTE, 2013, p. 114). Estes são os recursos com potencial para serem desenvolvidos em distintas situações, que podem ser educacionais ou não. Os aplicativos, quando associados à educação, podem gerar inovações, fortalecendo o processo de ensino, de conteúdos curriculares em qualquer hora e espaço, dentro ou fora do âmbito escolar. Além disso, é relevante levar em consideração a ampla gama desses recursos existentes, autorizados e disponíveis para *download* a partir da loja de aplicativos que os próprios aparelhos dispõem. Além dos aplicativos já existentes, há a possibilidade de os professores e estudantes produzirem seus próprios aplicativos educacionais. Para tanto, na *web*, estão disponíveis *software* em versões *free* (livres), oportunizando inovações e desafios nos processos de ensino e de aprendizagem associados à mobilidade, conectividade e flexibilidade que se pode obter por meio do uso que os dispositivos móveis oferecem. Logo, para essa finalidade, destaca-se a Fábrica de Aplicativos,[7] o Appy Pie[8] e o MIT App inventor[9] como plataformas *on-line* para a construção de aplicativos compatíveis para dispositivos móveis. Estes podem ser desenvolvidos para qualquer área do conhecimento, explorando as ferramentas que a plataforma oferece.

Desse modo, os aplicativos e SRs podem ser considerados recursos que permitem a sua utilização para auxiliar a aprendizagem e gerar situações que oportunizam aos usuários personalizá-los conforme o perfil de cada sujeito. A ampliação dessa utilização dos aplicativos e SRs está associada à

[7] Disponível em: <http://fabricadeaplicativos.com.br>.

[8] Disponível em: <www.appypie.com>.

[9] Disponível em: <http://appinventor.mit.edu/explore>.

vasta disseminação dos dispositivos móveis nos ambientes formais e informais, possibilitando o acesso e o compartilhamento de informações em qualquer momento.

Contudo, acredita-se que um aplicativo é capaz de estabelecer relações na aprendizagem, transcendendo adversidades tanto de forma individual quanto coletiva, presencial ou virtual. Assim, pode-se apresentar com condições para gerar situações de colaboração e de compartilhamento entre os próprios estudantes ou entre estudantes e professores. Conforme as características que um aplicativo apresenta, é possível que a aprendizagem ocorra em qualquer hora e local, dentro ou fora do ambiente escolar. Com isso, pretende-se abordar como pode ocorrer a aprendizagem sensível ao contexto do estudante em relação ao uso dos dispositivos e à aprendizagem móvel.

Um exemplo de SR para dispositivos móveis é o SR MobiLE+ (SALES, 2014), que se constitui em um ambiente de aprendizagem ubíqua[10] que permite o acesso, a visualização e o armazenamento de conteúdo de caráter educacional em qualquer horário e local. Assim, o estudante pode ter acesso ao material encontrado que deseja, sem necessariamente estar em período de aula. Para Sales (2014), o MobiLE+ tem como objetivo apresentar uma interface móvel de interação do usuário com os conteúdos educacionais e as mídias sociais; monitorar e capturar as informações dos usuários; prover toda a arquitetura necessária para o seu funcionamento; criar uma arquitetura multiagente para monitorar os usuários e enriquecer os perfis e conteúdos gerados por eles (SALES, 2014, p. 41).

O agente de busca no MobiLE+ proporciona o direcionamento do usuário a conteúdos e/ou objetos de aprendizagem (OAs) a partir de uma pesquisa em um ambiente sensível ao contexto do estudante. Assim, em conformidade com Sales (2014), MobiLE+ permite o provento da mobilidade do estudante para favorecer a busca de conteúdos que estão armazenados em um ambiente virtual. Desse modo, pode obter informações de experiências reais, com o objetivo de promover possibilidades para a aprendizagem e a interação entre os usuários.

Portanto, o MobiLE+ foi desenvolvido para atuar como um SR, com características de mobilidade. Ou seja, permite compartilhar conteúdos por meio de dispositivos móveis, considerando as condições sensíveis ao contexto e os interesses dos usuários, conforme a Figura 9.4.

[10] De acordo com Santella (2014), a aprendizagem ubíqua pode ser compreendida por processos de ensino e de aprendizagem fundamentados na tecnologia do livro, EAD, virtual ou por meio dos dispositivos móveis.

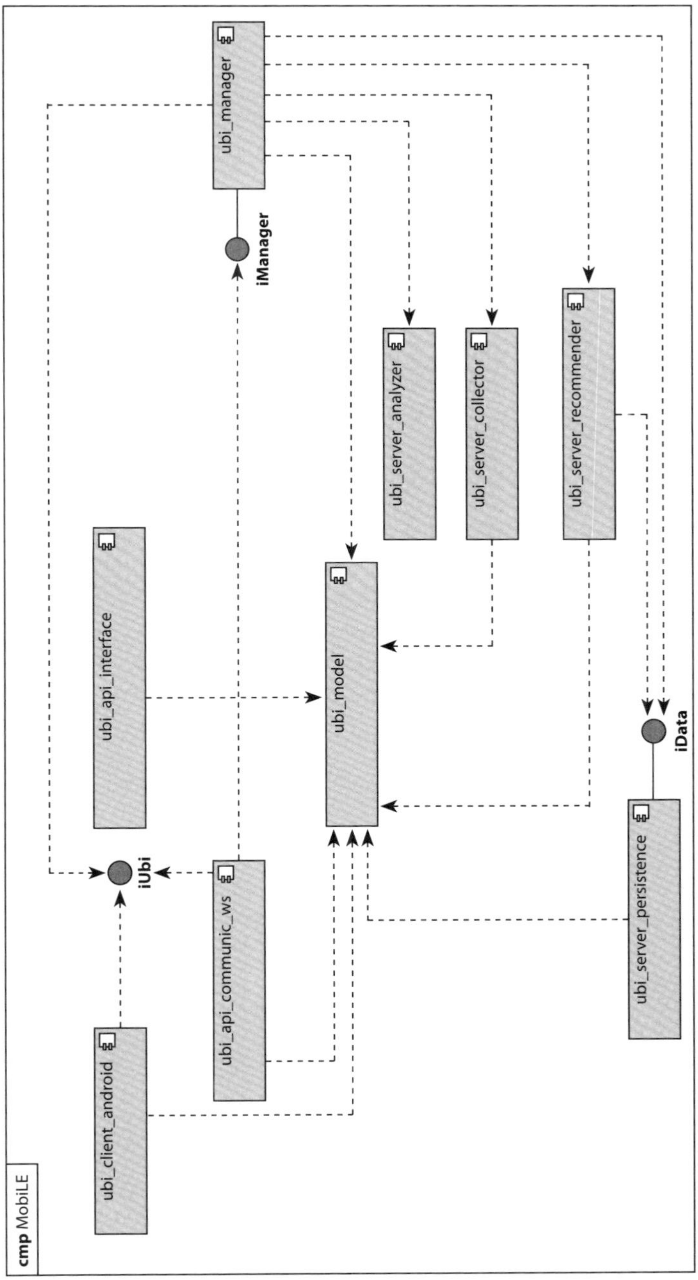

Figura 9.4 Modelo de componentes do sistema MobiLE+.
Fonte: Jácome Júnior (2014) apud Sales (2014).

Em vista disso, vislumbra-se que a *M-Learning* pode disponibilizar condições para proporcionar oportunidades de aprendizagem, de modo a proporcionar que as informações sejam sensíveis ao contexto do estudante (MANDULA et al., 2011). Desse modo, acredita-se que a recomendação para dispositivos móveis pode ser um aplicativo que irá recomendar informações a partir das buscas realizadas nos aparelhos conforme o perfil, o objetivo e as características indicadas pelo usuário. Acredita-se que ainda podem ser desenvolvidos outros SRs para *mobile*, permitindo o acesso, a visualização e o armazenamento de conteúdos escolares em qualquer horário e local.

Assim, acredita-se que a IoT se apresenta com capacidade para conectar vários dispositivos entre si, além de permitir a troca e o compartilhamento de informações, alterando o modo de interação do sujeito com o meio (TIVIR, 2017).

A IoT pode ser compreendida como uma sequência de dispositivos que são capazes de se interconectar, compreendendo objetos do nosso cotidiano. Assim, permite realizar trocas de informações para o desenvolvimento de atividades frequentes e comuns do dia a dia e posteriormente disponibilizados/compartilhados com seus pares (MARTINS; ZEM, 2015). Desse modo, considera-se esta uma revolução tecnológica, a qual tem permitido conectar itens (produtos, conteúdos, etc.) que podem ser utilizados no dia a dia à rede mundial de computadores. Como exemplo, tênis, roupas, relógios e óculos conectados à internet e a outros dispositivos, permitindo essa integração e o compartilhamento de informações. Para tanto, acredita-se que personalização de AVAs permitem acrescentar características pessoais para a aprendizagem baseada em SRs. A seguir, será descrito como ocorre a personalização no campo educacional.

Personalização de ambientes virtuais de aprendizagem

O uso de ambientes virtuais permite a aplicação direta do conceito de SRs. Nesse sentido, o foco é a personalização desses ambientes para que o usuário se perceba único e reconhecido de forma automática, sem se sentir invadido em sua privacidade.

Uma dessas aplicações de personalização pode ser realizada em AVAs que proporcionam autoria e gerenciamento de cursos presenciais e a distância na internet. Nesse campo, existe uma tendência em personalizar ambientes virtuais por meio de programa de códigos-fonte abertos,[11] gerando um AVA com características próprias do sujeito da EAD individual. Um exemplo

[11] Permite a distribuição, o compartilhamento de informações e o trabalho colaborativo.

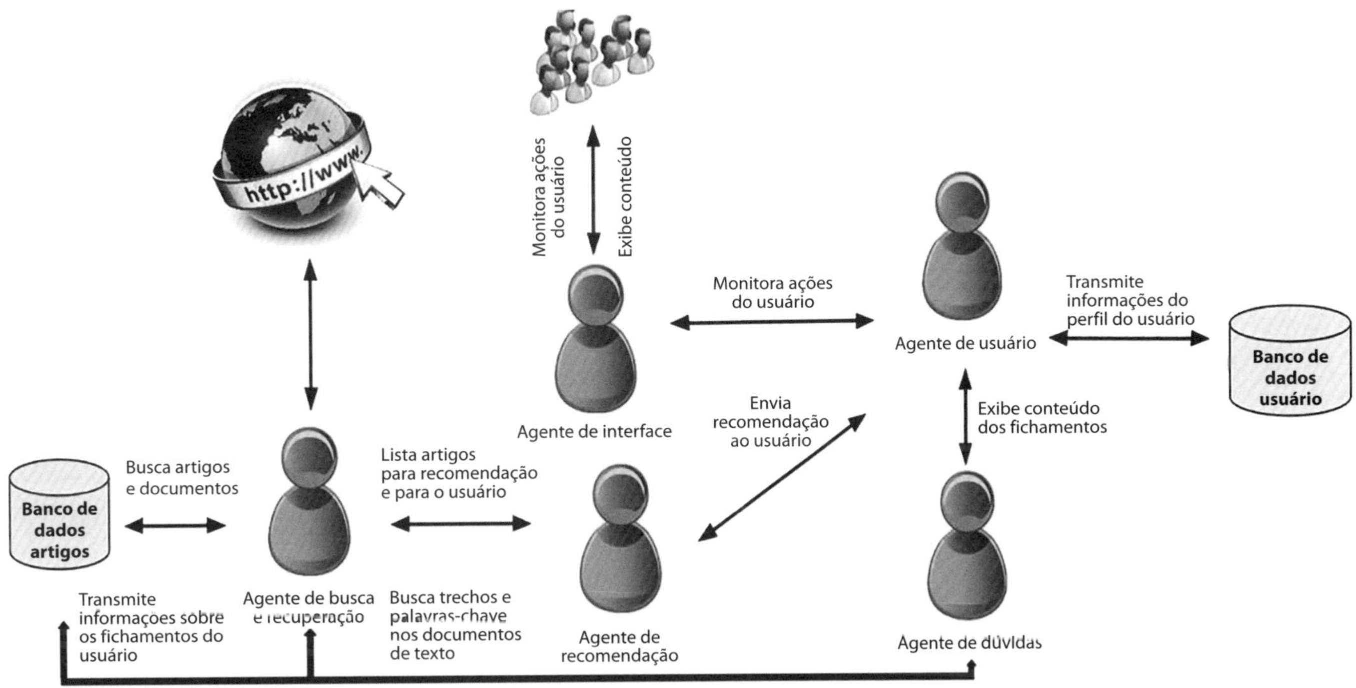

Figura 9.5 Arquitetura do Ambiente Inteligente e Colaborativo para Apoio à Produção Acadêmica.

Fonte: Menezes, Vale e Cruz (2014).

dessa personalização a ser destacado é o Ambiente Inteligente e Colaborativo para Apoio à Produção Acadêmica (AICAPA), apresentado na Figura 9.5, considerado um protótipo de ambiente inteligente e colaborativo para apoio à produção acadêmica (MENEZES; VALE; CRUZ, 2014).

O AICAPA é um ambiente de formato colaborativo e personalizado que aplica técnicas de recomendação, busca, recuperação de dados e ainda conta com um agente de dúvidas. Tem o propósito de auxiliar estudantes e pesquisadores na elaboração de trabalhos acadêmicos, facilitando a busca e a seleção de materiais que surgem em grande volume e variedade na busca realizada na internet. Assim, pode ajudar na resolução de problemas que surgem em pesquisas acadêmicas nas etapas de escrita e revisão da literatura.

Além disso, em um contexto acadêmico, os bancos de dados e as ferramentas de mineração e recomendação servem como uma fonte de memória auxiliar, provendo informações valiosas relacionadas com os hábitos e as preferências dos sujeitos. Nesse sentido, a aprendizagem sensível ao contexto e a aprendizagem ubíqua vão ao encontro da relação do sujeito com a aprendizagem a partir das particularidades de cada estudante.

Aprendizagem sensível ao contexto e aprendizagem ubíqua

Não há um consenso sobre a definição de aprendizagem sensível ao contexto, porém, pode-se assumir este como o cenário em que o aluno se encontra. Considera-se que um sistema sensível ao contexto possibilitará a mobilidade de modo perceptível, assim como se faz necessário que as aplicações estejam de acordo com os elementos do próprio ambiente (JÁCOME JUNIOR, 2014). Desse modo, ao ser personalizável, um sistema sensível ao contexto pode atender às exigências dos usuários e da interação destes com os dispositivos móveis, por exemplo. Portanto, esse tipo de sensibilidade refere-se à capacidade do sistema em levar em consideração, em seu processo de análise, o cenário em que o aluno se encontra, buscando de forma automática a definição de seu perfil. Em vista disso, entende-se que pode haver uma melhor compreensão dos usuários associada aos conhecimentos e conteúdos em relação à aprendizagem móvel, quando forem contempladas as particularidades de cada estudante (JÁCOME JUNIOR, 2014).

Os SRs podem apresentar duas vertentes na educação — por um lado, como possibilidades no contexto educacional, por apresentarem diversos materiais relevantes que têm potencial para serem recomendados e personalizados conforme o perfil disponibilizado pelo usuário; por outro, é um campo que ainda está sendo explorado e desvendado, mas que promete ainda um caminho vasto de pesquisas na área de SRs voltados para a educação.

Nessa perspectiva, apresenta-se como exemplo um SR de especialista, que tem como objetivo auxiliar estudantes a resolver problemas por meio de fóruns específicos em AVA, ampliando a colaboração entre os usuários (SANTOS; COSTA, 2014). Dessa maneira, o SR de especialista, conforme pode ser visto na Figura 9.6, tem o propósito de contemplar as necessidades e os interesses de modo sensível ao contexto do aluno, por meio das informações sobre o AVA ao qual o sistema está contido.

Esse SR fornece aos usuários as informações de acordo com os especialistas, as quais servirão também para realimentar tanto a base de dados quanto as informações de contexto (SANTOS; COSTA, 2014).

Outro exemplo que pode ser mencionado com relação à aplicação do conceito de IoT é o projeto Google Glass,[12] da empresa Google. Trata-se de um óculos que permite o acesso à internet via *Wi-Fi*, tendo funcionalidades como captura de imagens, gravação de vídeos e envio e recebimento de mensagens. Todo o comando de funcionamento é feito por controle de voz.

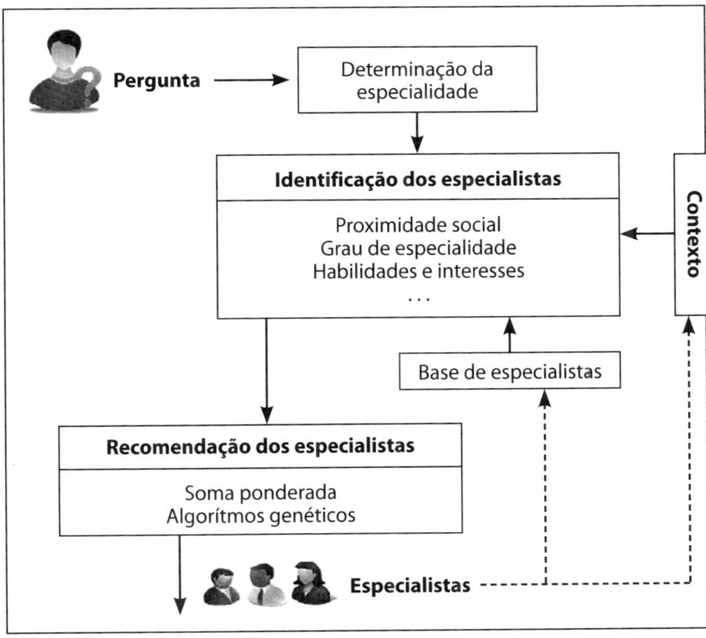

Figura 9.6 Visão geral do SR de especialista.
Fonte: Santos e Costa (2014).

[12] FARINACCIO, R. *Será que vai colar dessa vez?* Confira o unboxing do novo Google Glass. [S.l.], 2017. Disponível em: <www.tecmundo.com.br/produto/122182-colar-dessa-vez-confira-unboxing-novo-google-glass.htm>. Acesso em: 7 jan. 2018.

O sujeito tem o contato com recursos vistos em computadores e dispositivos móveis, o diferencial é que a tela fica a milímetros de sua retina, criando, assim, uma experiência de realidade aumentada.

O Google Glass pode vir a auxiliar no meio educacional, trazendo diferentes possibilidades de experiências para os alunos. Entre elas, pode ser destacada a oportunidade de conhecer, pelo meio virtual, lugares trabalhados em sala de aula, como prédios históricos, museus e ruas de diferentes cidades, com 360° de realidade aumentada. Também é possível fotografar o que estiver vendo a qualquer momento e/ou gravar vídeos e assistir a projeções da aula em outros momentos.

Brewer et al. (2016) apresentam um relato do uso do Google Glass com enfoque na educação, buscando por meio da IoT melhorar a *performance* de estudantes na prática cirúrgica. O autor ilustra a utilização desse conceito e da mobilidade no âmbito educacional. As Figuras 9.7 e 9.8 apresentam o Google Glass incorporando o conceito de IoT.

Percebe-se que as tecnologias cada vez mais apresentam possibilidades para proporcionar a interação entre as pessoas e seus objetos de interesse. Assim, faz-se necessário obter algumas informações sobre os envolvidos, para tornar esse processo mais acessível e rápido no âmbito educacional. Esses dados são coletados na internet a partir de histórico de navegação ou

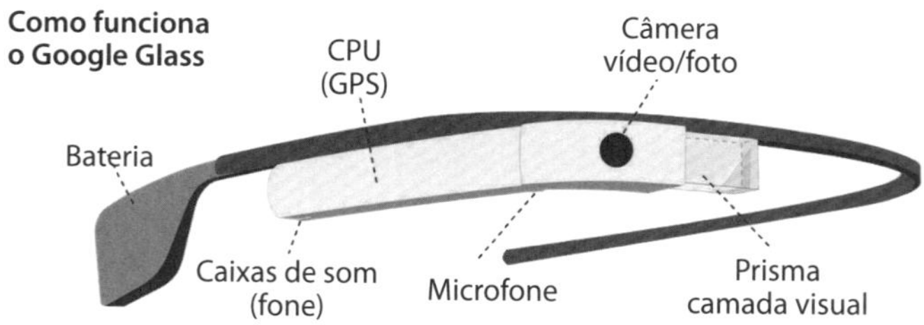

Figura 9.7 Google Glass e IoT.
Fonte: Missfeld (c2017).

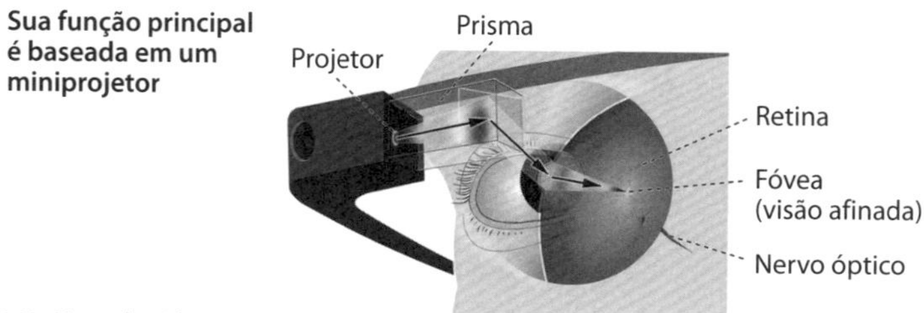

Figura 9.8 Google Glass e IoT.
Fonte: Missfeld (c2017).

de SRs, para que possa ser gerada uma recomendação com base no contexto do usuário ou, ainda, na aprendizagem ubíqua.

A seguir, são apresentadas as considerações finais sobre este capítulo.

CONSIDERAÇÕES FINAIS

O futuro da área de SRs ainda é incerto, mas existem muitas questões que podem ser consideradas: quais tecnologias digitais irão surgir? Quais são as tendências dos SRs? Como serão suas contribuições na educação? É provável que qualquer resposta a essas indagações seja ousada, já que, a cada dia, novas possibilidades surgem para sua aplicação.

As publicações da conferência internacional ACM Recommender Systems, uma das mais famosas da área, podem auxiliar em possíveis caminhos que serão percorridos pelos SRs, como é o caso da *M-Learning*, personalização de AVAs, aprendizagem sensível ao contexto, aprendizagem ubíqua, entre outros, que foram contemplados neste capítulo. Outro aspecto importante nos SRs, e que necessita de estudos mais aprofundados, é o delineamento do perfil do usuário, a fim de evitar um possível engessamento e limitar os dados necessários para a recomendação.

Assim, algumas das tendências mencionadas podem gerar um impacto positivo ou negativo em uma sociedade. Além disso, não se pretende apresentá-las como um modelo a ser seguido, pois são vertentes que podem ser acompanhadas ou adaptadas conforme a necessidade de cada instituição e usuário.

Nessa perspectiva, acredita-se que os avanços nessa direção podem, cada vez mais, proporcionar novas formas de comunicação e interação no âmbito educacional, relacionados com as questões de mobilidade, portabilidade e flexibilidade.

Portanto, cabe destacar que as tendências tecnológicas e educacionais em SRs perpassam por um significativo crescimento no âmbito de pesquisas e implementações, gerando contribuições para os processos de ensino e de aprendizagem a distância.

REFERÊNCIAS

ABDOLLAHPOURI, H.; BURKE, R.; MOBASHER, B. Controlling popularity bias in learning-to-rank recommendation. In: ACM CONFERENCE ON RECOMENDER SYSTEMS, 11., 2017, Como. *Proceedings*... New York: ACM, 2017. p. 42-46. Disponível em: https://dl.acm.org/citation.cfm?doid=3109859.3109912. Acesso em: 05 já. 2018.

BENTO, M. C. M.; CAVALCANTE, R. S. Tecnologias móveis em educação: o uso do celular na sala de aula. *ECCOM*, Lorena, SP, v. 4, n. 7, p. 113-120, 2013.p.

BEX, F. et al. ArguBlogging: an application for the argument web. *Web Semantics: Science, Services and Agents on the World Wide Web*, Amsterdam, v. 25, p. 9–15, 2014.

BREWER, Z. E. et al. Inheriting the learner's view: a Google glass-based wearable computing platform for improving surgical trainee performance. *Journal of Surgical Education*, Amsterdam, v. 73, n. 4, p. 682-688, 2016.

CARVALHO, V. C. et al. Uma ontologia para apoio à recomendação automática e personalizada de conteúdo considerando estilos de aprendizagem de estudantes em sistemas adaptativos para educação. In: SIMPÓSIO BRASILEIRO DE INFORMÁTICA NA EDUCAÇÃO, 27., 2016, Uberlândia. *Anais...* Porto Alegre: SBC, 2016. Disponível em: <http://www.br-ie.org/pub/index.php/sbie/article/view/6803 >. Acesso em: 05 jan. 2018.

COMITÊ GESTOR DA INTERNET NO BRASIL. *TIC domicílios 2015*: pesquisa sobre o uso das tecnologias da informação e comunicação nos domicílios brasileiros. São Paulo: 2015. Disponível em: <http://www.cetic.br/tics/domicilios/2015/domicilios/A/>. Acesso em: 22 maio 2016.

CONEGLIAN, C. S.; FUSCO, E. Recuperação da informação em ambientes semânticos: uma ferramenta aplicada a publicações científicas. *Journal on Advances in Theoretical and Applied Informatics*, Marília, v. 1, p. 30-37, 2015.

GRANDE, T. P. F. *InstrUMEDS:* um instrumento para materiais educacionais digitais em dispositivos móveis para idosos. 2016. 175 f. Dissertação (Mestrado em Educação) - Faculdade de Educação, Universidade Federal do Rio Grande do Sul, Porto Alegre, 2016.

GOTARDO, R.; CEREDA, P. R. M.; HRUSCHKA JUNIOR, E. R. Predição do desempenho do aluno usando sistemas de recomendação e acoplamento de classificadores. In: SIMPÓSIO BRASILEIRO DE INFORMÁTICA NA EDUCAÇÃO, 24., 2013, Campinas. *Anais...* Porto Alegre: SBC, 2013. Disponível em: <http://www.br-ie.org/pub/index.php/sbie/article/view/2544>. Acesso em: 05 jan. 2018.

GRUBER, T. Ontology. In: LIU, L.; ÖSU, T. (Ed.). *Encyclopedia of Database Systems*. [New York]: Springer US, 2009.

JIUGEN, Y.; RUONAN, X.; XIAOQIANG, H. Constructing informal learning mode based on social software. In: INTERNATIONAL CONFERENCE ON COMPUTER SCIENCE & EDUCATION, 6., 2011, Singapore. *Proceedings...* Los Alamitos: IEEE, 2011. p.1227-1230, 2011. Disponível em: <http://ieeexplore.ieee.org/lpdocs/epic03/wrapper.htm?arnumber=6028853>. Acesso em: 05 jan. 2018.

JOHNSON, L. et al (Ed.). *NMC Horizon Report:* 2016 Higher Education Edition. Austin: The New Media Consortium, 2016.

MANDULA, K.; et al. Implementation of ubiquitous learning system using sensor technologies. In: IEEE INTERNATIONAL CONFERENCE ON TECHNOLOGY FOR EDUCATION, 2011, Chennai. *Proceedings...* Los Alamitos: IEEE, 2011. Disponível em: <http://ieeexplore.ieee.org/lpdocs/epic03/wrapper.htm?arnumber=6004374>. Acesso em: 05 jan. 2018.

MARTINS, I. R.; ZEM, J. L. Estudo dos protocolos de comunicacão MQTT e COAP para aplicacões machine-to-machine e internet das coisas. *Revista Tecnológica da Fatec Americana*, São Carlos, v. 3, n. 1, p. 64–87, 2015.

MENEZES, C. S.; VALE, K. S. B.; CRUZ, P. O. AICAPA: um ambiente inteligente e colaborativo para apoio à produção acadêmica. *RENOTE. Revista Novas Tecnologias na Educação*, Porto Alegre, v. 11, n. 3, 2013. Disponível em: <http://seer.ufrgs.br/index.php/renote/article/view/44478>. Acesso em: 06 jan. 2018.

MISSFELDT, M. *How dows Google glass work?* [S.l.]: c2017. Disponível em: <https://www.varifocals.net/google-glass/>. Acesso em: 07 jan. 2018.

ORGANIZAÇÃO DAS NAÇÕES UNIDAS PARA A EDUCAÇÃO, A CIÊNCIA E A CULTURA. *Diretrizes de políticas da UNESCO para a aprendizagem móvel.* [Brasília, DF, c2014a].

ORGANIZAÇÃO DAS NAÇÕES UNIDAS PARA A EDUCAÇÃO, A CIÊNCIA E A CULTURA. *O futuro da aprendizagem móvel:* implicações para planejadores e gestores de políticas. Brasília, DF, 2014b. 64 p. (Documentos de trabalho da UNESCO sobre aprendizagem móvel).

RICCI, F.; ROKACH, L.; SHAPIRA, B. Introduction to recommender systems handbook. In: RICCI, F. et al. (Ed.). *Recommender systems handbook.* Boston: Springer, 2011. Disponível em: <http://www.inf.unibz.it/~ricci/papers/intro-rec-sys-handbook.pdf>. Acesso em: 06 jan. 2018.

SALES, A. F. A. Um sistema de recomendação para aprendizagem ubíqua no contexto da educação formal e informal. 2014. 88 f. Dissertação (Mestrado em Ciência da Computação) - Universidade Federal Rural do Semi-Árido, Universidade do Estado do Rio Grande do Norte, Mossoró, 2014.

SANTAELLA, L. A aprendizagem ubíqua na educação aberta. *Revista Tempos e Espaços na Educação,* São Cristóvão, SE, v. 7, n. 14, p. 15-22, 2014. Disponível em: <https://seer.ufs.br/index.php/revtee/article/view/3446/3010>. Acesso em: 06 jan. 2018.

SANTOS, S. I. N; COSTA, E. B. Um modelo de recomendação sensível ao contexto para auxiliar estudantes em ambientes virtuais de aprendizagem. In: CONFERÊNCIA INTERNACIONAL SOBRE INFORMÁTICA NA EUCAÇÃO, 19., 2014, Fortaleza. *Nuevas ideas en informática educativa...* Fortaleza: UFC, 2014. Disponível em: <http://www.tise.cl/volumen10/TISE2014/tise2014_submission_277.pdf>. Acesso em: 06 jan. 2018.

SANTOS, F. M. V.; FREITAS, S. F. Avaliação da usabilidade de ícones de aplicativo móvel utilizado como apoio educacional para crianças na idade pré-escolar. *Ação Ergonômica,* [S.l.], v. 10, n. 2, p.123-132, 2015.

SÉRGIO, M. C; SILVA, T. N.; GONÇALVES, A. L. Representação do domínio de conhecimento acadêmico e uma teoria de representação: a ontologia de fundamentação unificada. *International Journal of Knowledge Engineering and Management,* Florianópolis, v. 5, n. 11, p. 51-69, 2016.

SIMON, A. Ontologias na educação: uma proposta de aplicação em sistemas de recomendação. 2017. 147 f. Projeto de Dissertação (Mestrado) - Faculdade de Educação, Universidade Federal do Rio Grande do Sul, Porto Alegre, 2017.

STANFORD CENTER FOR BIOMEDICAL INFORMATICS RESEARCH. Protégé. Stanford, c2016.

TIVIR, C, F, J. *Disseminação de conteúdo educacional através de sua catalogação automática em Repositório Educacional.* 2017. 65 f. Dissertação (Mestrado em Ciência da Computação) - Instituto de Informática, Universidade Federal do Rio Grande do Sul, Porto Alegre, 2017. Disponível em: <https://www.lume.ufrgs.br/bitstream/handle/10183/157558/001019837.pdf?sequence=1>. Acesso em: 17 de set. 2017.

UNESCO Policy Guidelines for Mobile Learning, publicado em 2013 pela Organização das Nações Unidas para a Educação, a Ciência e a Cultura (UNESCO), 7, place de Fontenoy, 75352 Paris 07 SP, France. A tradução para o português desta publicação foi produzida pela Representação da UNESCO no Brasil. Disponível em: http://unesdoc.unesco.org/images/0022/002277/227770por.pdf

VICKERY. B. C. Ontologies. *Journal of Information Science*, Thousand Oaks, v. 23, n. 4, p. 277- 286, 1997.

WANG, M.; SHEN, R. Message design for mobile learning: learning theories, human cognition and design principles. *British Journal of Educational Technology*, London,v. 43, n. 4, p. 561–575, 2012. Disponível em: <http://onlinelibrary.wiley.com/doi/10.1111/j.1467-8535.2011.01214.x/abstract>. Acesso em: 06 jan. 2018.

LEITURAS COMPLEMENTARES

ADOMAVICIUS, G.; TUZHILIN, A. Toward the next generation of recommender systems: a survey of the state-of-the-art and possible extensions. *IEEE Transactions on Knowledge and Data Engineering*, Los Alamitos, v. 17, n. 6, p. 734-749, 2005. Disponível em: <http://dx.doi.org/10.1109/TKDE.2005.99>. Acesso em: 05 jan. 2018.

ATZORI, L.; IERA, A.; MORABITO, G. The internet of things: a survey. *Computer Networks*, Amsterdam, v. 54, n. 15, 2010. Disponível em: <http://www.sciencedirect.com/science/article/pii/S1389128610001568>. Acesso em: 05 jan. 2018.

LAMBERT, D. M.; STOCK, J. R.; ELLRAM, L. M. *Fundamentals of logistics management*. New York: McGraw-Hill, 1998.

LEITE, B. S. M-Learning: o uso de dispositivos móveis como ferramenta didática no ensino de Química. *Revista Brasileira de Informática na Educação*, Porto Alegre, v. 22, n. 3, p 55-68, 2014. Disponível em: <http://www.br-ie.org/pub/index.php/rbie/article/view/2475/2832>. Acesso em: 05 jan. 2018.

LOUREIRO, A. A. F. et al. Computação ubíqua ciente de contexto: desafios e tendências. In: SIMPÓSIO BRASILEIRO DE REDES DE COMPUTADORES E SISTEMAS DISTRIBUÍDOS, 27., 2009, Recife. *Anais...* Porto Alegre: SBC, 2009.

PASQUALE, L.; GEMMIS, M.; SEMERARO, G. Content-based recommender systems: state of the art and trends. In: RICCI, F. et al. (Ed.). *Recommender systems handbook*. Boston: Springer, 2011. p. 73-105.

SACCOL, A.; SCHLEMMER, E.; BARBOSA, J. M-learning e u-learning: novas perspectivas da aprendizagem móvel e ubíqua. São Paulo: Person, 2011.

VALDEZ,A. C.; ZIEFLE,M.; VERBERT,K. HCI for recommender systems: the past, the present and the future. In: ACM CONFERENCE ON RECOMMENDER SYSTEMS, 10., 2016, Boston. *Proceedings...* New York: ACM, 2016. p. 123-126.

YAU, J. Y. K.; JOY, M. A context-aware personalised m-learning application based on m-learning preferences. *International Journal of Mobile Learning and Organisation*, Olney, Bucks, v. 5, n. 1, 2011. Disponível em: <http://www.inderscience.com/link.php?id=38688>. Acesso em: 06 jan. 2018.

WORLD WIDE WEB CONSORTIUM. *Mobile web*. c2016. Disponível em: <http://www.w3.org/standards/webdesign/mobilweb>. Acesso em: 15 jun. 2017.